PESQUISA EM EDUCAÇÃO MATEMÁTICA: Concepções e perspectivas

PESQUISA EM EDUCAÇÃO MATEMÁTICA: Concepções e perspectivas

Organizadora
Maria Aparecida Viggiani Bicudo

6ª reimpressão

Editora UNESP

Direitos de publicação reservados à:
Fundação Editora da UNESP (FEU)
Praça da Sé, 108
01001-900 – São Paulo – SP
Tel.: (0xx11) 3242-7171
Fax: (0xx11) 3242-7172
www.editoraunesp.com.br
www.livrariaunesp.com.br
feu@editora.unesp.br

Coedição com:
Instituto de Geociências e Ciências Exatas (IGCE)
Programa de Pós-Graduação em Educação Matemática

Dados Internacionais de Catalogação na Publicação (CIP)
(Câmara Brasileira do Livro, SP, Brasil)

Pesquisa em educação matemática: concepções e perspectivas / organizadora Maria Aparecida Viggiani Bicudo. – São Paulo: Editora UNESP, 1999. – (Seminários & Debates)

Vários autores.
ISBN 85-7139-252-8

1. Matemática – Estudo e ensino 2. Pesquisa educacional I. Bicudo, Maria Aparecida Viggiani. II. Série.

99-3317 CDD-510.7

Índice para catálogo sistemático:
1. Educação matemática 510.7

Editora afiliada:

Asociación de Editoriales Universitarias de América Latina y el Caribe

Associação Brasileira de Editoras Universitárias

SUMÁRIO

PREFÁCIO

Este livro apresenta a concepção de Educação Matemática, em vários de seus aspectos, mantida por professores pesquisadores vinculados de modo direto, sistemático e constante ao grupo que faz Educação Matemática no Campus de Rio Claro da Universidade Estadual Paulista – UNESP.

Com exceção de dois autores, Prof. Dr. Ubiratan D'Ambrósio e Profa. Dra. Lourdes de La Rosa Onuchic que, embora atendam aos indicadores de vínculo acima mencionados, não são professores da UNESP, todos os demais estão contratados por essa Universidade. Todos participam de Grupos de Estudo que investigam Educação Matemática, conduzindo pesquisas, orientando trabalhos de Iniciação Científica, de Especialização, de Mestrado e de Doutorado.

O livro está formado por partes e capítulos. As partes, de I a V são nomeadas de maneira a evidenciar linhas de pesquisas desenvolvidas e os capítulos, enumerados em algarismos arábicos, indicam posturas teóricas, interrogações perseguidas e procedimentos adotados.

A seguir, serão tratadas essas partes, fazendo-se uma introdução sucinta a respeito do que ali é investigado, de modo a apresentar-se a articulação existente entre os diferentes trabalhos, o que permite falar-se em linha de pesquisa. Também serão apresentados os autores mediante resumo dos diversos capítulos.

Dessa maneira o livro fala da *Pesquisa em Educação Matemática*, tal como ela é concebida e realizada pelos seus autores.

Do nosso ponto de vista, *Pesquisa em Educação Matemática* é um tema relevante, muito debatido nos dias de hoje nos cenários das Universidades, das Agências de Fomento e de Entidades Educacionais de outro estatuto ou nível, porém pouco compreendida. Isso em razão de dois aspectos: pela dificuldade de precisar-se o que é pesquisa, rigorosa, em *Educação* e pelo fato de *Educação Matemática* ser, ainda, uma área de investigação em construção. Na maioria das vezes, essa área é vista como subárea ou subtema das duas categorias mais amplas, tidas tradicionalmente como áreas do saber humano denominadas *Educação* e *Matemática*.

Falar-se em pesquisa rigorosa em Educação levanta dois sérios problemas. Primeiro, há que se enfrentar a ideologia dominante nos meios acadêmicos, que vem se instalando desde o início da época moderna até nossos dias, de que o rigor é dado apenas pela lógica do método científico, tal como é entendido na visão positivista. Isso coloca os pesquisadores dessa área em posição de perigo. Por um lado, aqueles que optam por outros procedimentos de pesquisa e têm outra visão de ciência diferente da positivista, ficam expostos aos julgadores da qualidade dos seus projetos e das próprias pesquisas realizadas, membros de comissões das agências de fomento ou das Instituições de Ensino Superior. Estes raramente admitem outros modos de investigar que não o seu ou o do seu grupo de estudo. Por outro, há o risco de, em nome de procurarem-se por alternativas outras que não aquelas do procedimento positivista, muitos "investigadores" em Educação chamarem de *qualitativas* as pesquisas que não apresentam rigor algum. Pleiteiam, sob essa denominação, não serem julgados sob o foco do rigor da pesquisa.

Em Rio Claro estamos participando da construção da área de investigação *Educação Matemática* e, ao fazê-lo, temos constantemente analisado de modo crítico, sistemático e reflexivo do que ela trata, qual sua abrangência, que procedimentos admite. Há uma forte preocupação com os aspectos filosóficos, epistemológicos, sociais e históricos presentes na construção da matemática, no ensino e na aprendizagem dessa ciência. Esses temas constituem as linhas de pesquisa estruturadas pelos professores que trabalham nesse campus e definem, portanto, as partes deste livro.

"Filosofia e epistemologia na Educação Matemática", Parte I, tematiza Matemática em termos da realidade dos seus objetos e do modo pelo qual eles são conhecidos ou construídos e pelo qual existem. Essa discussão se expande para a situação educacional em que se dão o ensino e a aprendizagem dessa ciência. Sendo assim, forma-se o contexto onde os "textos" da Filosofia da Educação Matemática e o da Epistemologia da Matemática adquirem significado.

"Filosofia e epistemologia na Educação Matemática", nesta parte a *Filosofia da Educação Matemática* aparece como uma área de investigação cujos significados se constituem foco de interesse em relação ao qual convergem os temas investigados. Estes intercruzam-se com muitos trabalhados pela *epistemologia*, como assumida pelo Prof. Rômulo Câmpos Lins, no artigo aqui publicado. São explorados verdade, linguagem, texto, conhecimento, realidade, entre outros assuntos. Embora cada autor exponha as perspectivas e os pressupostos com os quais se envolvem e que assumem, estão tecendo uma trama na qual os significados da Educação Matemática vão adquirindo forma. Um ponto comum que permeia suas atividades é a *reflexão* assumida como ação de discernir e analisar os pressupostos com os quais trabalham, de não partirem de *a prioris* dados e de estarem sempre no movimento de viabilizar a reflexão teórica, visando a escolhas que permitam definir um projeto profissional.

O artigo "Filosofia da Educação Matemática: Um enfoque fenomenológico", de minha autoria, explicita o significado de Filosofia da Educação Matemática, abordando um pouco de sua história e alguns significados da Filosofia da Matemática e da Filosofia da Educação, de modo a pontuar convergências de assuntos relevantes pertinentes a um pensar sistemático, reflexivo e crítico que transcende a ambas e circunscreve-se em uma área própria à Educação Matemática. São eles: concepção de Educação e de Educação Matemática; de realidade e de conhecimento; de realidade dos objetos matemáticos e postura e diretrizes didático-pedagógicas do trabalho do professor de Matemática. Nesse artigo são trabalhados esses temas em uma perspectiva fenomenológica.

"Filosofia da Matemática e Filosofia da Educação Matemática", de Jairo José da Silva, destaca as relações entre ambas, dando ênfase ao conhecimento da história da matemática e às vicissitudes da criação matemática na construção de uma visão dessa ciência que privilegie concomitantemente as dimensões prática e teórica. Afirma "A História da Matemática sem a Filosofia da Matemática é cega, enquanto a Filosofia da Matemática sem a História da Matemática é vazia". Aponta a predominância, hoje, na Filosofia da Matemática do procedimento descritivo que privilegia a pergunta do *que é*, buscando pelos modos de existência da Matemática e não no *como deveria ser* que dá peso à normatização do fazer matemático. Seu procedimento, como pesquisador, é dirigido pela sua afirmação de que "as questões que nos colocamos sobre a natureza do conhecimento matemático não admitem uma única resposta inconteste". A essa afirmativa acrescenta, sobre Educação Matemática, que esta não pode pressupor existir uma resposta à pergunta: *o que é isto, a Matemática?*, nem sequer admitir que as respostas que os próprios matemáticos dão a essa pergunta sejam efetivamente melhores, inclusive porque a Matemática está em constante alteração e reinterpretação de si mesma. Para Jairo José da

Silva, o *educador matemático tem uma tarefa permanente*, acompanhar a reflexão crítica desenvolvida pelos filósofos da Matemática como subsídio imprescindível para o seu trabalho teórico e prático.

"Filosofia da Educação Matemática: algumas ressignificações e uma proposta de pesquisa", de Antônio Vicente Morafioti Garnica, tece considerações sobre a Educação Matemática assumida como *um movimento* que confere a relevância à prática, entendida como *práxis*, porque demanda reflexão que se alimenta daquela e visa a uma efetiva intervenção na ação pedagógica. A postura que assume é a do professor-pesquisador que jamais poderia investigar de modo a dicotomizar a teoria e a prática. Ele se propõe a debruçar-se sobre a produção atual em Educação Matemática, buscando pelas concepções e conceituações existentes. Dá destaque à produção brasileira, como um ponto de partida para um projeto de relevância no cenário nacional da Educação Matemática.

Rômulo Campos Lins é o autor de "Por que discutir teoria do conhecimento é relevante para a Educação Matemática?". O artigo é um exercício de procedimento analítico reflexivo que nos leva a um aprofundamento dos pressupostos com os quais trabalhamos e que nos permite a efetivação de uma práxis no movimento da teoria-prática ou da teorização da teoria ao efetuar uma prática na qual ação/ reflexão são constituintes. Explicita seus pressupostos e mostra do que fala ao trabalhar com o *Modelo dos Campos Semânticos* em Educação Matemática. Um ponto relevante e central do artigo é colocar a produção de significados no núcleo das atividades desenvolvidas na escola de modo que já não mais seja possível uma separação *dentro* e *fora* da sala de aula, falando-se em preparação para a vida, mas tão somente em vida: vida em realidades específicas em que os significados produzidos são legitimados.

Na Parte II, "História da Matemática e Educação Matemática", os autores colocam em destaque o modo pelo qual veem a História da Matemática e como concebem sua relação com a Matemática e com a Educação Matemática. Falam de perspectivas diferentes. Mas, sem dúvida, elas se completam e, também, complementam assuntos abordados por outros autores, pesquisadores do Programa.

"A História da Matemática: questões historiográficas e políticas e reflexos na Educação Matemática", de Ubiratan D'Ambrósio, expõe sua proposta historiográfica: recuperar a presença das ideias matemáticas em todas as ações humanas. Para tanto, lança mão do programa de Etnomatemática.

Os procedimentos que segue nas pesquisas que conduz são "holísticos" e estão em sintonia com as concepções de História, de Educação, de Realidade, de Conhecimento presentes no texto, síntese do seu pensar expresso em sua obra de vida. Afirma, em consonância com o assumido pelo Prof. Jairo José da Silva que "o que se entende por Matemática nos leva a uma reflexão sobre a Filosofia da Matemática. E não se pode negar que a História da Matemática está atrelada à Filosofia da Matemática".

Com lucidez contextua o conhecimento construído nos países periféricos no cenário do conhecimento dominante produzido nos países centrais, apontando que "no que se refere ao novo mundo, particularmente à América Latina, cabe aos historiadores das Ciências a recuperação de conhecimentos, valores e atitudes, muitas vezes relegados a plano inferior, ignorados e às vezes até reprimidos e eliminados, que poderão ser decisivos na busca desses novos rumos".

É da perspectiva dessa visão crítica que seu programa de pesquisa ganha significado e valor, ao mesmo tempo em que a relevância das dez questões que elenca e reúne em uma proposta historiográfica mostra-se plenamente.

Irineu Bicudo é autor de "História da Matemática: o pensamento da filosofia grega antiga e seus reflexos na Educação Matemática no mundo ocidental". De modo simples e objetivo expõe os alicerces sobre os quais se edifica a arquitetura da matemática doada pelo pensamento grego dos séculos V e IV a. C. O foco de sua investigação está na busca dos desenhos dessa arquitetura. Percorre os caminhos trilhados por aqueles cujas ideias estão presentificadas em importantes obras matemáticas e filosóficas sistematizadas por renomados matemáticos, geômetras e filósofos, como Euclides, Platão, Aristóteles, e que, por sua vez, constituem-se no alicerce da cultura ocidental. Vai às fontes. Persegue o fio condutor que as une, formando a teia do conhecimento que está a nossa disposição, hoje.

Nessa rede especifica como sendo o núcleo de sua área de pesquisa efetuar a análise da hipótese que, no que concerne à Geometria, deve-se atribuir a Platão uma atitude mais do que puramente contemplativa; o novo progresso da ciência matemática, no começo do século IV a. C. é, em parte, sua obra. Expõe que essas investigações exploram as ideias filosóficas de Platão com as concepções de matemática. Para o autor, essa mescla moldou, desde então, um modo, até hoje dominante, de encararmos a matemática. É nos desdobramentos dessa investigação que concepções dos objetos matemáticos vão se esclarecendo, bem como da realidade olhada matematicamente e da metodologia da matemática. Temas esses nucleares à Educação Matemática.

"A pesquisa em História da Matemática e suas relações com a Educação Matemática", de Rosa L. S. Baroni e Sérgio Roberto Nobre, apresenta o cerne do programa de pesquisa em História da Matemática olhada à luz de suas relações com a Educação Matemática, desenvolvido por um grupo de pesquisa que coordenam. A proposta dá destaque à pesquisa da História da Matemática no Brasil.

Seguem os itens no campo da História da Matemática resumidos por Hans Wussing e tecem quatro considerações gerais da sua abordagem no contexto da História da Matemática no Brasil que explicitam suas concepções e propósitos de trabalho.

Asseveram que, no campo da atuação pedagógica, a História da Matemática é muito mais do que um elemento motivador.

Antonio Carlos Carrera de Souza, autor do "Reencantamento da razão: ou pelos caminhos da teoria histórico-cultural", apresenta um ensaio, discutindo, a partir de diversas concepções de Educação Matemática e das práticas educativas delas decorrentes, como a racionalidade objetiva da matemática torna-se o paradigma de uma sociedade em que o racional é sinônimo de competente. Afirmando que as questões ligadas ao irracional e ao psiquismo são desconsideradas; a inteligência humana é substituída no imaginário social pelo mito da racionalidade científica, persegue as perguntas: é possível uma teoria da educação em que o fundamento seja o irracional?; esse irracional teria uma origem no humano particular, como na psicanálise, ou no humano social, como na história?

"Ensino e aprendizagem na Educação Matemática" é o título da Parte III deste livro, dedicado às pesquisas que tematizam ensinar, aprender e ensinar e aprender no contexto escolar, em especial no da sala de aula de matemática.

Maria Cecília de Oliveira Micotti é autora do "O ensino e as propostas pedagógicas". Expõe, de modo elaborado, a concepção de ensino, sustentada no campo da informação, conhecimento e saber. Articula, nessa rede de significados, as novas propostas pedagógicas e suas aplicações. Situa nesse quadro o saber matemático. Levanta perguntas que indicam a direção que sua pesquisa toma, ficando explícita sua perspectiva construtivista.

"Estruturação da sala de aula: efeitos sobre o desenvolvimento intelectual e sobre o estilo de funcionamento cognitivo dos alunos", de Dair Aily Franco de Camargo, é resultante de duas pesquisas que conduziu a respeito dos efeitos da estruturação da sala de aula sobre o desenvolvimento cognitivo e sobre o estilo de funcionamento intelectual de crianças, a partir do quadro teórico proposto por J. Piaget. No artigo, está presente o modo pelo qual o pensamento da autora avança por meio de interpretações dos resultados obtidos e colocações de novas indagações. Desse modo, torna-se, ao mesmo tempo, um exercício do pensar científico e um desafio a novas investigações.

"Isto e aquilo: Jogo e a 'ensinagem' da Matemática", de autoria do Prof. Dr. Paulo Sérgio Emerique, enfatiza ser indissociável o processo de ensino e o de aprendizagem, ao que denomina "ensinagem". Pressupõe o lúdico como uma alternativa eficiente para a "ensinagem" de vários conteúdos e disciplinas. Refere-se a projeto de pesquisa que elabora para desenvolver a noção da unidade *ganhar-perder* por meio de um jogo com regras, visando, inclusive, a questionar o propósito capitalista de "levar vantagem em tudo".

Admite que o jogo se equivale à linguagem por representar, como aquela, a realidade, sendo o uso dos signos viável na atividade lúdica. A dimensão de risco, de busca, do prazer da surpresa está presente tanto no brincar quanto no trabalho do pesquisador.

O autor busca recuperar o lúdico no mundo adulto, sensibilizando e conscientizando professores para vivenciarem um novo papel, o de facilitador do jogo no ambiente escolar. Para ele, na educação matemática essa alternativa para a "ensinagem" da matemática mostra-se como promissora.

A Profa. Dra. Lourdes de la Rosa Onuchic, autora de "Ensino-aprendizagem de Matemática através de resolução de problemas", faz uma síntese da metodologia "resolução de problemas", chegando até o final da década de 1980. Afirma que a partir desse momento, os autores que trabalham nessa abordagem começam a perspectiva didático-pedagógica.

Afirma que ao ensinar matemática por meio da *resolução de problemas*, vista como metodologia de ensino, os problemas tornam-se importantes como recurso para aprender matemática, e, também, como um passo inicial para o desenvolvimento dessa aprendizagem.

O ponto central do interesse da autora ao trabalhar com o "ensino-aprendizagem de matemática por meio da resolução de problemas baseia-se na crença de que a razão mais importante para esse tipo de ensino é a de ajudar os alunos a compreenderem os conceitos, os processos e as técnicas operatórias necessárias...". Para ela, a compreensão da matemática envolve a ideia do que é *relacionar*. Defende a posição de que a matemática não é um caminho para resolver problemas, mas é um caminho de pensar, de um organizador de experiências. Assim, a presença da resolução de problemas no currículo de matemática é importante por ser um meio de adquirir-se novo conhecimento e por ser um processo de aplicação do que havia sido construído previamente.

"Formação de professores de Matemática", Parte IV deste livro, enfoca o difícil tema *formação de professores*. Formam-se professores? Onde? Que profissão é essa? Quais competências mínimas que devem nortear a formação do professor de matemática? Como formar o profissional que pesquisa em ação, que produz mudanças superando a apologia do fracasso do ensino e da aprendizagem da matemática? Como instituir uma educação continuada que forme o professor e o pesquisador?

No campo da educação sabe-se que formação do professor é uma questão em aberto. Países em que as condições socioeconômicas são favoráveis à disponibilidade de recursos governamentais para a educação como Estados Unidos, Inglaterra, Austrália, entre outros, ainda buscam modelos apropriados a essa formação. No Brasil, esta questão está em evidência, em face da desigualdade social existente e da precariedade de muitos cursos dedicados à formação de profissionais, em especial professores.

Roberto Ribeiro Baldino escreve "Pesquisa-ação para formação de professores: leitura sintomal de relatórios". Sua proposta é, em vez de continuar fazendo a apologia da mudança e recolhendo o fracasso do ensino e da aprendizagem da matemática como produto, tal como ocorre na literatura vigente em Educação Matemática, começar por produzir a mudança e verificar se, e por quais meios, a apologia do fracasso surge como resposta. Funda, seguindo esse princípio, a pesquisa na ação transformadora em sala de aula, o que o leva a adotar a metodologia pesquisa-ação e a criar o GPA – Grupo de Pesquisa Ação em Educação Matemática.

Descreve a ação desse grupo, formado por professores da Universidade, professores do ensino fundamental e médio, alunos do curso de licenciatura em matemática e alunos do programa de pós-graduação em Educação Matemática, deixando evidente a formação continuada do professor de matemática, a formação do professor pesquisador em matemática, que assume a proposta da pesquisa-ação, e o "deslanchar" do seu próprio pensar enquanto pesquisador que investiga, que intervém na realidade, construindo-a e que reflete sobre o seu fazer, incluindo o seu modo de investigar. Afirma que essa reflexão nunca é efetuada isoladamente, à moda do sujeito pensante como visto pelo intelectualismo, mas *com-o-outro*, parceiro de trabalho do GPA.

Explicita as categorias estruturantes *na* e *da* trajetória que está percorrendo, pontuando o seu trabalho de teorização na pesquisa em desenvolvimento: *o espaço do discurso*, momento em que acolhe as falas dos participantes, *o quadro teórico de Lacan*, quando faz um resumo da conceituação de Lacan sobre a dialética do Sujeito e do Outro, *Leitura Sintomal dos Relatórios* momento em que introduz o conceito de leitura sintomal e em que descreve o processo e resultado da aplicação dessa conceituação na leitura sintomal de relatórios de intervenção em sala de aula dos alunos-professores, que trabalharam em um dos subgrupos do GPA.

"Análise das experiências vividas determinando o desenvolvimento profissional do professor de Matemática", de Altair Polletini, trabalha os modelos existentes sobre o ciclo de desenvolvimento da carreira de professor. Coloca em evidência *experiência, reflexão* e *percepção* como aspectos relevantes para o desenvolvimento desse profissional. Sua investigação tem como fundo a pergunta *Que experiências são importantes para o futuro professor de Matemática?* E, ao persegui-la, outras perguntas são levantadas, por entendê-las como cruciais a essa formação: *O que significa saber Matemática?; O que significa aprender Matemática?* Apresenta sugestões para uma formação apropriada do profissional professor, tanto em nível das atividades pré-serviço como continuada. Afirma que um ponto crucial nesse processo é a reflexão sobre as experiências passadas e presentes. Daí o destaque que dá, em suas pesquisas, à história de vida.

Geraldo Perez, autor de "Formação de professores de Matemática sob a perspectiva do desenvolvimento profissional", também coloca em destaque a questão da profissionalização do professor. Considera fundamentais três eixos estruturantes na formação desse profissional, professor de matemática: ensino reflexivo, trabalho colaborativo e momentos marcantes. Enfatiza que os cursos que formam o professor devem valorizar a articulação entre as atividades e os projetos pedagógicos das escolas.

Acredita que a formação do professor de matemática pode ser fortalecida e ter sua direção modificada se privilegiar o ciclo prática/reflexão coletiva sobre a prática.

"Informática na Educação Matemática", Parte V, é composto por dois capítulos. Enfoca a questão das novas tecnologias no ambiente de ensino da Matemática e sua interferência nas práticas pedagógicas de ensino, de aprendizagem e da avaliação. Vai além do específico ao pedagógico. Levanta pergunta sobre aspectos epistemológicos do conhecimento matemático e avança na questão da formação de professores dessa ciência.

Marcelo de Carvalho Borba, no capítulo "Tecnologias informáticas na Educação Matemática e reorganização do pensamento", apresenta e discute questões epistemológicas que têm sido levantadas nos trabalhos do grupo de pesquisa que coordena. Destaca, para tanto, o papel das novas tecnologias e, ao ver os computadores como nova mídia, argumenta que o que conhecemos e o modo pelo qual conhecemos está intrinsecamente ligado às mídias disponíveis. Enfatiza ser importante, no nível do pensamento coletivo, como entendido por Levy, trabalhar a materialização da dialética *mídia-construção do conhecimento* na sala de aula de Matemática, dando destaque, nesse processo, à *modelagem recíproca*.

"Novos atores, novos cenários: discutindo a inserção dos computadores na profissão docente", de Miriam Godoy Penteado, trata da presença do computador na sala de aula, manifestada na relação professor-alunos, nas fontes de informação utilizadas, na relação de autoridade e poder e na interação da classe-alunos e professor com as diferentes *mídias*.

Enfoca a alteração de padrões de comportamento do professor diante da introdução do computador na escola, apontando aspectos como emoções, relações e condições de trabalho, dinâmica da aula, reorganização do currículo, entre outros.

Segundo a autora, a inserção da informática na prática pedagógica efetivada na sala de aula permite pensar esse ambiente educacional como um *hipertexto*, onde diversos atores estão interligados: o projeto pedagógico da escola, o computador, outras mídias, os alunos, as famílias, as regras sociais, o professor, as imagens, os sons etc., de tal forma que o movimento de cada um deles ativa outros atores e põe em jogo o contexto e o seu sentido.

Contextualiza o papel do professor nesse hipertexto, considerando-o como um "site" pois, ao mesmo tempo em que contribui para dar sentido a todos nós da rede, o movimento da rede contribui para o seu desenvolvimento.

Maria Aparecida Viggiani Bicudo
Organizadora

PARTE I

FILOSOFIA E EPISTEMOLOGIA NA EDUCAÇÃO MATEMÁTICA

1 FILOSOFIA DA EDUCAÇÃO MATEMÁTICA: UM ENFOQUE FENOMENOLÓGICO

Maria Aparecida Viggiani Bicudo[1]

1 Explicitando o significado de Filosofia da Educação Matemática

1.1 Um pouco de história

Em 1980, começamos a trabalhar com a Filosofia da Educação para alunos de um curso de Professores de Matemática. Essa experiência nos levou a indagar por que não denominar essa disciplina *Filosofia da Educação Matemática*. Apresentamos essa ideia a professores da Universidade, que já trabalham há tempo com o Ensino da Matemática, que afirmaram que nos congressos e encontros internacionais e nacionais não haviam sido apresentados trabalhos com esse nome. Afirmavam ser comuns pesquisas, artigos, livros que tratavam de Psicologia da Educação Matemática, Didática da Matemática e tópicos específicos de ensino da Matemática, mas que *Filosofia da Educação Matemática* não aparecia como tema.

Procuramos, a partir de então, conhecer o trabalho que vinha sendo feito nessa área de ensino e pesquisa e tomamos conhecimento que muitos temas tratados pela Filosofia, como epistemologia, ontologia e axiologia eram diluídos em argumentos e discussões naquelas disciplinas, sem que fossem destacados e tratados segundo os procedimentos de rigor e de embasamento da Filosofia.

---

1 Professora Titular de Filosofia da Educação IGCE – UNESP – Campus de Rio Claro – SP. Presidente da Sociedade de Estudos e Pesquisa Qualitativos, Rio Claro, 1996.

Em janeiro de 1982, na trajetória que percorremos indagando e pesquisando temas pertinentes à Filosofia da Educação Matemática, tomamos conhecimento, pela primeira vez, de um trabalho que tinha como título *Philosophy of Mathematics Education* [*Filosofia da Educação Matemática*]. Trata-se da tese de Doutorado de Eric Blaire,[2] apresentada e defendida no Instituto de Educação da Universidade de Londres, em dezembro de 1981.

É um trabalho que reúne Filosofia da Matemática, *na primeira parte*, quando aborda questões de fundo ontológico e epistemológico dos objetos matemáticos. Descreve as três correntes tradicionais na Filosofia da Matemática, logicismo, formalismo e institucionismo, buscando construir uma quarta que chama de *hipotética*, reunindo ideias de Pierce e de Lakatos.

Na *segunda parte* apresenta diferentes modos de ensinar matemática e identifica as conexões lógicas e algumas vezes contingentes que percebe entre as filosofias da Matemática, discutidas na primeira parte, e essas práticas de ensino. Delineia quatro perspectivas: o ensino da matemática como um jogo, o ensino da matemática como um membro das ciências naturais e o ensino da matemática orientado para a tecnologia. Argumenta que é possível uma quinta perspectiva delineada como ensino da matemática como linguagem e uma outra, ainda, reconhecida como uma perspectiva interdisciplinar.

Na *terceira parte* trabalha o conceito de Educação, os objetivos da Educação e aponta o que é essencial ser tratado em cursos de formação de professores de matemática.

Assim, Blaire trabalha a Filosofia da Educação Matemática fundamentado na Filosofia da Matemática e na Filosofia da Educação, de onde tira o suporte para analisar as práticas do ensino da matemática e para apresentar propostas pedagógicas que visam à formação do professor de Matemática.

De 1982 a 1992, continuamos nosso trabalho com Filosofia da Educação Matemática. Nesse período, conhecemos pesquisas importantes e livros de grande alcance de autores internacionalmente conhecidos e reconhecidos na área da Educação Matemática, porém sem a menção específica à Filosofia da Educação Matemática.

Para mencionar alguns entre os mais significativos, apontamos: Hans Freundenthal, principalmente seu livro *Didactical Phenomenology of Mathematical Structure* [*Fenomenologia Didática das Estruturas Matemá-*

2 BLAIRE, E., 1981.

ticas],[3] os trabalhos de Teoria da Educação Matemática que foi um dos tópicos do ICME-5, reunindo pesquisadores como H. G. Steiner, N. Balacheff, J. Mason, H. Steinbring, L. P. Steffe, H. Brousseau, T. J. Cooney, B. Christiansen.

Apontamos, ainda, Gila Hanna, Michael Otte, Ubiratan D'Ambrósio, cujos trabalhos tocam pontos a respeito da realidade matemática, da epistemologia que permeia o fazer e o ensinar matemática, analisam e criticam práticas pedagógicas, práticas matemáticas e tendências do ensino da matemática, deixando explícitos posicionamentos sobre os temas tratados.

Em 1992, por ocasião do ICME-7 encontramos o livro de Paul Ernst com o título específico de *The Philosophy of Mathematics Education* [*A Filosofia da Educação Matemática*].[4] Nesse livro, Ernst toma como tarefa explicar o título e tomando os dizeres de Higginson[5] afirma "(ele) identifica um número de disciplinas de fundamentação para a educação matemática, incluindo a filosofia. Uma perspectiva da educação matemática, ele argumenta, reúne um conjunto diferente de problemas daqueles vistos de qualquer outro ponto".[6]

A partir desse esclarecimento distingue, como mais relevante, quatro conjuntos de problemas e de questões para a Filosofia da Educação Matemática, quais sejam:

- Filosofia da Matemática, em que são abordadas perguntas como: o que é Matemática e como podemos explicar sua natureza? Quais filosofias da Matemática foram desenvolvidas?
- A natureza da aprendizagem, enfocando perguntas como: que afirmações filosóficas, possivelmente implícitas, subjazem à aprendizagem da matemática? Que epistemologias e teorias da aprendizagem são assumidas?
- Os objetivos da Educação, destacando perguntas como: quais são os objetivos da Educação Matemática? Seus objetivos são válidos? Quem ganha e quem perde?
- A natureza do ensino, enfocando: que afirmativas filosóficas, possivelmente implícitas, fundamenta o ensino da matemática? Essas afirmações são válidas? Que meios são adotados para atingir os objetivos da Educação Matemática?[7]

3 FREUNDENTHAL, H., 1983.

4 ERNST, P., 1991.

5 HIGGINSON, W., s.d.

6 ERNST, P., op. cit., p.XII.

7 Ibidem, p.XII e XIII.

Ernst divide seu livro em duas partes. Na primeira, trata da Filosofia da Matemática, abordando o logicismo, o formalismo e o intencionismo sob a categoria de Filosofias Absolutistas da Matemática e expondo sua crítica, argumentando a respeito da falácia implícita nessas filosofias e ampliando o horizonte de compreensão com os argumentos da visão *falibilista* da matemática. Extrai a fundamentação de sua crítica do trabalho de Lakatos e do construtivismo, elaborando uma concepção de uma Filosofia da Matemática que tem o Construtivismo Social como suporte.

Na segunda parte, explora a Filosofia da Educação Matemática, mostrando que muitos aspectos da Educação Matemática repousam sobre afirmações filosóficas.

Em 1994, tomamos conhecimento do livro de Ole Skovsmose denominado *Towards a Philosophy of Critical Mathematics Education [Para uma Filosofia da Educação Matemática Crítica]*.[8] Já o título do livro indica que o autor toma a Filosofia da Educação Matemática como sendo crítica, segundo sua concepção. Oskovsmose atribui à *crítica* o significado de uma educação que se mantém como força social e política em uma sociedade cuja natureza é crítica, pontuada por crises e conflitos.

Ele se fundamenta em obras de autores contemporâneos como Adorno, Habernas e Paulo Freire, sem perder de vista uma visão histórica do termo *crítica*, que aparece em Kant e Hegel, interpretado por Marx. Avança com o significado do termo visitando os autores da Escola de Frankfurt, mencionando Max Horkheimer, Herbert Marcuse.

Para elucidar a ideia de Educação crítica, destaca crise, crítica e emancipação.

Para Oskovsmose,[9] *crítica* tem um significado duplo: significa crítica de alguma opinião e crítica de alguma situação real, de algum aspecto da vida real. *Crise* "é uma metáfora para uma situação à qual devemos reagir via um criticismo".[10] *Emancipação* tem vários aspectos. Diz respeito à liberação de estereótipos de pensamento, quando seria o resultado de uma crítica de ideologias. Refere-se, também, à liberação de obstáculos materiais, como é o caso de libertarem-se pessoas da escravidão.

O autor constrói sua concepção de Educação crítica embasado nessas vertentes, de modo que sendo crítica, a educação deveria estar consciente das desigualdades sociais, procurando suprimi-las e não prolongar as relações sociais existentes. Expõe os diferentes modos pelos quais a educação poderia reagir à natureza crítica da sociedade. Sintetiza seu

8 SKOVSMOSE, O., 1993.

9 Idem, cap. 1.6.

10 Ibidem.

pensamento, afirmando que a educação crítica envolve dois interesses principais: deve reconhecer os diferentes modos pelos quais a sociedade se reproduz e deve tentar contrabalançar essas forças reprodutivas, fornecer uma distribuição igual ao que a escola pode oferecer e prover as crianças com competências que as capacite a identificar e reagir à repressão social. Concentra-se no aspecto das competências, tomando como foco as competências matemáticas. Assim, em seu livro, mostra como desenvolve tópicos de matemática, de maneira a prover os alunos com competência para reagirem à repressão social, sendo críticos.

1.2 Significado da Filosofia da Educação Matemática

O significado que atribuímos à Filosofia da Educação Matemática tem sido construído ao longo do nosso trabalho em Filosofia da Educação.

Ao trabalhar com a Filosofia da Educação sempre destacamos a Educação como o foco de atenção, trazendo a sistemática do fazer filosófico para auxiliar-nos a compreender esse fenômeno em sua complexidade.

O que isso quer dizer?

Quer dizer que tomamos a Educação como fenômeno e procuramos *ver* de diferentes perspectivas os seus modos de aparecer: na escola, na família, nos livros, na mídia, na multimídia, na vida... Enfim, procuramos entendê-la como o que se mostra no real vivido para compreender o que a caracteriza e interpretá-la à luz dos modos pelos quais se dá e à luz do mundo onde ocorre.

Assim, a *educação* não é olhada a partir de filtros, ou seja, de concepções teóricas que a definem previamente como é o caso de buscarem-se essas concepções na Filosofia, na Psicologia, na Sociologia, na Antropologia etc., mas ela mesma é tomada como o foco da investigação realizada de modo *transdisciplinar*.

Esse procedimento nutre-se com a sistemática de trabalho da Filosofia que tem como núcleo o pensar *abrangente*, *sistemático* e *reflexivo*. Enfoca o cotidiano da Educação, tematizando aspectos do fazer educacional como a relação professor-aluno, o ensino, a aprendizagem, a avaliação, o currículo, a escola, descrevendo os modos pelos quais esse fazer se dá, analisando-os e refletindo sobre os significados construídos. Esse fazer da Filosofia da Educação permite a compreensão e a interpretação do que se faz ao educar, das propostas pedagógicas, do sentido que fazem as teorias que estudam assuntos da educação. É, preponderantemente, um fazer *meditativo* que leva ao autoconhecimento, à autocrítica e, portanto, ao conhecimento e crítica do mundo.

É importante destacar que na concepção de *Filosofia da Educação*, que assumimos, a *reflexão* só se dá sobre uma ação devidamente analisada em sua gênese. Ela não se dá em abstrato, na esfera da subjetividade de um sujeito, separada da realidade vivida. Ao efetivá-la já está em processo uma ação interventiva na realidade educacional, pois seu fazer característico não rejeita o que há, mas assume o que existe como sendo o mundo onde a ação se desencadeia e a análise e a reflexão se tornam possíveis. Assim, a *Filosofia da Educação* é construção de conhecimento e, ao mesmo tempo, uma avaliação contínua e crítica dessa mesma construção.

Esse é um trabalho que exige a presença do outro: companheiros de pesquisas, autores que já escreveram sobre o tema pesquisado, sujeitos presentes à situação educacional estudada. É um trabalho efetuado no mundo horizonte das interpretações, campo das experiências vividas.

Nessa perspectiva, a Filosofia da Educação se caracteriza como uma crítica da educação. Crítica entendida no sentido filosófico que tem a reflexão como núcleo e que efetiva um conhecimento da gênese, isto é, da geração das ideias, propostas pedagógicas e ações educativas presentes no cotidiano investigado. Essa tarefa é importante por evitar que os agentes da Educação se percam em modismo teóricos, em *palavras de ordem* ditadas por discursos políticos, na densidade do mundo escolar, auxiliando-os a manterem-se lúcidos, compreendendo o seu fazer, podendo escolher e definindo o percurso a ser seguido.

Essa concepção e modo de proceder em Filosofia da Educação balizou nosso trabalho em *Filosofia da Educação Matemática*.

Compreendemos *Filosofia da Educação Matemática* como um estudo abrangente, sistemático e reflexivo da Educação Matemática, tal como ela aparece no seu cotidiano. A Educação Matemática é o foco. Conhecê-la exige fazê-la e refletir sobre o feito. Portanto, nessa perspectiva, a Educação Matemática é um *todo* que se mostra de diferentes modos: na rua, na escola, nas teorias, na cultura, no currículo, na legislação, na política educacional, na mídia, na multimídia.

Perguntar *o que é isto, a Educação Matemática* aponta o caminho da investigação, no sentido de ver o que é comum aos diferentes modos pelos quais ela aparece, mantendo-a como Educação Matemática. Essa investigação exige: análise e interpretação dos dados, um trabalho lógico para reunir o que é constante na multiplicidade das aparências e um trabalho reflexivo para efetivar a crítica, buscando o sentido do obtido no mundo da Educação Matemática.

A *Filosofia da Educação Matemática* não se confunde com a *Filosofia da Matemática*, nem com a da *Educação*. Da primeira, ela se distingue por não ter por meta o tema *realidade dos objetos matemáticos*, o da sua construção e o da construção do seu conhecimento. Da segunda, por não trabalhar com assuntos específicos e próprios à mesma, como, por exemplo, *fins* e *objetivos da Educação*, natureza do ensino, natureza da aprendizagem, natureza da escola e dos currículos escolares. Porém, embora, distinguindo-se de ambas, a Filosofia da Educação Matemática se nutre dos seus estudos, aprofunda temas específicos que podem ser detectados na interface que com elas mantém, alimentando-as com suas próprias pesquisas e reflexões, ao mesmo tempo em que delas se alimenta.

A *Filosofia da Educação Matemática* trabalha com os assuntos tratados pela Filosofia Matemática, olhando-os sob o enfoque da Educação. Assim é que coloca em evidência temas como *realidade* dos objetos matemáticos, *conhecimento* dos objetos matemáticos, *valor* da matemática, características da Ciência Matemática e os estuda sob a perspectiva da Educação Matemática. Para trabalhar nessa perspectiva instrumenta-se com os estudos e análises reflexivas da Filosofia da Educação e, fortalecida, põe-se a olhar como as concepções de *realidade* e *conhecimento* dos objetos matemáticos comparecem nos modos pelos quais o professor de Matemática ensina e avalia seus alunos, nas propostas curriculares, nos modos pelos quais as pessoas lidam com o seu trabalho cotidiano, como, por exemplo, construção de moradias, preparação e organização do solo para o plantio, trocas comerciais, manipulação de tecnologias.

Sob a ótica do valor dos objetos matemáticos ou da Matemática, a *Filosofia da Educação Matemática* aborda a questão da posição dessa ciência no currículo escolar, na forma pela qual ela é valorizada pela sociedade e, correlativamente, como essa valorização interfere na avaliação escolar e na seleção dos mais capacitados de uma determinada comunidade. Este é um estudo que não pode ser efetuado sem a compreensão da ideologia que está presente na própria maneira de ver e de avaliar a Matemática, interferindo, portanto, nas concepções da *realidade* dos objetos matemáticos e do *conhecimento* dos mesmos.

Assim, a Filosofia da Educação Matemática impõe-se como um pensar sobre temas abrangentes o suficiente, de modo a cobrir todo o campo da Educação Matemática. Isso não significa que esta se reduza à Filosofia da Educação Matemática. Significa apenas que esta última *re-flete*, pensa reflexivamente, a Educação Matemática, procurando conhecer e interpretar o que tem sido e que está sendo realizado. Esta é uma tarefa *meditativa* que leva ao autoconhecimento, à autocrítica, ao delineamento da identidade. Assim é que a Educação Matemática se fortalece, ao mesmo tempo em que vislumbra perspectivas futuras e sustenta suas escolhas.

No campo das atividades da Educação Matemática, entendemos que os seguintes temas representam convergências a serem tomadas como foco de análise reflexiva e crítica, pela Filosofia da Educação Matemática:

- concepção de Educação e de Educação Matemática;
- concepção de realidade e de conhecimento;
- concepção de realidade dos objetos matemáticos;
- postura e diretrizes didático-pedagógicas do trabalho do professor de matemática.

2 Abordando a Educação Matemática em uma perspectiva fenomenológica

A seguir retomaremos os temas apontados como importantes para a *Filosofia da Educação Matemática* e os trataremos segundo um enfoque fenomenológico, mostrando como a fenomenologia os trabalha. Optamos neste artigo por não estabelecer paralelo entre as concepções e os encaminhamentos pertinentes à *atitude fenomenológica* e aqueles da *atitude natural*,[11] mas mostrar concepções da fenomenologia que sustentam a prática pedagógica e sua análise e reflexão.

2.1 Concepção de Educação e de Educação Matemática

Na concepção fenomenológica a Educação é tida como fenômeno que se mostra à consciência que, em sua intencionalidade, a abarca, fazendo com que o seu sentido se dê nos seus diversos modos de aparecer.

Fenômeno significa o que se mostra, o que aparece, o que se manifesta à consciência. Consciência é intencionalidade. Caracteriza-se pelo ato de estar atento a..., dirigido para... Sua característica é dada pela atividade de estar ligada ao mundo, percebendo o que está no seu horizonte de compreensão. Nessa atividade, o sentido do mundo se constitui para o

11 A *atitude natural* se caracteriza por conceber as coisas do mundo natural como conteúdos positivos pensáveis como distintos dos fenômenos e suas manifestações. São tomados como objetivos tanto a coisa que torna objeto para o sujeito, quanto a mente que opera as relações de conhecimento. Na *atitude fenomenológica*, a coisa não é tida como tendo existência objetiva em si, pois: a) não está além da sua manifestação e, portanto, é relativa à percepção e dependente da consciência; b) a consciência não é parte ou região de um campo mais amplo, mas é ela mesma um todo e que não tem nada fora de si. É ela que ao entender-se e abarcar o mundo faz com este faça sentido para o sujeito (cf. MOURA, C. A. R., 1989).

sujeito que percebe, inicialmente como intuição ou percepção do percebido, desdobrando-se em atos que levam à organização, interpretação e comunicação desses dados.

Ser percebido em seus diversos modos de aparecer significa que o fenômeno é visto em perspectivas traçadas a partir do *ponto zero*, que é o do *corpo-próprio ou corpo-encarnado* do sujeito.[12] Isso, porém, não significa que o fenômeno permaneça na multiplicidade esfaceladora de percepções de um mesmo sujeito ou de vários sujeitos, mas a fenomenologia[13] busca reunir em *invariantes* os diversos modos pelos quais o fenômeno se manifesta na percepção. Esse trabalho é o de buscar pela *essência* ou *eidos*[14] do fenômeno, mediante a redução, ou seja, pelo que é característico disso que se mostra.

A essência do *fenômeno educação* é compreendida, pela fenomenologia, como o pro-jeto[15] do humano em suas possibilidades de ser mundano e temporal. Pro-jeto que lança o homem no seu sendo, portanto, no seu agindo.

A interpretação dessa afirmação se constrói na rede de significados atribuídos pela fenomenologia ao ego, ao outro, à verdade, à realidade do mundo-vida. Esses assuntos formam o núcleo de desenvolvimento do pensar fenomenológico exposto nas obras de Edmund Husserl, Martin Heidegger, Hans G. Gadamer, Paul Ricoeur e Maurice Merleau-Ponty, para citar os iniciadores mais renomados.

O mundo-vida[16] é o campo universal das experiências vividas; é o horizonte onde sempre se está consciente dos objetos e dos outros companheiros. No mundo-vida escolar estão os alunos, professores e objetos culturais que sempre já são dados à consciência daqueles sujeitos que convivem nesse horizonte. Esses últimos estão dados como objeto intencionais, portanto abarcados pela atividade da consciência. Os *outros* são os outros de cada *eu* que se presentificam em seu corpo-próprio e em sua psique.[17] Cada aluno, Ego que é, é um polo de intencionalidade, um ponto zero a partir do qual a perspectiva do mundo é traçada. Essa é uma compreensão existencial que cada um desenvolve de si-mesmo,

---

12 De acordo com HUSSERL, *corpo próprio* é o corpo com movimento e intencionalidade. É o *Leib*, cujo significado é o mesmo atribuído por Merleau-Ponty a corpo-encarnado (cf. HUSSERL, E., 1977).

13 HUSSERL, E., 1949, p.99.

14 Idem.

15 *Pro-jeto* é o lançar à frente permitindo que as possibilidades humanas se atualizem.

16 cf. HUSSERL, E., 1970a.

17 cf. HUSSERL, E., 1977.

polo de identidade, corpo-encarnado que é movimento, intencionalidade, desejo, comunicação e também é compreensão do *outro* que faz sentido ao estar-com no mundo-vida, horizonte dos significados da existência e dos objetos culturais.

No mundo-vida escolar está a *Escola*, instituição secular que é história e cujo significado tem sido construído no tempo. O sentido da Escola se dá no cotidiano escolar vivido pelos seus agentes: professores, alunos, familiares, funcionários, corpo técnico pedagógico etc. Portanto, esse sentido se dá no ensino, na aprendizagem, na avaliação, no desejar, no querer, no repudiar. Dá-se onde os objetos ideais[18] permeiam os conteúdos programáticos e onde são transmitidos pela linguagem falada, de imagens e sons, de gestos e escrita.

A fenomenologia trabalha o pro-jeto educacional no cotidiano escolar. Persegue o sentido que as ações do mundo-vida escolar fazem para seus sujeitos e encaminha, de modo rigoroso e sistemático, o pensar desse sentido, avançando para a análise e crítica e autocrítica. Esse é o próprio trabalho da *Filosofia da Educação*: tomar ciência da ação ou estar consciente do que se faz, analisar e refletir o feito de modo sistemático e rigoroso e apontar possibilidades de trajetórias e suas implicações no projeto educacional.

O ponto de destaque na abordagem fenomenológica é entender a essência da educação como *pro-jeto do humano*. Isso significa que a fenomenologia não trabalha a educação como objeto natural, passível de ser conhecido mediante as representações por signos e por sinais e passível de ser decomposto em partes de um processo programável em sequências de metas e operações dispostas no tempo. Significa que trabalha a Educação como abertura, como possibilidades que se efetuam na temporalidade do humano, em que as ações e decisões delineiam os caminhos, fazendo a história. Possibilidades, decisões e ações refletidas, por buscar, a Educação, a consciência do sentido que o mundo e a vida fazem para cada um e para todos ao mesmo tempo.

Portanto, a fenomenologia não parte de um conceito de Educação ou de uma proposta educacional específica como sendo a mais plausível e válida. Mas busca no próprio *mundo-vida* da educação, escolar ou não, o sentido do que fazemos, do tempo e da História e do sentido das ideologias, das teorias e das práticas pedagógicas que permeiam e embasam as ações efetuadas.

---

18 Os objetos matemáticos são idealidades conforme exposto em HUSSERL, E., 1970b, op. cit.

A *Educação Matemática* também é vista como *fenômeno* pela fenomenologia. Portanto, como uma totalidade que se mostra no cotidiano do *mundo-vida* mediante as percepções dos sujeitos a ela atentos. Assim, a *Educação Matemática* é um *pro-jeto humano* que se lança nas possibilidades de o homem ser mundano e temporal, compreendendo as relações matemáticas e os objetos matemáticos percebidos no mundo--vida e expandindo-os criativamente ao utilizá-los na ação interventiva no cotidiano vivido.

Assumir uma postura fenomenológica ao trabalhar-se com *Educação Matemática* significa buscar sentido daquilo que se faz ao ensinar e ao aprender matemática; dos conteúdos matemáticos veiculados na cultura, quer sejam aqueles do senso comum e do cotidiano vivido pelos sujeitos, quer sejam os veiculados em livros, revistas especializadas e na academia; das ideologias que permeiam as redes de significados das concepções matemáticas, das concepções pedagógicas, da prática educacional. É buscar compreender o sentido que o mundo faz para cada participante de um processo específico de ensino e de aprendizagem, procurando pontos de intersecção de horizontes de compreensão; é ficar atento ao *outro*, cossujeito do *mundo-vida*, interlocutor do compreendido e presença nuclear no processo de autoconhecimento. É proceder constante e sistematicamente a análise, a reflexão e a crítica das verdades aceitas.

2.2 Concepção da realidade e de conhecimento

Na perspectiva fenomenológica o *real* é tido como um todo dinâmico, temporal, histórico, percebido no encontro homem-mundo, não separado daquele que o percebe, que dele fala e que o interpreta, construindo uma rede de significados na *intersubjetividade*, ao partilhar vivências e comunicar interpretações. No prefácio do *Fenomenologia da Percepção*, Merleau-Ponty afirma:

> O real é um tecido sólido, ele não espera nossos juízos para anexar a si os fenômenos mais aberrantes, nem para rejeitar nossas imaginações mais verossímeis.[19]

Tecido sólido que se doa à experiência vivida. E isso é o mundo: experiência vivida, refletida, comunicada, partilhada – "O mundo não é o que penso, mas o que vivo".[20] A leitura dessa afirmação permite que se

19 MERLEAU-PONTY, M., 1994. p.6.

20 Idem, p.14.

interprete que o mundo não é o que sobre ele postulamos ou o que dele afirmamos ou um objeto passível de ser possuído ou representado. Mas "ele é o meio natural e o campo de todos os meus pensamentos e de todas as minhas percepções explícitas".[21]

O *real* é entendido como realidade vivida na espacialidade e temporalidade do *mundo-vida*. Portanto, nas perspectivas de tempo e espaço percebidos e suas convergências que reúnem diferentes modalidades de percepção de cada sujeito e dos diferentes sujeitos.

Da realidade, é parte integrante e constituinte o sujeito que percebe junto com os demais sujeitos, companheiros e cossujeitos dessa realidade. Sujeito e realidade não se separam. Há um movimento constante entre percepção, atos geradores do significado atribuído ao percebido, coisa percebida. Esse movimento é o do processo *noésis-noema*, onde *noésis* diz dos atos de percepção, de atribuição de sentido, de organização lógica desses dados, e *noema* diz do percebido.

Todo esse processo é trabalhado por Husserl no que denomina *redução transcendental*,[22] que, por sua vez, expõe como a compreensão do mundo se dá. Assim sendo, explicitar o significado de *realidade* na abordagem fenomenológica, implica expor o significado de conhecimento.

Vamos enfocar alguns temas nucleares das concepções fenomenológicas de conhecimento e de realidade, na impossibilidade de, neste artigo, tratar da *redução transcendental* em sua complexidade e com o rigor com que é trabalhada por Husserl em suas muitas obras.

Um destaque deve ser dado à *consciência* e à *reflexão*, pois a compreensão desses temas permite entender o modo pelo qual a fenomenologia concebe o *real* e a superação do momentâneo dos atos noéticos.

Para a fenomenologia *consciência* é intencionalidade.[23] É o ato de estar-se atento a..., dirigido para... Intencionalidade é a essência da consciência. Vem do verbo *latino intendo, tendi, tentum,* ere que quer dizer tender em uma direção, estender, tender para abrir, tornar atento, sustentar, dar intensidade, afirmar com força.[24] Esses significados permitem que se compreenda consciência como expansão para o mundo, abrindo-se para... Aqui está a diferença entre consciência entendida, na atitude natural, como coisa, como recipiente, como formadora, como parte do mundo e consciência entendida pela fenomenologia como intencionalidade, como

---

21 Idem, p.6.

22 cf. HUSSERL, E., 1970a, op. cit.

23 HUSSERL, E., 1994, op. cit., p.198.

24 GAFFIOT, F., 1934.

movimento de estender-se a...[25] Esse algo a que a consciência se estende não se trata apenas do visualmente presente, mas abrange o próprio desejo de efetivação do ato em que a vivência se dá.

Assim, a consciência não tem nada fora de si, pois no movimento de *estender-se para* ela enlaça os objetos das suas vivências e, com isso, esses objetos são sempre intencionais.

É nisso que se encontra o cerne da diferença entre *atitude natural* e a *atitude fenomenológica*. Para a fenomenologia, todo objeto é objeto intencional. Essa é a síntese *noésis-noema*, ou seja dos atos vivenciais e dos seus produtos.

A consciência também se estende para ela própria, para os seus próprios atos. Esse é um movimento reflexivo, pelo qual ela abarca suas próprias vivências, permitindo-se lucidez dos seus atos. Por esse movimento, há possibilidade de a consciência autoabranger-se, autoconhecer-se e autocriticar-se. Trata-se de uma percepção retrospectiva, focando as manifestações das percepções primeiras, da própria experiência. Esta entendida como *Erlebnis*, ou seja, como vivência de atos da consciência cuja essência é a intencionalidade. Conforme exposto em Gadamer[26] "a unidade da 'experiência' não é compreendida como um pedaço do fluxo real da experiência de um 'Eu', mas como nossa relação intencional".

"Experiências existem apenas na medida em que algo é experienciado e cujo significado se dá nessas mesmas experiências." *Erlebnis* engloba o reconhecimento de sua relação interna com a *vida* enquanto um fluxo de relações recíprocas ininterrupto. Daí poder-se entender o sentido de "consciência significa *vida*", pois é o movimento que se faz ao tender para as experiências vividas.

Refletir é um ato. E, como tal, sempre passível de tornar-se um objeto intencional sobre cujos atos a reflexão pode se voltar. É um movimento de *dar um passo a-trás* e olhar o vivido, o feito, e realizado. Isso envolve distanciamento e, ao mesmo tempo, viver uma experiência reflexiva. Esse é o sentido de *transcendência*, em fenomenologia: uma percepção retrospectiva dos *invariantes do vivido*. Assim, a *Fenomenologia Transcendental* põe-se como uma crítica do conhecimento e, também, como um *criticismo da totalidade da experiência humana que tem o autocriticismo como fundante*.[27]

Esse movimento reflexivo que leva a consciência a autoconhecer-se possibilitou a interpretação de que a fenomenologia opera de modo

---

25 HUSSERL, E., 1994, op. cit., p.199.

26 GADAMER, H.-G., 1984, p.59.

27 ZANER, R. M., 1970, p.194.

introspectivo e que o que faz, ainda que procedendo com o rigor da *redução transcendental*,[28] é chegar a um *Eu solipsista* que se autoabarca e que *cria* o mundo.

Entretanto, a possibilidade de uma concepção de idealidade solipsista do *eu* e da realidade é definitivamente superada quando a fenomenologia husserliana considera a presença do *outro* no mundo-vida.

Antes, porém, de trabalharmos o tema do *outro* e da intersubjetividade, enfocaremos a *percepção*, por ser o ponto-chave do encontro homem-mundo e, portanto, do conhecimento e da construção da realidade mundana, na perspectiva fenomenológica.

É importante deixar claro que, para a fenomenologia, *percepção* não é tida como sensação e também não é passível de ser decomposta em partes e formada por uma soma de sensações. No *Fenomenologia da Percepção*[29] e no *Primado da Percepção*,[30] Merleau-Ponty faz um estudo profundo desse tema, expondo as consequências filosóficas decorrentes de se admitir a percepção como primazia do conhecimento do mundo. Para esse autor a percepção não revela o ideal e o necessário, nem é uma ocorrência passageira e livre de amarras e independente do mundo. Afirma que ela ocorre no âmbito do todo. O sujeito que percebe e que toma um ponto de vista é o corpo-encarnado, campo de percepção e de ação, que faz a síntese no horizonte de sua visada.

A percepção oferece verdades como *presenças*. Isso significa, nos dizeres de Merleau-Ponty, que nossa relação com o mundo não é a de um pensador com o objeto do pensamento ou que a unidade da coisa percebida, enquanto percebida por muitas consciências, seja aquela do tipo dada na proposição. Não significa também, que o percebido seja comparável ao *real*.

Presença é estar-se no próprio momento em que as coisas, as verdades, os valores se constituem para nós. É o instante em que o sentido se faz. É por isso que Merleau-Ponty afirma que a percepção se constitui como um *logos* nascente.[31] A afirmação *a matéria é grávida da sua forma*[32] contém a ideia de que toda percepção ocorre em um horizonte, no mundo e na própria ação do corpo encarnado. Desse modo, a distinção feita classicamente entre *matéria* e *forma* não procede. A matéria já é grávida da sua forma, pois é na ação, momento em que a percepção uni-

28 MERLEAU-PONTY, M., 1994, op. cit.

29 MERLEAU-PONTY, M., 1990.

30 Idem.

31 Idem.

32 HUSSERL, E., 1977, op. cit.

fica, que a forma se constitui junto com a matéria. Essa unificação é, no dizer de Husserl uma *síntese de transição* ou de identidade que processa a unidade dos objetos percebidos.[33] Portanto, não se trata de uma síntese intelectual que apreende o objeto como possível ou como necessário, mas é uma síntese em que o objeto é dado como uma série de percepções perceptivais, embora, em sua totalidade, não seja dado em nenhuma delas. É por isso que na percepção o objeto pode ser dado de modo deformado. Trata-se da deformação decorrente da perspectiva tomada do ponto zero, que é aquele ponto de corpo-encarnado.

Entretanto, nesse enfoque, embora a *coisa*[34] percebida se exiba de múltiplas maneiras, ela não se perde na multiplicidade das percepções. De acordo com Husserl,[35] há sempre uma unidade que permeia as múltiplas maneiras pelas quais a percepção da coisa se dá, formada pela *síntese de transição.*

Esse jogo entre multiplicidade, característica da percepção, que é por perfis, e identidade do objeto intencional determina a transcendência do objeto com relação aos aspectos psicológicos. Desse modo, o objeto intencional é o polo de identidade imanente às experiências vividas; entretanto, é, também, *transcendente* a essas vivências por ser percebido como idêntico ou invariante no fluxo temporal das experiências vividas.

Para Husserl, a atividade que reúne a multiplicidade, de modo que o idêntico seja percebido, é a *intuição essencial.* É esse ato que a essência, ou *eidos*, é intuída, possibilitando a evidência essencial do fenômeno. A essência designa um objeto intencional com novas características, pois ele é dado na intuição essencial. Esses são os atos que geram os objetos ideais ou as idealidades. *Uma intuição empírica ou individual pode-se converter em intuição essencial* (ideação)[36] e a *intuição essencial é também intuição* e *não uma representação.*[37]

Entretanto, embora as idealidades sejam geradas na intuição essencial, elas adquirem forma, são mantidas e perpetuadas de modo objetivo na linguagem, nas relações entre sujeitos, na altura e na história. É por isso que as idealidades dos objetos ideais transcendem as vivências psicológicas e

33 Ibidem.

34 *Coisa* não é algo que se impõe como verdadeiro para toda inteligência, nem é algo sentido na privacidade da sensação individual, mas é o que aí está em seu aspecto concreto, na própria textura de suas qualidades... (cf. MERLEAU-PONTY, M. "Un Umplublished Text". *In* _____. *The Primacy of Perception*. North Western. University Press. 1964, p.48).

35 cf. HUSSERL, E., 1977, op. cit.

36 HUSSERL, E., 1949, p.20.

37 Idem, p.20.

as multiplicidades perspectivais, em que o fenômeno se mostra ao sujeito. Elas são tiradas da esfera subjetiva, lançadas à intersubjetiva e à objetiva pela linguagem e pela presença do outro, no horizonte do mundo-vida. É assim que, na perspectiva fenomenológica as idealidades não existem em um nível abstrato, subjetivo ou não, e atemporal, mas são realidades objetivas culturais, temporais e mundanas.

Ao passarmos para a esfera da intersubjetividade e da objetividade, estamos nos afastando da possibilidade de interpretar a fenomenologia husserliana como abstrata e fundada no solipsismo de um *eu puro*. E aqui colocamos em destaque o *outro* e a *intersubjetividade*, também temas centrais das concepções de conhecimento e de realidade, nessa abordagem.

Husserl entende que a percepção é temporal, mundana e carnal.[38] Afirma que o ato de perceber ocorre no presente. Porém, sempre em um horizonte temporal onde passado e futuro também estão presentes em um fluxo contínuo de retenções e de protensões. Percepção e percebido se dão no mundo horizonte, em perspectivas, quando o sentido vai se pondo e a percepção se processando. É assim que os objetos intencionais passam a existir para a consciência com os significados a eles atribuídos mediante o modo pelo qual se fizeram presentes no mundo-horizonte. É assim que a realidade do *mundo-vida* passa pela subjetividade e que a certeza do mundo se estabelece.

Essa subjetividade é tida por Husserl como carnal, como sendo a do corpo-encarnado que se movimenta, sente, deseja e que percebe o movimento dos corpos-físicos, em sua concreteza e o dos outros, presentes de modo corporificado, portanto, intencionalmente.

Os outros, corpos vivos que se presentificam e percepções que são comunicadas, tecendo a rede de intersubjetividade, são cossujeitos da experiência do mundo, formando o horizonte onde o encontro do *eu-consigo mesmo* e com o *outro* é possível.

O *outro* não se faz presente à consciência de modo direto e primordial, mas sempre por meio do seu corpo-encarnado. Nessa intermediação o ego percebe-se "mundaneizado". É um processo que envolve *analogia* de corpo a corpo, vivida de modo existencial que possibilitada a formação do par *eu-outro*; suposição de uma vida estranha ao *eu* que é confirmada nos gestos, nas expressões, nos comportamentos do *outro*; imaginação de si e do outro, como um estando no lugar do outro, que se atualiza como uma experiência do *como se eu estivesse lá*.[39]

---

38 HUSSERL, E., 1977, op. cit., p.116-7.

39 cf. HUSSERL, E. Fifth Meditation. In: *Cartesian Meditations*, op. cit.

A noção intermediária que permite a passagem da identidade de um corpo para o que há de comum entre o *eu* e o *outro* é a noção de perspectiva. O corpo-próprio é a *origem-zero* de um ponto de vista que dá uma determinada orientação ao seu sistema de experiência. Compreende que o *outro* tem outra perspectiva que orienta sua experiência de modo diferente do que aquele pelo qual o *eu* orienta a sua. O corpo do *outro* pertence concomitantemente ao sistema de experiências do *eu* e do *outro* e isso permite compreender que o mesmo objeto pode ser visto de perspectivas diferentes.

Entretanto, no pensar husserliano o *outro*, ou o *ego*, não aparece apenas como carne, como corpo-encarnado, mas também como *psique*, separados e diferentes que se interligam em um *tecido sólido* por construírem um mundo comum formado por uma comunidade de interegos ou de cossujeitos. Esse é o passo para a construção de todas as comunidades intersubjetivas e, também, seu fundamento. O projeto comum do homem, o mundo e o tempo cimentam a união de homens e transformam a união dos seus corpos em uma coesão indissolúvel. Formam-se, assim, mundos culturais circundantes, como se fossem personalidades de nível mais elevado.

Essas são as noções de *Lebenswelt* e de *Geist*, ou de *mundo-vida* e de *espírito*.[40] O espírito separa a linha divisória entre a natureza e a cultura. Essa última sendo, então, constituída pelas relações intersubjetivas que conduzem às personalidades de nível mais elevado.

No cerne do mundo-vida e da cultura estão a linguagem, a história e a tradição.

Linguagem, na fenomenologia, é entendida como comunicação entre sujeitos mas também, e sobretudo, como organizadora e estruturante do pensar. A afirmativa de Merleau-Ponty de que a *percepção é logos em estado nascente*[41] faz sentido quando se pensa na linguagem como processo organizador dos atos geradores de sentido e de significação, como expositora desses significados gerados na fala, como articuladora do sentido percebido, como veiculadora de sentido, como mantenedora de significados, como estruturante do mundo comunalizado e da própria percepção e dos processos de pensamento.

Assim é que toda linguagem se funda em um discurso,[42] ou seja, na articulação do sentido que o mundo faz para o sujeito percebedor. Um texto

40 cf. HUSSERL, E., 1970a, op. cit.

41 cf. MERLEAU-PONTY, M., 1990, op. cit.

42 Discurso é entendido segundo a interpretação mantida por Martin Heidegger (1988).

escrito veicula essa articulação. Cabe ao leitor buscar o sentido que o texto faz para ele no mundo-horizonte de suas compreensões, que é também aquele dos seus *outros*, da cultura. Esse é um trabalho de interpretação hermenêutica, que é o da leitura atenta que busca o sentido e a compreensão dos significados culturais, que são históricos. São históricos pois se fazem na perspectiva do tempo, no entrelaçamento de atos intencionais no mundo-vida, na rede de significados objetivados e mantidos como objetos culturais, em conjunto com todos sujeitos presentes nesse mundo.

Essa é a rede do real tecido pelo conhecimento. Essa é a trama do *Lebensuvelt*.

Nessa trama, como compreender a verdade?

Na visão fenomenológica, *verdade* não é entendida como adequação entre a representação e o representado, mas é compreendida como *aletheia*, ou seja, como desvelamento.

É a verdade dada na *percepção*, que *desvela* ou mostra sem véus a presença do mundo. É a verdade exposta no discurso que *desvela* o sentido que o mundo faz para quem o interpreta e comunica o interpretado. Portanto, não se trabalha, em fenomenologia, com a *verdade* em si, atemporal, absoluta que revela precisão. Trabalha-se com convergência de desvelamentos obtidos de acordo com as perspectivas das visadas. Portanto, com desvelamento temporais e mundanos, em que a precisão não é absoluta, mas relativa ao ponto de partida da própria visada.

2.3 Concepção da realidade dos objetivos matemáticos

Os *objetos matemáticos*, no enfoque fenomenológico são *objetos ideais*. Eles são constituídos na intuição essencial ou eidética, portanto na subjetividade psíquica. Entretanto sua idealidade transcende essa esfera e, por mediação da intersubjetividade, põe-se objetivamente no *mundo-vida*, fazendo-se presente à consciência.

Enfatizando o que já foi dito no item anterior para os objetos ideais, a idealidade dos objetos matemáticos não se mantém em um nível de abstração separado das experiências vividas no *mundo-vida*. Mas ela se mundaniza na intersubjetividade, é corporificada na linguagem e mantida na *história* e na *tradição*. São objetos intencionais, mas, pela intuição essencial transcendem as vivências psicológicas e as multiplicidades perspectivais dadas pela percepção. A idealidade dos objetos matemáticos se mantém como objetiva e passível de ser percebida e desenvolvida mediante evidência, imaginação, raciocínio lógico, fazeres práticos e teóricos.

Eles são lançados para a esfera intersubjetividade e dados como objetivos na cultura pela linguagem, que pode ser exposta em diferentes modos: falada, expondo proposições, interconectando juízos, encadeando raciocínios; escrita que registra o dito em símbolos da linguagem ordinária e em símbolos matemáticos específicos, gestual que comunica por meio de gestos corpóreos o compreendido pelo sujeito; pictóricas que comunica por meio de figuras; plástica que expõe o compreendido por intermédio de obras de arte etc.

Para garantir a permanência dos objetos matemáticos é preciso atentar-se para o *mundo-vida*, horizonte de civilização onde está o *outro*, companheiro a quem estamos sempre virtualmente atentos e para quem sempre estamos presentes como corpo-próprio e como psique. É preciso, também, contar com as características estruturantes e organizadoras da linguagem falada e a possibilidade de a sua estrutura ser sedimentada pela escrita.

De acordo com Husserl, a evidência conseguida na intuição essencial, geradora do objeto matemático, é passível de ser comunicada ao *outro* por meio da evidência das estruturas mentais dos agentes comunicadores, sujeitos copresentes a uma mesma comunidade. Essa estrutura, ao ser repetida em diversas produções e comunicações por intermédio da linguagem falada, torna-se uma estrutura comum à comunidade, mantendo a objetividade dos objetos ideais.

Além de objetivos, os objetos matemáticos são duradouros. Sua durabilidade é garantida pela documentação linguística, mediante a escrita.

A escrita traz em si uma transformação do modo de ser da estrutura e do significado dos objetos ideais. Enquanto na comunicação oral e gestual a estrutura dos objetos matemáticos pode ser veiculada pela empatia e pela camaradagem, fortalecendo a estrutura linguística que comunica o discurso, isto é, a articulação do sentido que o mundo faz para os sujeitos interlocutores, a linguagem escrita corporifica e perpetua aquela estrutura. Nessa linguagem está embutida a lógica, entendida como Teoria das Sentenças ou das proposições, em geral.[43]

Para Husserl, ao leitor abre-se a possibilidade de reavivar o vivido nas evidências que corporificam a idealidade dos objetos ideais matemáticos ou ser reduzido pela linguagem. No primeiro caso, as experiências mais gerais devem ser reativadas pelo sentido que as idealidades fazem para ele. Indo além de Husserl, mas permanecendo-se no pensar fenomenológico, podemos dizer que ao leitor cabe ainda, ao procurar o sentido

43 cf. HUSSERL, E., 1977b, op. cit.

do texto escrito, buscar o discurso que fundamenta esse texto. Nesse caso, trata-se de um trabalho hermenêutico que privilegia o sentido, a percepção perspectival que se concretiza no horizonte da temporalidade e da espacialidade do sujeito que lê, interpretando o texto na dimensão do seu *mundo-vida* e que também privilegia a interpretação do significado cultural do que está escrito, dimensionando-o na História e na região da Matemática e na das ciências.

No caso de o leitor permanecer seduzido pela linguagem, tem-se uma leitura mais passiva, mais restrita à repetição e aplicação mecânica e pragmática dos objetos matemáticos, possibilitada pelas fórmulas e pelos fazeres práticos.

2.4 Postura e diretrizes didático-pedagógicas do professor de matemática

Uma didática fenomenológica da matemática considera o mundo escolar em sua concretitude mundana e as experiências aí vivenciadas como a realidade na qual o trabalho docente se efetua. Trabalha com a *percepção*, explorando os modos pelos quais os objetos matemáticos se mostram a cada aluno, ao professor e aos demais presentes à situação de ensino e de aprendizagem. Considera os modos pelos quais cada um sente, de acordo com suas possibilidades e como cada um vê o mundo e a matemática, a partir do ponto zero dado pelo seu corpo-próprio e pela sua cultura. Esse ver é um ver encarnado, portanto traz consigo a ação, o pensamento, a fala..., enfim, os modos pelos quais o sujeito é no seu mundo com os *outros*. Assim, a idealidade dos objetos matemáticos presentifica-se tanto nos livros, textos e artigos específicos da ciência matemática ou do ensino da ciência matemática; como em fazeres práticos comuns ao cotidiano vivido pelos alunos e professores. Ela se mostra em perspectivas.

Ao enfatizar a percepção, o trabalho pedagógico do professor de matemática prioriza o momento presente e o horizonte temporal, possibilitando que aluno e professor fiquem atentos ao passado, ao futuro e às próprias vivências que se dão no presente. Isto é, que se percebam sentindo, raciocinando, lembrando, falando do percebido, movendo-se, enfim, agindo. Assim, o sentido do efetuado vai se pondo para eles, considerados, cada um, como um ego individual, e a significação vai se processando.

Esse procedimento contribui para que o *mundo-vida* faça sentido. A certeza do mundo se fortalece, passando o conhecimento da sua realidade, pela subjetividade, pela intersubjetividade e alcançando a objetividade cultural, sem mistérios.

Avançando na direção do entendimento da idealidade dos objetos ideais, o trabalho do professor de matemática elege atividades que possibilitem reunir a multiplicidade dada na percepção e nas experiências individuais. Essas atividades devem privilegiar a atenção para os aspectos semelhantes entre as várias exposições dos colegas e às suas próprias experiências. Exige-se ouvir o *outro* com atenção, ver o que ele faz e fala, procurando interpretar, buscando convergências. Exige, também, ouvir-se e buscar interpretar seu sentir, fazer, falar etc.

Assim, o fazer pedagógico do professor de matemática trabalha com o *eu* e com o *outro* mediante o corpo-próprio e não de maneira introspectiva. Privilegia a percepção do eu e do outro que se percebem como corpos-encarnados que se movimentam, que querem, que agem, que respondem, que falam, que ouvem, que interpretam. A perspectiva, a temporalidade, a história são compreendidas existencialmente, em um primeiro nível, e trabalhadas, aos poucos, no âmbito dos significados culturais e dos significados da ciência.

Dessas atividades fazem parte o *texto matemático*, tanto o produzido pelos alunos, como por autores matemáticos. Compreender o significado da *escrita*, conseguir registrar as próprias compreensões matemáticas do mundo, partilhar com os companheiros de situação de aprendizagem suas evidências já elaboradas e comunicadas em uma linguagem, ouvir o que o outro tem a dizer, são atividades que estão no âmago do fazer matemático e do fazer a ciência matemática. Elas subsidiam o desenvolvimento de uma postura de leitura ativa, participante e crítica de textos escritos por outros autores.

Essas atividades geram o *trans-fazer*,[44] pois *re-criam* o dado e o já feito em uma cadeia interminável de construir o inacabado, o que está em movimento, sendo, que somos nós-mesmos o mundo-horizonte, a cultura, enfim a História.

Outro ponto de destaque na prática pedagógica que tem a fenomenologia como diretriz de visão de mundo é a *reflexão*. Envolve as atividades do cotidiano escolar que solicitam que alunos e professores se voltem sobre suas próprias ações, individualmente e em grupo, para compreendê-las, analisá-las e criticá-las. Em aulas de matemática, essas atividades abrangem a exposição dos raciocínios operados, a análise do seu ponto

---

44 MARTINS, J., 1992. p.22. Trans-fazer, recriar. "Termo que não tem o mesmo significado que dialética. O transfazer refere-se a como o ser humano enquanto indivíduo sente o mundo e, a partir do que, lhe atribui significados. Significa ir além, superar um simples fazer. É um **recriar** interminável e sempre inacabado, pois o ser humano é sempre um ser de possibilidades."

de partida, da sua sequência e da antecipação de outras possibilidades, por meio da imaginação. Ou abrangem a apresentação de figuras que representam o pensado, movimentando-as na profundidade que o ver em perspectivas permite, lançando luz e sombra e contando o visto. Abrangem a análise de textos, de programas de informática etc.

Dar um passo atrás e voltar-se sobre o realizado é o ponto-chave para que se aprenda a ver o mundo fenomenologicamente, ou seja, não se tomando e aos demais companheiros como objetos naturais, objetivamente dados e passíveis de serem manuseados, reproduzidos e representados segundo padrões de verdade. Mas tomando-se como corpos-encarnados para quem o mundo faz sentido e que interroga esse mesmo sentido, a si e ao mundo, buscando sempre a verdade como esclarecimento, como um ver claro ou evidência da essência ou intuição essencial que reúne a multiplicidade de enfoques segundo perspectivas.

A *reflexão* está no cerne do rigor dos procedimentos fenomenológicos que têm como meta a pesquisa. Trabalhar pedagogicamente esse rigor auxilia a formação do pesquisador atento, reflexivo e crítico e, também, a formação do cidadão que interfere na realidade de modo consciente e consequente.

A avaliação, na perspectiva aqui assumida, é qualitativa e toma como base o processo em que o sentido e a significação se dão e elaboram sua dimensão temporal e cultural. É sempre efetuada pelos sujeitos presentes à realidade em que se dão as atividades avaliadas e que se tomam a si e aos outros como escritores e como sujeitos cientes da própria ação.

No mundo escolar, o produto da avaliação é, preferencialmente, posto em uma linguagem proposicional que emite juízo de valor, objetivando-se, em textos passíveis de serem interpretados, fazendo sentido para os sujeitos envolvidos.

Referências bibliográficas

BLAIRE, E. *Philosophy of Mathematics Education*. London: Institute of Education, University of London, 1981.

ERNST, P. *The Philosophy of Mathematics Education*. London, New York, Philadelphia: The Falmer Press, 1991.

FREUNDENTHAL, H. *Didactical Phenomenology of Mathematical Structures*. Dordrecht: D. Riedel Publishing Co., 1983.

GADAMER, H.-G. *Truth and Method*. New York: The Crossroad Publishing Co., 1984.

GAFFIOT, F. *Dictionnaire Latin Français*. Paris: Libraire Hachette, 1934.

HEIDEGGER, M. *Ser e tempo*. Trad. M. S. Cavalcanti. Rio de Janeiro: Vozes, 1988.

______. *Discourse on Thinking*. New York: Harper & Row Publishers, 1966.

HIGGINSON, W. On The Foundations of Mathematics Education. *For the Learning of Mathematics*, n.1,2, p.3-7, 1980.

HUSSERL, E. *Ideas relativas a uma fenomenologia pura y uma filosofia fenomenologica*. México: Fondo de Cultura Economica, 1949. p.99

______. *The crises of European Sciences*. Evanston: North Western University Press, 1970a.

______. The Origin of Geometry. In: HUSSERL, E. *The Crisis of European Sciences*. Evanston: North Western University Press, 1970b.

______. *Cartesian Meditations an Introduction to Phenomenology*. The Hague. Sixth Impression, Martinus Nijhoff, 1977.

MARTINS, J. *Um enfoque fenomenológico do currículo*: educação como poiéses. ESPÓSITO, V. H. C. (Org.) São Paulo: Editora Cortez, 1992.

MERLEAU-PONTY, M. A *primazia da percepção e suas consequências filosóficas*. Campinas: Editora Papirus, 1990.

______. *Fenomenologia da percepção*. São Paulo: Martins Fontes, 1994. p.6.

MOURA, C. A. R. *Crítica da Razão na fenomenologia*. São Paulo: Nova Stella e EDUSP, 1989.

SKOVSMOSE, O. *Towards a Philosophy of Critical Mathematics Education*. Aalborg: Aalborg University Centre, February, 1993.

ZANER, R. M. *The Way of Phenomenology*. Criticism as a Philosophical Discipline. Indianopolis: The Bobbs Merril Co. Inc., 1970. p.194.

2 FILOSOFIA DA MATEMÁTICA E FILOSOFIA DA EDUCAÇÃO MATEMÁTICA

Jairo José da Silva[1]

A Filosofia da Matemática

Os filósofos da matemática, como é habitual entre filósofos, não concordam completamente quanto à tarefa que lhes compete. Enquanto para alguns deles, a matemática, como é praticada por seus "técnicos", os matemáticos, é um dado que não cabe contestar, e sobre o qual resta aos filósofos apenas refletir, para outros, cabe ao filósofo exercer o seu direito de crítica sobre a própria atividade matemática, submetendo-a ao tribunal superior da razão onde, muitos creem, apenas a filosofia tem assento. Apesar de frequentemente ter sido a própria matemática a ter oferecido aos filósofos os cânones mesmo da razão. Descartes, o criador da filosofia moderna, e não por acaso também eminente matemático, tomou a metodologia matemática e seus critérios de verdade como regras para todo o pensamento. Ocorre porém, que muitas vezes, pensam os filósofos da matemática de orientação crítica, o matemático não é suficientemente fiel ao espírito do método matemático e cabe ao filósofo alertá-lo e trazê-lo de volta ao bom caminho. Kant, por exemplo, quando os números imaginários já prestavam os seus serviços à teoria das equações algébricas, não hesitou em declará-los impossíveis, relegando qualquer manipulação com esses denominados "imaginários" à categoria dos jogos sem sentido.[2] Ainda para Kant, só poderia haver uma única geometria, a euclidiana, e se

1 Professor-adjunto – Departamento de Matemática – UNESP – Rio Claro – SP.

2 Veja, por exemplo, SILVA, J. J. da. Wittgenstein on Irrational Numbers. In: Puhl K. (Ed.) *Wittgensteins Philosophie der Mathematik*. Vien: Verlag Hölder-Pichler-Tempsky, 1993, p.93-9.

a rigor outras geometrias são *possíveis*, elas não podem ser *verdadeiras*. A mera possibilidade lógica é condição necessária, mas não suficiente para a verdade, pensa Kant. Assim, podemos entender a filosofia da matemática quer como a submissão da matemática ao crivo de uma razão filosófica que lhe transcende, e à qual cabe fincar as balizas de uma matemática *correta*, como a entendeu Kant, quer como o exercício da reflexão filosófica voltada para a matemática tal como esta lhe é dada, e à qual cabe apontar a correta *compreensão* da matemática, como a entende a maioria dos filósofos da matemática dos dias atuais.

A filosofia e a matemática sempre influenciaram-se e alimentaram-se reciprocamente. Alguns grandes filósofos foram matemáticos de igual porte, como Descartes, Leibniz, Bolzano ou D'Alembert, apenas para ficarmos entre os modernos, ou, se quisermos retroceder à aurora do pensamento ocidental, Pitágoras e toda a sua escola. As duas grandes vertentes filosóficas contemporâneas, a fenomenologia "continental" e a filosofia analítica anglo-americana, foram "fundadas" por filósofos matemáticos: E. Husserl, um antigo aluno de Weierstrass, leitor de Riemann e frequentador do círculo de Hilbert em Göttingen, a primeira; G. Frege, o criador da moderna lógica matemática, a segunda. Mesmo a tradição filosófica americana do pragmatismo, que corre um pouco por fora dessas duas raias, tem num matemático, Charles S. Peirce, filho do também matemático Benjamin Peirce, um de seus pilares. A compreensão filosófica da matemática foi o ponto de partida dos sistemas filosóficos de Kant, cuja questão inaugural, lembremo-nos, pergunta sobre a possibilidade dos juízos sintéticos *a priori*, dos quais os juízos matemáticos constituem o exemplo por excelência, e de Husserl, cujo primeiro trabalho publicado foi uma Filosofia da Aritmética e cuja epistemologia seria incompreensível sem a correta compreensão do desenvolvimento de sua filosofia da matemática. O trabalho filosófico de Frege buscava a redução da aritmética à lógica, e nessa tentativa (infelizmente fracassada) criou a lógica matemática moderna. A filosofia da matemática teve também lugar central nas reflexões do mais original filósofo deste século, o austríaco L. Wittgenstein, e nesta posição permaneceu entre os seus leitores lógico-positivistas, como Rudolf Carnap, e toda a tradição analítica. Em suma, não seria exagero dizer que muita filosofia nasceu do deslumbramento com a matemática.

E a recíproca não é menos verdadeira. Poincaré, Weyl e Hilbert são exemplos de matemáticos não apenas diletantes nos domínios filosóficos, mas matemáticos para os quais a reflexão filosófica desempenhou papel predominante na própria criação matemática. Sob a influência da crítica de Brouwer, e por extensão de Kant, Hilbert criou a metamatemática e Weyl, também sob a influência de Brouwer, do qual tornou-se discípulo confesso, propôs toda uma nova forma de análise matemática. Brouwer, por sua vez, e por razões exclusivamente filosóficas, propôs-se a nada menos do que uma reforma radical de toda a matemática, que terminou no entanto por ser vista apenas como mais uma forma de se fazer matemática, tão interessante e útil quanto a tradicional, além de particularmente apta a tratar de problemas que nos põe esta era dos computadores em que vivemos.

Assim, não é de se admirar que a filosofia da matemática seja uma disciplina com grande tradição e um encanto sempre renovado. Um fato importante, porém, contribuiu muito para a grande interação entre matemática e filosofia no fim do século passado e começo deste, a chamada crise dos fundamentos. A rigor, a matemática vive em constante crise de fundamentos, da descoberta dos incomensuráveis entre os gregos até a querela atual suscitada pelo uso de computadores como instrumentos não apenas heurísticos, mas de demonstração matemática, passando pela descoberta das geometrias não euclidianas e pela introdução dos números imaginários no cálculo algébrico, a matemática está constantemente revendo os seus fundamentos. Dois fatos, porém, destacam-se na história recente da matemática, a criação da teoria de conjuntos, por Cantor, e a descoberta de antinomias nessa teoria, além de, mais importante, paradoxos envolvendo algumas das noções mais fundamentais da matemática, como as noções de verdade e definição. A grande celeuma que esses fatos suscitaram, e que não nos cabe relembrar aqui, contribuíram, como é de praxe com as crises, para criar oportunidades de reflexão em que os matemáticos puderam, com o concurso da filosofia, tematizar a sua ciência (se de ciência se trata de fato).

Em especial, a crise dos fundamentos gerou algumas "escolas" em filosofia da matemática que definiram até recentemente os termos deste debate filosófico. O logicismo, o intuicionismo e o formalismo são as correntes "fundacionais" que praticamente monopolizaram o cenário da filosofia da matemática neste século. A primeira, em que se destacam Frege e Russell, notabiliza-se pela tentativa de esvaziar a matemática, ou pelo menos parte dela, de conteúdo próprio, reduzindo-a à lógica e portanto à teoria das formas vazias do pensamento correto. A segunda, em que se destaca a figura um tanto quixotesca de Brouwer, o grande adversário de Hilbert, caracteriza-se por uma crítica visceral da matemática tradicional, dita agora "clássica" por oposição à nova matemática que nasce das experiências mentais essencialmente incomunicáveis de uma consciência viva inserida no tempo, e da lógica como um cânone de princípios formais *a priori* que se impõem ao pensamento independentemente da matéria com que este se ocupa. A terceira, cuja figura de proa foi Hilbert, propõe-se a esvaziar o discurso matemático, ou partes substanciais dele, de qualquer referência, significado ou verdade, reduzindo-o a um discurso vazio em que "não sabemos do que estamos falando nem se aquilo que falamos é verdade", na deliciosa definição de matemática dada por Russell.

Evidentemente essas posições conheceram variações, gradações e alterações de toda espécie, mas ao longo deste século as questões sobre o "conhecimento" matemático, o objeto matemático, a verdade matemática ou a utilidade da matemática foram preferencialmente respondidas por uma combinação mais ou menos matizada dessas vertentes filosóficas. Importa aqui notar sobretudo que a crise dos fundamentos gerou, além de um notável progresso na própria matemática, como atestam a já mencionada criação de toda a lógica matemática moderna e a incondicional capitulação da matemática à teoria dos conjuntos, toda uma tradição de reflexão filosófica que só nos dias de hoje tem sofrido alguma concorrência.

Antes de passarmos ao exame das novas vertentes da filosofia da matemática, convém observar que a despeito de seus muitos pontos de desavença, as correntes do logicismo, intuicionismo e formalismo têm algumas crenças em comum. Todas concordam, por exemplo, em reservar à matemática um posto único no conjunto do conhecimento humano. Contrariamente às ciências naturais, a matemática não é, creem os adeptos dessas correntes, aberta à falsificação empírica, quer porque como lógica pura ela seja constitutiva da própria razão e, portanto, anterior à experiência, quer porque como um jogo formal a ela não caiba nenhuma noção própria de verdade que possa ser posta ao crivo da experiência, quer porque como uma vivência essencialmente privada ela não esteja submetida senão à evidência interna. Ou seja, as três escolas dominantes em filosofia da matemática concordam que os enunciados matemáticos não são aptos à confirmação, ou falsificação, empírica (haveria, a rigor, que se notar que os formalistas hilbertianos admitem uma forma de verificação empírica quando se trata de asserções metamatemáticas, uma vez que sistemas formais são vistos por eles como jogos simbólicos cujos símbolos são objetos reais, mas não queremos entrar nesses detalhes aqui).

Um outro ponto de concordância reside na crença de que asserções matemáticas, desde que aceitas, não estão sujeitas à revisão. No formalismo, uma vez que as asserções matemáticas são válidas apenas enquanto lances de um jogo, estando as regras do jogo fixadas de uma vez por todas, não há porque ilegitimar um lance já feito. No logicismo, renunciar à qualquer asserção matemática equivaleria a renunciar a um cânone da razão, e isto só seria possível em virtude de uma inexistente razão superior. No intuicionismo, a renúncia a um fato matemático estabelecido só seria possível em virtude da desqualificação de uma evidência, o que não parece possível, pois a noção intuicionista de evidência parece requerer que evidências instaurem fatos *inquestionáveis*. Intuicionismo, logicismo e formalismo compartilham, ainda, mas por razões distintas, certa incompatibilidade com a visão que os matemáticos têm de sua disciplina. Contrariamente à perspectiva logicista da matemática, os matemáticos em geral não veem a sua árdua atividade profissional como uma construção de elaboradas tautologias, asserções redutíveis a identidades por meio da substituição de expressões de igual significado. Em sua maioria, os matemáticos acreditam que as asserções matemáticas têm um conteúdo próprio irredutível à lógica. A impiedosa poda intuicionista da matemática tradicional é ainda menos palatável ao matemático que não se deixou convencer pelo psicologismo subjacente à crítica intuicionista. Já a tese formalista senta-se desconfortavelmente junto à crença bastante difundida entre os matemáticos de que a matemática é uma ciência objetiva, e portanto algo mais que um mero jogo formal. Em verdade, os formalistas têm muitas dificuldades em explicar como, sendo a matemática o que eles creem ser, ela pode ter qualquer utilidade na nossa descrição de um mundo objetivo, como parece ser o caso nas aplicações da matemática às ciências empíricas e à nossa vida quotidiana.

Estes fatos, juntamente com a fossilização das doutrinas tradicionais em filosofia da matemática, que após décadas de debates estavam ainda estacionadas não muito longe de seus pontos de partida, pareciam ter levado a filosofia da matemática tradicional a um beco sem saída. O fracasso do programa logicista de Frege depois da descoberta do paradoxo de Russell, as dificuldades do próprio Russell em justificar alguns axiomas da teoria dos tipos, como os axiomas da redutibilidade e do infinito, que segundo os seus críticos dificilmente poderiam ser vistos como axiomas puramente lógicos, o idêntico fracasso do formalismo hilbertiano estrito advindo da descoberta dos teoremas de incompletude de Gödel, além das limitações inerentes ao intuicionismo, tornavam iminente o aparecimento de novas doutrinas em filosofia da matemática.

Novas perspectivas filosóficas, entretanto, só poderiam emergir quando a filosofia deixasse de se preocupar em colocar a matemática sobre fundamentos seguros para observá-la de fora, deixando para os matemáticos a tarefa de fazer a matemática. As escolas tradicionais da filosofia da matemática, como já dissemos, apareceram todas no ambiente gerado pela crise dos fundamentos da matemática e o consequente trabalho de matemáticos e filósofos na busca de fundamentos seguros para uma ciência que parecia ameaçada. É paradigmático da sensação de desconforto que compartilhavam muitos matemáticos à época o que Hermann Weyl diz no prefácio de seu livro *Das Kontinuum*, de 1918, um texto dedicado precisamente à tentativa de fundamentar a análise matemática em bases seguras:

> Não é o propósito deste trabalho cobrir a "rocha firme" sobre a qual está fundada a casa da análise com uma falsa estrutura de madeira de formalismo – uma estrutura que pode levar enganosamente o leitor e, em última instância, o autor a pensar que seja ela o verdadeiro fundamento. Contrariamente, eu mostrarei que esta casa está em grande medida construída sobre areia. Eu acredito que eu possa substituir este fundamento móvel por pilares de resistência duradoura. Entretanto, eles não sustentarão tudo aquilo que hoje considera-se em geral seguramente fundamentado. Eu desistirei do resto, por não ver outra possibilidade. (1994, p.1)

Enquanto muitos matemáticos, como Weyl ou Brouwer, buscavam fundamentos sólidos para a matemática segundo uma estratégia defensiva, isto é, abandonando tudo o que não pudesse ser construtivamente justificado, outros, como Hilbert ou mesmo Frege, recusavam-se a deitar por terra o patrimônio matemático acumulado em tantos séculos de trabalho árduo, mesmo que tivessem para isso que enfocar a matemática, ou parte dela, segundo uma perspectiva inusitada. Nesta tarefa de reconstrução e reinterpretação, as filosofias tradicionais da matemática foram criadas e desenvolvidas, mais como ideologias de justificação para os esforços de fundamentação a que estavam acopladas do que como produtos de uma reflexão serena sobre a natureza da matemática, como ela historicamente se apresenta a nós.

Passado este período agudo de incertezas, a filosofia da matemática pode libertar-se de seu anterior atrelamento aos estudos fundacionais para questionar a atividade matemática e o seu produto como dados, e não como problemas que lhe caberia equacionar e resolver. Em outras palavras, a filosofia da matemática hoje pergunta-se "o que é isto, a matemática?", não "como *deveria ser* isto, a matemática?". Sua tarefa tornou-se descritiva, com tudo o que uma descrição filosófica comporta de crítica, antes que normativa. Como consequência, novas questões e novos enfoques apareceram, e seria interessante lançarmos um breve olhar sobre eles.

Algo que não se pode deixar de notar no panorama atual da filosofia da matemática é a importância que a história da matemática adquiriu para a reflexão filosófica. Já é clássico o lema de I. Lakatos (adaptado de Kant): a história da matemática sem a filosofia da matemática é cega, enquanto a filosofia da matemática sem a história da matemática é vazia. Estando como estavam interessados basicamente em reformular ou reinterpretar a matemática, o logicismo, o formalismo ou o intuicionismo não tinham porquê estar interessados na história da matemática, pois esta não lhes poderia ensinar nada. Na melhor das hipóteses poderia apenas exibir dolorosamente os males desta ciência, males que lhe cabia curar.

Os filósofos da matemática não podem mais hoje ignorar a história da matemática, pois a matemática como nos é dada, é-nos dada precisamente estendida ao longo de sua história, e não concentrada toda no momento presente. Se a matemática está constantemente reinterpretando-se, esta tarefa de reinterpretação é um fato filosoficamente relevante, precisamente porque reescrever a matemática passada em termos da matemática presente é uma atividade matemática. Assim, o estudo do desenvolvimento histórico da matemática não pode ser ignorado pelo filósofo. Caso escolha olhar apenas para a matemática em seu estágio atual, o filósofo da matemática estará escolhendo uma perspectiva parcial, quando não falsificada, da atividade matemática.

Vejamos um exemplo. Algumas doutrinas formalistas da matemática populares nos dias de hoje, como o estruturalismo do grupo Bourbaki, que crê que a matemática é nada mais que o estudo de estruturas matemáticas, encontram-se numa posição delicada quando se trata de explicar por quê, afinal, essas estruturas nos interessam e, mais importante, como as descobrimos. O modo bourbakiano de entender a própria história da matemática, segundo uma ideia de progresso de contornos hegelianos, tende necessariamente a falsificar a história real do desenvolvimento dos conceitos e teorias matemáticas. A matemática não se desenvolve segundo uma linha ininterrupta de contínuo progresso por simples acumulação de conhecimento (teoremas), como nos quer fazer crer a perspectiva formalista, da qual o bourbakismo é herdeiro. Antes, a imagem geométrica mais apropriada para o desenvolvimento da matemática é a espiral, a matemática progride, como nos ensina Lakatos, segundo uma dialética de demonstrações e refutações aberta a toda sorte de influências, até mesmo de fatores *empíricos* e *quase-empíricos*, antes que qualquer formalização seja possível.

A valorização da história na filosofia da matemática constitui-se numa reação a uma visão formalista de matemática que tende a encará-la como essencialmente limitada à matemática formalizada, relegando à pré-história da matemática essa atividade "suja" que precede sempre a apresentação "polida" de teorias matemáticas em sistemas formais. Essa perspectiva formalista deve necessariamente negar a própria filosofia da matemática, ou antes reduzi-la ao estudo matemático de sistemas formais, a metamatemática. Um expoente desta forma de pensar foi Carnap, para quem toda a filosofia deveria reduzir-se à análise lógica da linguagem; assim, em particular, a filosofia da matemática deveria contentar-se em ser apenas uma análise lógico-sintática da linguagem matemática, isto é, metamatemática.

A ignorância da história da matemática e das vicissitudes da criação matemática, muitas vezes, induziram filósofos a desenvolverem visões pouco realistas sobre a natureza da matemática. Uma delas é a de que a matemática é imune à experiência. Como já vimos, este ponto de vista é compartilhado por intuicionistas, para os quais a matemática apenas descreve certos aspectos de nossa vida mental; por logicistas, para os quais a matemática, sendo pura lógica, não está à mercê da experiência; e por formalistas, para os quais a matemática é apenas um jogo formal. Uma vista de olhos à história da matemática basta para nos convencer do contrário. Em primeiro lugar, a evolução da matemática tem estado desde sempre condicionada pelas suas aplicações à ciência e às necessidades quotidianas. Mas isto não significa, evidentemente, que a experiência possa ser relevante para a *validação* de teorias matemáticas. Entretanto, na medida em que o maior ou menor sucesso de uma teoria matemática, *vis-à-vis* as suas motivações práticas e científicas, é motivo suficiente para a sua incorporação ao repertório matemático, ou para a sua desqualificação como uma teoria matematicamente interessante, questões de ordem prática e científica são em grande medida determinantes do que pode ser considerado relevante em matemática. Em outras palavras, a matemática não é insensível à sua dimensão prática.

Há, entretanto, filósofos que levam a dependência da matemática à experiência aos mesmos níveis daquela que subsiste entre a ciência empírica e a experiência. Quine é um exemplo. Este filósofo, apesar de assumir uma postura platonista em filosofia da matemática, isto é, acreditar que a matemática descreve uma realidade objetiva independente de nós, acredita igualmente que quando teorias da ciência empírica são colocadas ao teste da experiência, também a matemática essencial a esta teoria está sendo testada. Para Quine os objetos de teorias matemáticas, sem as quais não lograríamos uma explicação razoável da nossa experiência da realidade empírica, devem por isso mesmo ser considerados como objetivamente existentes. É como se sua indispensabilidade para a compreensão da realidade se constituísse numa evidência indireta de sua existência. No entanto, acredita Quine, assim como os modelos da estrutura do mundo fenomênico fornecidos pela ciência empírica são passíveis de revisão, o são também aqueles fornecidos pela matemática com respeito à suposta dimensão não sensível da realidade objetiva onde habitam os objetos matemáticos.

Este é um aspecto curioso e notável da nova filosofia da matemática, a aproximação que se tem efetuado entre a matemática e as ciências empíricas. Na verdade, esta tendência não é assim tão nova, uma vez que o próprio Gödel já havia claramente expressado uma visão quase empiricista da matemática, a ponto de afirmar que só não usamos métodos indutivos característicos das ciências empíricas em matemática por simples e puro preconceito. Hermann Weyl, ao propor uma teoria do contínuo no já mencionado *Das Kontinuum*, diz claramente que esta, como qualquer teoria matemática que busque expressar em conceitos matemáticos exatos uma vivência intuitiva, deve enfrentar o teste desta mesma intuição para provar o seu valor. Esta tendência empiricista e revisionista em matemática parece apenas acentuar-se na filosofia da matemática atual. Entre os filósofos mais recentes que podem ser contados entre os seus adeptos temos, além de Quine, uma outra figura importante, o também já mencionado Imre Lakatos. Para ele, a matemática é uma ciência, em sua terminologia, quase empírica, por admitir falsificadores potenciais, não empíricos mas quase empíricos ou heurísticos. A ideia é mais ou menos aquela já apresentada por Weyl, um falsificador heurístico potencial de uma teoria matemática formalizada seria precisamente a teoria matemática heurística, isto é, pré-formal, que a teoria formalizada quer justamente expressar com suficiente grau de fidelidade. A matemática "ingênua" teria assim precedência epistemológica sobre a matemática formal.

Recentes propostas filosóficas, como o platonismo de P. Maddy, por exemplo, também admitem uma forma de "experimentação" em matemática. Segundo Maddy, a matemática admite uma forma básica de intuição para a verificação dos enunciados mais fundamentais de teorias matemáticas elementares, um correlato matemático do papel da observação direta em ciências empíricas, juntamente com uma forma mais elaborada de teste para os candidatos a axiomas matemáticos que não possam ser diretamente verificados, que equivaleria ao procedimento empírico de avaliar a veracidade de uma hipótese pelas suas consequências observáveis ou por sua relevância teórica. O melhor critério, segundo Maddy, para escolher um novo axioma para uma teoria, uma vez que o candidato a axioma escape ao teste da evidência intuitiva, consiste em verificar suas consequências para ver se aí se pode encontrar algo intuitivo, ou então a sua eficiência em melhor organizar a teoria em questão. A consistência de um enunciado com uma teoria matemática da qual ele seja independente não é condição suficiente para que este enunciado possa ser incluído na teoria como um novo axioma, a mera consistência não é condição suficiente para a verdade, acredita Maddy. Além disso, o candidato a axioma deve mostrar que é também verdadeiro segundo critérios bastante pragmáticos. Segundo Maddy, a utilidade de um enunciado no conjunto de uma teoria, ou a evidência intuitiva de suas consequências são condições necessárias para a sua verdade. Entretanto, como essas não são também condições suficientes, sua veracidade estará sempre *sub judice*. O paralelo que esta concepção filosófica traça entre matemática e ciências empíricas salta à vista. Assim como Quine, Maddy não reserva à matemática uma capacidade privilegiada de acesso à verdade. A matemática, como as ciências naturais, pode ser revisada.

Maddy, assim como Gödel, em quem ela vai buscar este conceito, acredita num equivalente matemático da noção de percepção, chamada por falta de melhor termo de intuição matemática. Gödel, um realista conceptual que acreditava na existência objetiva dos conceitos matemáticos, acreditava também que esses conceitos poderiam ser dados a nós numa forma de percepção conceptual, isto é, não sensível. Entretanto nem Gödel, nem Maddy são capazes de nos fornecer uma boa teoria da intuição matemática. Alguns filósofos, como G. Rosado Haddock, acreditam que a fenomenologia de Husserl, com seu elaborado conceito de intuição e abstração categoriais, pode nos fornecer uma aceitável teoria da intuição matemática. R. Tieszen acredita, ainda, que a noção husserliana de intuição possa ser utilizada para dar corpo à noção intuicionista de construção matemática. Embora a filosofia da matemática do próprio Husserl aproxime-se mais do formalismo hilbertiano e do estruturalismo bourbakiano, a utilização de conceitos da filosofia de Husserl pode, de fato, ser útil para tratar o problema da intuição matemática. Porém, há que se ter em mente que o pensamento husserliano não pode ser confundido quer com o construtivismo matemático, quer com o ingênuo realismo godeliano.

O importante é notarmos o quanto a filosofia da matemática de hoje está distante daquela das escolas nascidas da crise dos fundamentos. Antes de buscar reservar à matemática uma posição privilegiada no sistema do conhecimento humano, a filosofia da matemática hoje busca aproximá-la do conhecimento empírico, tornando-a tão falível e aberta à revisão quanto este. O apriorismo e o caráter de necessidade do conhecimento matemático estão sendo duramente contestados nas modernas filosofias da matemática, certamente como consequência da própria evolução matemática. Demonstrações assistidas por computadores, por exemplo, e a consequente impossibilidade de uma única mulher ser capaz de abranger num único ato mental toda uma demonstração matemática, o que constitui um duro golpe no conceito tradicional de demonstração que requer que estas sejam apreensíveis num único ato de compreensão, estão mudando nossa noção de demonstração matemática, talvez na direção que queria Gödel, incluindo métodos antes reservados às ciências empíricas.

A filosofia não poderia permanecer alheia a esses desenvolvimentos. Assim, para ficarmos apenas neste exemplo, o conceito de demonstração em matemática, que ironicamente foi por longo tempo negligenciado em filosofia, tem ocupado um papel cada vez maior na investigação filosófica. A filosofia, em suma, abandonou sua pretensão de ditar à matemática regras de comportamento para tomar a matemática e seu desenvolvimento histórico como um dado sobre o qual deve se debruçar o filósofo. Enquanto o logicismo, o formalismo e o intuicionismo buscavam fundamentar, por meios certamente diferentes, o conhecimento matemático como um conhecimento privilegiado com relação ao conhecimento provisório e falível fornecido pelas ciências empíricas, a moderna filosofia da matemática abandona esses objetivos fundacionais para compreender a matemática como apenas mais um esforço humano para organizar a sua experiência do mundo. Se as escolas tradicionais não reconheciam praticamente nenhum tribunal a que estivesse sujeita a matemática fora dela mesma ou da crítica filosófica, hoje há filósofos que acreditam que a matemática deve submeter-se a quase os mesmos critérios de excelência, quando não de verdade, a que estão sujeitas as ciências naturais, a saber, a utilidade prática e teórica ou até a adequação à evidência empírica ou quase empírica.

Alguns filósofos vão um pouco mais longe, recusando à matemática sequer o privilégio de ser uma ciência. E esta tendência não é assim tão recente, Poincaré já havia retirado da geometria o caráter de ciência. Para ele uma particular geometria seria apenas um instrumento mais ou menos útil para a organização de nossa experiência do espaço real ou nossos conceitos abstratos de espaço. Hoje, os filósofos de orientação pragmatista ou neopragmatista questionam os próprios conceitos tradicionais de verdade, conhecimento e ciência, privando-os de seu papel privilegiado diante de outras tentativas humanas de organizar de modo eficiente nossa experiência do mundo, como a arte ou a religião. Não há por quê não contestar também a pretensão científica da matemática, estendendo para toda ela o que Poincaré pensava apenas da geometria. Uma teoria matemática seria nada mais, nada menos que um instrumento mais ou menos útil, sem nenhuma pretensão de verdade. O pretenso conhecimento que a matemática nos daria dos aspectos formais do mundo seria mera ilusão.

Este mundo seria, segundo este ponto de vista, literalmente amorfo, ou melhor polimorfo, apresentando esta ou aquela forma a critério de nossas conveniências, necessidades ou mesmo nossas diversas maneiras de percebê-lo. Este modo de entender a matemática enfatiza, obviamente, a importância de problemas práticos, científicos ou mesmo problemas internos à própria matemática no seu desenvolvimento.

Esta exposição sucinta da filosofia da matemática mostra-nos claramente que as questões que colocamos sobre a natureza do conhecimento matemático não admitem uma única resposta inconteste. Talvez a matemática seja mesmo multifacetada e não possa ser reduzida a nenhuma fórmula simples. Seja como for, este é um problema que não pode deixar de interessar aos profissionais que têm por objetivo o ensino da matemática.

Filosofia da Matemática e Educação Matemática

Não sendo um educador matemático, no sentido em que este termo é utilizado para designar um especialista numa área específica da educação, não me caberia buscar conexões interessantes entre a Filosofia da Matemática e a Educação Matemática. Entretanto, algumas correlações saltam à vista mesmo para um educador matemático no sentido mais prosaico de um professor de matemática.

Nos meus anos de colégio, parte de meus exercícios de matemática consistia em verificar se conjuntos finitos de objetos reais, em geral coisas como mesas, cadeiras, animais e que tais, eram iguais, se existia entre eles uma correspondência biunívoca, se um era parte do outro e coisas afins. Eu não tinha a menor ideia da razão desses estudos e menos ainda de sua utilidade prática, ou mesmo teórica. Acredito, hoje, que o motivo que levava os educadores da época a enfatizar tanto a noção de conjunto derivava da crença de que a teoria dos conjuntos e seus conceitos ofereciam o fundamento correto para toda a matemática. Em parte, em razão da bem-sucedida aritmetização da análise matemática pela intervenção da noção de conjunto, em parte devido à fundamentação lógico-conjuntista da própria aritmética levada a cabo por Frege, na qual as noções de classe e correspondência biunívoca entre classes eram fundamentais, disseminou-se entre muitos educadores a ideia de que aprender matemática era equivalente a compreender as noções lógicas fundamentais sobre as quais poder-se-ia erguer o edifício da matemática. A prevalência do lógico sobre o epistemológico e dos fundamentos da matemática sobre a própria matemática e suas aplicações, induzida essencialmente por uma filosofia logicista juntamente com um *approach* fundacionalista à matemática, teve como consequência uma prática educativa que privilegiava os conceitos que tinham importância fundacional.

Já no curso superior, disciplinas como álgebra moderna (às vezes também chamada de álgebra abstrata) eram-me apresentadas como um elenco de consequências de um conjunto de postulados fundamentais que definiam as chamadas estruturas algébricas, consideradas os objetos matemáticos por excelência. A influência da concepção bourbakiana da matemática nesta prática pedagógica era notória. O desenvolvimento da maior parte das disciplinas consistia, então como agora, na clássica sequência definição-teorema-demonstração-exemplos (às vezes), desconhecendo por completo a análise lógica e histórica dos conceitos envolvidos nas disciplinas em questão e os problemas que nos levaram até eles. Esta prática está, como é evidente, fortemente marcada pela concepção formalista da matemática, na qual a matemática não tem propriamente uma história, os conceitos matemáticos não têm, a rigor, nem gênese nem evolução, e os problemas práticos e científicos que a matemática resolve não têm interesse para a matemática enquanto tal. Evidentemente, uma diversa concepção de matemática, pragmatista digamos, na qual a verdade matemática seria condicionada pela sua utilidade, determinaria uma concepção pedagógica segundo uma perspectiva heurística, e uma ação pedagógica voltada essencialmente para a resolução de problemas.

O ponto de vista que quero defender com essas reminiscências é bem simples, não há prática ou teoria pedagógica que não seja, de modo consciente ou não, influenciada, quando não determinada, por uma concepção filosófica sobre a natureza da matemática. O educador precisa necessariamente responder às questões filosóficas fundamentais sobre o estatuto do objeto matemático, sobre a natureza da verdade matemática, sobre o caráter do método matemático, sobre a finalidade da matemática, sobre o estatuto do conhecimento matemático enfim, antes de criar teorias, estabelecer objetivos, elaborar estratégias, desenhar métodos ou qualquer outra atividade teórica ou prática cuja finalidade última seja o ensino de matemática. Ele tem apenas duas escolhas neste assunto, responder estas questões através da reflexão filosófica, ou respondê-las ingenuamente, incorporando de modo acrítico, assistemático e fragmentário pontos de vista ou meros preconceitos que lhe cruzem o caminho. Assim, a filosofia da matemática deve, necessariamente, estar presente em qualquer reflexão sistemática e crítica cujo foco seja a educação matemática, em particular a própria filosofia da educação matemática, se por isto entendermos a reflexão filosófica a qual cabe responder, entre outras questões, o *por quê* que antecede o *como* da educação pela e para a matemática.

A educação matemática não pode pressupor que só existe uma resposta à pergunta: o que é isso, a matemática? Ou sequer admitir que a resposta que os próprios matemáticos dão a esta questão seja efetivamente a melhor, pois mesmo que admitamos que a matemática seja aquilo que fazem os matemáticos, esta não é uma questão matemática. Nossa breve exposição inicial de algumas das várias perspectivas em filosofia da matemática quis exatamente mostrar que a pergunta sobre a natureza da matemática, além de ter conhecido mais de uma resposta, não está ainda definitivamente respondida. Mais, quisemos mostrar que talvez esta pergunta não possa ser nunca respondida de uma vez por todas, estando a matemática em constante alteração e reinterpretação de si mesma. Assim o educador matemático tem uma tarefa permanente, acompanhar a reflexão crítica desenvolvida pelos filósofos da matemática como subsídio imprescindível para o seu trabalho teórico e prático.

Bibliografia

BENACERRAF, P., PUTNAM, H. (Ed.) *Philosophy of Mathematics*. 2.ed. Cambridge: Cambridge University Press, 1983.

GÖDEL, K. Russell's Mathematical Logic. In: FEFERMAN, S. et al. (Ed.) *Collected Works. v.II*. Oxford: Oxford University Press, 1990.

______. What is Cantor's Continuum Problem? In: FEFERMAN, S. et al. *Collected Works. v.II*. Oxford: Oxford University Press, 1990.

LAKATOS, I. *Mathematics, Science and Epistemology*: Philosophical Papers. WORRAL, J., CURRIE, G. (Ed.) Cambridge: Cambridge University Press, 1980. v.2.

______. *Proofs and Refutations: The Logic of Mathematical Discovery*. Cambridge: Cambridge University Press, 1976.

MADDY, P. *Realism in Mathematics*. New York: Oxford University Press, 1992.

PUTNAM, H. *Mathematics, Matter and Method*: philosophical papers. 2.ed. Cambridge: Cambridge University Press, 1980. v.1.

QUINE, W. O. On What There Is. In: *From a Logical Point of View*. 2.ed. Cambridge, Ma.: Harvard University Press, 1980.

ROSADO HADDOCK, G. On Anti-Platonism and its Dogmas. *Diálogos*, v.67, p.7-38. 1996.

TIESZEN, R. *Mathematical Intuition*: Phenomenology and Mathematical Knowledge. Boston: Kluwer, 1989.

WEYL, H. *The Continuum*. New York: Dover Publications, 1994.

3 FILOSOFIA DA EDUCAÇÃO MATEMÁTICA: ALGUMAS RESSIGNIFICAÇÕES E UMA PROPOSTA DE PESQUISA[1]

Antonio Vicente Marafioti Garnica[2]

Definir Filosofia não é, aqui, a intenção. Talvez dessacralizar as concepções mais usuais, aquelas frequentemente empregadas no cotidiano e ditadas por um questionável bom-senso, o seja. E essa dessacralização implica um exercício contínuo e audacioso – pretensioso, diriam alguns – de reconceituações em cadeia. Falar de Filosofia da Educação Matemática, nesse exercício, nos obriga estabelecer, descritiva ou prescritivamente, os modos de ser da Educação Matemática. O "descritivo" parece ser o que mais se adapta à proposta deste texto, como tentaremos elaborar.

Inúmeras parecem ser as causas que nos levam a, equivocadamente, conceber Educação Matemática unicamente como prática científica. Seria melhor caracterizar o "movimento Educação Matemática": um conjunto de práticas sociais dentre as quais está, obviamente, a prática científica. E mesmo a expressão "prática científica" precisaria ser revista. Seria talvez melhor, também nesse caso, ampliar o adjetivo "científica" para que ele possa, sob determinados parâmetros, pertencer a outras esferas que não somente aquela da universidade ou, especificamente, a dos cursos de pós-graduação. Essa ressignificação (audaciosa num contexto ainda dominado pelas posturas positivistas) estende-se, naturalmente, segundo entendo, ao termo "pesquisa". Concebamos "pesquisa" em seu sentido

1 A elaboração deste texto, como se poderá ver, deu-se em vários artigos que o precedem e talvez tais ideias não estejam, ainda, em sua forma definitiva.

2 Professor Assistente Doutor do Departamento de Matemática da Faculdade de Ciências – UNESP – Bauru – SP, e do Programa de Pós-graduação em Educação Matemática do Instituto de Geociências e Ciências Exatas – UNESP – Rio Claro – SP.

originário, aquele por nossa língua herdado do castelhano, "buscar com investigação", algo como "seguir vestígios". A tarefa do pesquisador, sua prática, portanto, é investigar, visando à compreensão, seguindo vestígios. Carlo Ginzburg (1990), brilhantemente situa o que chama de "paradigma indiciário" como caracterizador de sua Nova História, um modelo que, no mesmo sentido por ele elaborado, talvez pudesse nos servir nessa iniciativa de estabelecer a pesquisa em Educação Matemática como algo que se assume como a prática de auscultar detalhes do ensinar e aprender Matemática, visando a interferir num sistema, como sabemos, pontuado de negatividades.

Assumir Educação Matemática como "movimento" implica aceitar que, desde o primeiro instante em que se decidiu ensinar a alguém alguma coisa chamada "Matemática", uma ação de Educação Matemática começou a se manifestar. Estando a instituição "universidade" imersa no mundo, esse "movimento" inscreve-se, também, posteriormente, na prática da pesquisa acadêmica formal. As formalizações conceituais surgem, como sabemos, movidas por preocupações, perplexidades. Assim, nas universidades constituem-se centros de pós-graduação em Educação Matemática, ora ligados a Departamentos de Matemática, ora ligados a Departamentos ou Faculdades de Educação, e um discurso específico, cujo objeto é interdisciplinar, começa a ser constituído num diálogo interáreas.

Talvez por serem os centros universitários o espaço privilegiado de uma reflexão da qual, por exemplo, os professores da escola pública de ensino fundamental e médio estão ideologicamente alheios, considerou-se a Educação Matemática, mesmo quando ainda em estado nascente, "naturalmente" ligada à esfera da teoria, do brilhantismo de mentes investigadoras dos espaços universitários. A teoria, assim, acabou constituindo-se como a prática reconhecida de uma Educação Matemática (por vezes) reconhecida. Essa situação – que bem poderíamos caracterizar como uma face de exclusão da Educação Matemática do cotidiano das escolas[3] – fortalece uma dicotomia entre prática e teoria, na qual esta tem, certamente, *status* diferenciado segundo os óculos sociais da atualidade.

Assumir Educação Matemática como "movimento" implica não desqualificar sua vertente prática e, até mesmo, radicalizando, sua vertente "meramente" prática. Pretende-se, porém, uma prática que demande, necessariamente, reflexão (uma *práxis*, como se tem afirmado). Não a

---

3 Estranhamente, nota-se, também, em relação à produção atual em Educação Matemática, uma *quase-exclusão* das práticas educativas que ocorrem além dos muros da escolaridade formal. Exceção pode ser evidenciada em alguns trabalhos ligados à Etnomatemática.

mera reflexão teórica fundante supostamente "autossuficiente", mas uma reflexão que, sugerida pela prática, visa a uma efetiva intervenção na ação pedagógica. Daí a deixa para a "dessacralização": essa reflexão (termo que reputo dentre os mais representativos para uma possível caracterização de "Filosofia"), concebida como reflexão teórico-prática. Na esteira dessas considerações, revelam-se não o pesquisador e o professor (já conhecidos), mas o professor-pesquisador, em qualquer instância de ação educativa. Desse modo, educadores matemáticos podem formar-se na própria atividade de pesquisa, vinculando prática e teoria, pesquisador e pesquisado, pesquisa e ensino, não dicotomizando sujeito e objeto. A filosofia, ou seja (com certa liberdade que julgamos operacional para um início), a reflexão, teria, assim, a intenção de alimentar uma prática por ela alimentada.[4] Consubstancia-se, assim – e esta nossa proposta –, uma Filosofia da Educação Matemática como uma reflexão sobre a prática e não uma instância teórica que precede ou artificialmente norteia a intervenção. A intenção é que se confundam, num primeiro momento, Educação Matemática e Filosofia da Educação Matemática. Somente a imersão nesse "fazer filosófico" poderá precisar as possíveis e necessárias distinções.

Essa imersão, certamente, nos levará a enfocar a precariedade de algumas argumentações sobre fundantes metodológicos atualmente praticados. Não nos é desconhecida a afirmação de que a explicitação, esclarecida, do método a ser utilizado é suficiente para justificar as opções metodológicas feitas por certos pesquisadores. Com certa razão, essa explicitação tem sido avaliada, na prática científica atual, como preferível àquelas pesquisas cuja opção pelo método é feita por força de uma "tradição" que não se impõe porquês. Isso, porém, oculta certos traços de natureza obviamente ideológica que descaracterizam (quando não desqualificam) as propostas de intervenção teórico-práticas. É certamente paradoxal – se não inconsistente – a opção pelos parâmetros clássicos de pesquisa nas investigações em Educação Matemática. Uma área que se impõe, construindo seu discurso, advogando pela interdisciplinaridade, certamente não pode impunemente basear-se em parâmetros radicados em concepções de ciência que não reconhecem (ou negam ou dificultam) o diálogo entreáreas. Abraçar uma postura metodológica é explicitar uma visão de mundo. Não sendo neutro em relação ao que pesquisa, o pesquisador mostra-se ao pesquisar, em sincronia com a ausência de neutralidade

4 Essa predisposição implica vincular, organicamente, o profissional da educação (ou mais especificamente, como profissional da Educação Matemática) à sala de aula. Indefinições quanto a isso têm servido para descaracterizar esse profissional, permitindo que uma gama indistinta de fazeres sejam assim, erroneamente, reconhecidos.

que deveria qualificar toda e qualquer prática pedagógica. Assim, como um outro elo na cadeia de ressignificações a que aqui nos propomos, inicia-se o debate sobre as abordagens qualitativas e quantitativas à pesquisa.

O surgimento de novas abordagens ou disciplinas na esfera da ciência sempre coloca em andamento uma espécie de perplexidade, manifestada, inicialmente, em forma de polêmica. Com o andar da carruagem, porém, do mesmo modo como as batatas tendem a ajeitar-se, esses novos focos ou são rechaçados por se mostrarem meros modismos ou são reconhecidos e instalam-se. Assim sucedeu à Física Quântica que abalou certos alicerces do conhecimento até então tido como verdadeiro e, também, numa área que nos é mais familiar, como ocorreu com o surgimento de "outras" lógicas. Debateram-se por muito tempo filósofos e matemáticos para caracterizar essas novas lógicas,[5] em relação à clássica, como complementares ou rivais. Sabe-se hoje que o equilíbrio – um exercício tão saudável quanto difícil – é a forma mais adequada.

Na esteira dessas transformações conceituais, como já afirmamos, a própria noção de "pesquisa" acaba sendo revisitada: "contrapondo-se" a uma concepção (fisicalista, naturalista, quantitativa, positivista, segundo alguns autores) dominante surge uma postura alternativa, conhecida, devido a seu modo de dissolver a predominância da quantidade, por Pesquisa Qualitativa. Não há (nem deve haver) aqui, a intenção de vestir a pesquisa qualitativa com trajes valorativos positivos em detrimento do modo clássico de pesquisar. Pretende-se, sim, explicitar certos elementos para a discussão sobre a emergência de um novo ponto de vista bastante adequado, por exemplo, para as Ciências Humanas ou para aquelas áreas do conhecimento cujas fronteiras com as Humanidades é tênue e para as quais qualquer tentativa de prisão em rígidos espartilhos categoriais (qual área? qual objeto? qual tendência? qual linha? qual prática? qual tipo de avaliação? quais conclusões?) é, em princípio, equivocada.[6] Assim, solicita-se do possível leitor uma postura que, objetivando não a aceitação dos comentários que aqui teceremos, mas visando à compreensão de um ponto de vista que pode ser diverso daqueles tidos como "clássicos", permita considerar os subsídios dados para um posterior debate.

---

5 Nesse panorama, a Lógica Difusa (os *fuzzy concepts*) e a Paraconsistente são exemplos claros. Os já não tão recentes trabalhos de Newton da Costa, por exemplo, tentaram esboçar os parâmetros pelos quais a Lógica Paraconsistente colocar-se-ia como um meio termo entre a complementaridade e a rivalidade com a Lógica Clássica (ou Lógica Bivalente, plasmada nos trabalhos aristotélicos). Os estudos de Zadeh, por seu turno, parecem permitir à Matemática "repensar" seu conceito de rigor, ora complementando, ora rivalizando com concepções clássicas e irrefletidamente dominantes.

6 A Educação Matemática é disso um nítido exemplo.

Num texto que tem se tornado, à força da quase inexistência de textos simplificados sobre o tema "Pesquisa Qualitativa", uma referência obrigatória, Lüdke & André (1987) dão as características básicas de pesquisas nessa abordagem:

> 1. A pesquisa qualitativa tem o ambiente natural como sua fonte direta de dados e o pesquisador como seu principal instrumento...
>
> 2. Os dados coletados são predominantemente descritivos...
>
> 3. A preocupação com o processo é muito maior do que com o produto...
>
> 4. O "significado" que as pessoas dão às coisas e à sua vida são focos de atenção especial pelo pesquisador...
>
> 5. A análise dos dados tende a seguir um processo indutivo. Os pesquisadores não se preocupam em buscar evidências que comprovem hipóteses definidas antes do início dos estudos. As abstrações se formam ou se consolidam basicamente a partir da inspeção dos dados num processo de baixo para cima. (p.11-3)

Ter "*o ambiente natural como fonte de dados*" refere-se, especificamente, ao poder que as situações do cotidiano têm em exibir coisas e fatos que nos causam perplexidades. Funda essa consideração o fato de que o mundo não é algo pronto, aprioristicamente dado, como podem supor alguns e como é praxe, por exemplo, nas pesquisas enraizadas no positivismo. O mundo só existe para alguém que o percebe, sob uma pluralidade de perspectivas. "A realidade não é tida como algo objetivo e passível de ser explicado em termos de um conhecimento que privilegia explicações em termos de causa e efeito" (Bicudo, 1994, p.76). A realidade[7] é construção constante, contínua e interminável. "Jogado no mundo" (segundo as concepções dos fenomenólogos) o homem torna-se homem quando afetado pelo que o cerca, vivendo com outros homens e com as outras coisas desse mundo (CON-vivendo), compreendendo isso pelo que é afetado e comunicando suas compreensões, COM-partilhando-as. Esse caráter de perspectiva de que o mundo se reveste faz com que conclusões

7 "Falar do mundo como sendo um real vivido é propor, ao mesmo tempo, duas teses. É afirmar – esta é a primeira tese – uma oposição a qualquer proposta centralizada em qualquer teoria que sustente a existência de dados sensoriais, isolados e sem sentido em si mesmos. /.../ É afirmar – esta é a segunda tese – que a ênfase é posta na experiência viva, no mundo como ele é vivido. Nas experiências vividas combinam-se memórias, percepções, antecipações a cada momento. Esta unidade nunca é estática ou final" (MARTINS & BICUDO, 1989, p.80-1).

não possam ser definitivas. Não tendo as coisas um significado em-si (o significado é "atribuído" às coisas pelos que com elas se relacionam) e sendo a atribuição de significado dependente das compreensões que cada um tem sobre o mundo que o cerca (compreensões que não são meramente subjetivas pois são compartilhadas, dependentes do fluxo cultural, social e histórico no qual estamos, já em princípio, inseridos), o que percebemos, a partir das inquietações que nos levam a pesquisar, são disposições que tornamos públicas (dando-lhes publicidade), sujeitando-as às compreensões de outros sujeitos que, na maior parte das vezes, podem complementá-las, completá-las, aprofundá-las, revivê-las, tomando-as para si para, novamente, compartilhá-las. Tanto quanto a compreensão e interpretação do mundo, a pesquisa, parte disso, é um ciclo interminável e constante para o qual se exige o pré-requisito da disposição. Desse ponto de vista, com a pesquisa tendo "*o pesquisador como seu principal instrumento*", o rigor da investigação, agora, não está mais centrado no método (quase que invariavelmente aquele dado pelas ferramentas matemáticas e caracterizador das abordagens quantitativas). O rigor está no pesquisador e em sua disposição de tornar públicas suas considerações a uma plateia mais ampla. Pesquisa e pesquisador não têm neutralidade. Se pensarmos na Educação e nas pesquisas em Educação, segundo essas afirmações, rompem-se as dicotomias professor/pesquisador, teoria/prática, sujeito/objeto. A pesquisa coloca-se, tanto quanto o é a própria Educação, como uma luta pela atribuição de significados (do que pertinentemente, com a clareza daqueles que sabem, já nos alertava Joel Martins).

Convivendo com outros, na iminência da possibilidade de ver brotar um ponto de vista que enriqueça o meu, procuro por modos de ver, os analiso, os rebato, os sustento. Faço surgir concepções e considerações integradoras, refutadoras, conservadoras etc., a partir do diálogo que sustento com os que falam sobre as coisas que me deixam perplexo e que, por esse motivo, tematizo.[8] Recolho informações e as decomponho, interpreto, analiso, *re-contextualizando-as*. Vou até o outro para que ele possa me dizer o que sabe,[9] o que ele me diz descrevendo, exercitando-se no aparente paradoxo da comunicação.

> pode-se dizer que só haverá Ciência Humana se se visar à maneira pela qual as pessoas, ou grupos delas, representam as palavras para si mesmas, utili-

8 "Tematizar quer dizer pôr de forma estabelecida, localizada, um assunto ou tópico sobre o qual se vai discursar, dissertar ou falar seriamente" (MARTINS & BICUDO, 1989, p.76).

9 "Saber" tem o mesmo radical de "sabor". Aquele que sabe é, portanto, aquele que já sentiu o sabor, foi à coisa e voltou impregnado com o que lhe foi mostrado nesse "dirigir-se à".

> zando suas formas de significados; como elas compõem discursos reais; como revelam ou ocultam neles o que estão pensando ou dizendo, talvez porque o que dizem seja desconhecido para elas mesmas; como revelam mais ou menos o que desejam. Mas, de qualquer maneira, as pessoas ou o grupo de pessoas deixam um conjunto de traços verbais dos pensamentos que devem ser decifrados, tanto quanto possível, na sua vivacidade representativa, se se quiser fazer Ciência Humana. Assim, os conceitos sobre os quais as Ciências Humanas se fundamentam, em um plano de pesquisa qualitativa, são elaborados pelas descrições. (Martins & Bicudo, 1989, p.43)

Assim, "*os dados coletados são predominantemente descritivos*". Embora a comunicabilidade da experiência vivida, como vivida, seja uma experiência impossível, algo fica quando eu falo, quando descrevo uma determinada situação: fica um sentido. A descrição coloca-se, pois, como um instrumento desse sentido que permanece, como possibilidade de manifestação dessa minha matéria-prima. É esse um sentido impregnado pelo significado atribuído pelas pessoas com quem falo, sendo, assim, natural que "*o 'significado' que as pessoas dão às coisas e à sua vida* [sejam] *focos de atenção especial pelo pesquisador*".

A discussão da afirmação de que a "*análise dos dados tende a seguir um processo indutivo*" remonta a um passado um pouco mais distante: a filosofia de Bacon.

Contemporâneo de Descartes, Francis Bacon (1561-1626), questionando a tradição filosófica da época, reconhece a existência de linguagens distintas, sendo ambas instrumentos eficazes – cada uma a seu modo – de compreensão do mundo:

> O uso das antecipações e da dialética é bom nas ciências que se fundam em opiniões e convenções, que tratam de submeter o assentimento, não as coisas... Para que uma linguagem possa levar à ação direta sobre o mundo, transformá-lo e colocá-lo a meu serviço, precisa ser de uma determinada forma – o caminho que [Bacon] propõe é o da indução e da experimentação... O *Novum Organum* abre duas possibilidades. A do cientista experimentalista, que Bacon proclama como sendo o caminho para dominar a natureza, e a da dialética, voltada para a dominação de outrem... Mas a modernidade que seguiu esse caminho científico e tecnológico esqueceu as observações de Bacon segundo as quais, quando o objeto de conhecimento for o ser humano, é impossível tratá-lo como coisa. (Pessanha, 1993, p.7)

Unidas, as propostas cartesiana e baconiana ganham força nos séculos XVIII e XIX vindo a caracterizar a ciência produzida como "quantitativa, matematizante e fisicalista". Interagem com os pontos de vista de Bacon e Descartes as teorias de Isaac Newton, segundo as quais o homem passa a ser concebido como uma máquina. Assim, esse homem-máquina poderia ter cada uma de suas partes investigadas experimental e indutivamente, com o que seu "todo" seria, fatalmente, conhecido. O mecanicismo de Newton é, portanto, o passo final para a abordagem tecnicista das ciências – incluindo agora, sem dúvida alguma, as chamadas Ciências Humanas. Ideologicamente, essa abordagem à prática científica torna-se paradigmática, constituindo o paradigma "clássico",[10] ao qual somos subjugados.

O "indutivo" do qual nos fala José Américo da Mota Pessanha (1993), fazendo referência à filosofia de Bacon não é, rigidamente, o indutivo do qual nos fala o texto de Lüdke & André (1987), aqui sob apreciação. Naquele, o "indutivo" revela uma sincronia vital com a experimentação, com fatos, com mensuração. Na pesquisa qualitativa, a trajetória de análise dos dados coletados e disponíveis, principalmente, na forma de descrições, é toda ela interpretativa. São lidos e interpretados, passo a passo, todos os textos dessas descrições, e cada uma delas, por revelarem nuanças do que está sob investigação, são fermento para minhas compreensões. Minuciosamente, uma a uma, as descrições são analisadas e, isso feito, o pesquisador as coteja, as contrapõe umas às outras, buscando generalizações,[11] numa postura dialética entre os depoimentos recolhidos e no diálogo pesquisador/descrições.

Não sendo passíveis de juízos como "certas" ou "erradas", "verdadeiras" ou "falsas", as descrições não são recolhidas para serem comprovadas ou não. Não há uma hipótese prévia. O pesquisador recolhe depoimentos e os analisa buscando compreender o objeto tematizado formando sua perspectiva a partir das perspectivas que lhe foram confiadas. Não havendo hipótese, não há categorias prévias, não há gavetas prontas para a compreensão que se está elaborando. Não partimos de categorias mas podemos a elas chegar. Nossas compreensões podem nos mostrar formas

10 CAPRA (1982) chama de cartesio-newtoniano o que aqui chamamos de paradigma "clássico".

11 Devem ser esclarecidas perspectivas possíveis para o termo generalização: segundo MARTINS & BICUDO (1989), a pesquisa qualitativa pauta-se numa *generalização formal*, porque diz de proposições gerais advindas de proposições particulares que se complementam num intrincado elo de referências e interpretações. Já a *generalização geral*, do domínio da pesquisa de natureza quantitativa, parte de um certo número de casos individuais, quantifica fatores segundo um estudo típico, procura por correlações estatísticas e probabilidades que digam se tais correlações ocorrem ou não ao acaso. Generaliza-se então o encontrado nos casos particulares, pautando-se em procedimentos estatísticos. Assim, as generalizações podem ou não ser mantidas para cada caso individual.

de sistematização, com o que podemos *vir a criar* categorias. Estas, então, serão finais, não iniciais (aristotélicas), no movimento de análise. É assim, portanto, que "*a análise dos dados tende a seguir um processo indutivo* [e que] *os pesquisadores não se preocupam em buscar evidências que comprovem hipóteses definidas antes do início dos estudos* [sendo que] *as abstrações se formam ou se consolidam basicamente a partir de uma inspeção dos dados num processo de baixo para cima*".

O produto dessa pesquisa, manifestado na forma de assertivas cuja pretensão é dar ao possível leitor indicativos das compreensões do pesquisador, é secundário ao processo de geração desse produto. Nessa trajetória de compreensões estão entrelaçados os pressupostos existenciais de quem investiga e os dados recolhidos nas descrições (e, portanto, esforço de compartilhar significados atribuídos). O produto é, portanto, uma *re-elaboração* de compreensões tornado compreensão mais fecunda, mais elaborada que, tornada pública, vê-se na situação de um novo esforço de atribuição de significado que um outro pesquisador, por sua vez, pode *re-elaborar*. Tal é esse processo interminável. Tal é a natureza de uma abordagem de pesquisa na qual "*a preocupação com o processo é muito maior do que com o produto*".

É essa a ótica de uma postura na qual a concepção de pesquisa adquire novos matizes: seguir os vestígios daquilo que nos deixa perplexos – é nossa opção pela pesquisa. Os termos *research*, em inglês, e o termo *recherche*, em francês, deixam mais explícita essa disposição: o *re-procurar*, o procurar contínuo. "Pesquisar", assim, indicaria uma postura rigorosa, séria, sistemática, de disposição a uma busca, na realidade interminável, numa atitude de rodearmos aquilo que pretendemos conhecer. Isso faz com que alguns assumam o trabalho de Sísifo como metáfora para a ação de pesquisar: um Sísifo cujo trabalho não lhe foi dado como castigo, foi abraçado como consciente opção.

E esboçadas nossas considerações acerca do que chamamos de "ressignificações", abordando Educação Matemática, Filosofia e alguns parâmetros para uma discussão sobre metodologia de pesquisa, voltamos a focar a Filosofia da Educação Matemática com a intenção de, finalmente, apresentar a proposta de um projeto de pesquisa.

Em texto recente, Bicudo (1996) retoma, citando e analisando, numa abordagem histórico-conceitual, alguns trabalhos disponíveis que têm, explicitadamente, como tema, a constituição de uma Filosofia da Educação Matemática. Dentre esses, ressaltam-se aqueles em que tal intenção vem expressa no próprio título. São dessa natureza, por exemplo, os textos *Philosophy of Mathematics Education* (doutorado de Eric Blaire na Universidade de Londres), de 1981, *The Philosophy of Mathematics Education* (de Paul

Ernest, publicado pela Falmer Press), de 1991 e o *Towards a Philosophy of Critical Mathematics Education* (de Ole Skovsmose, publicado pela Kluwer), de 1994. Há certamente, junto a esses, obras clássicas dentre as quais está, por exemplo, o *Didactical Phenomenology of Mathematics Structures*, de Hans Freudenthal. Também não podemos negar o tratamento de natureza filosófica – em sincronia com nossas considerações anteriores – de parte da produção atual em Educação Matemática. Ressaltamos, porém, somente alguns dos textos, optando por aqueles cuja opção explícita é a elaboração de uma trama teórica que possa fundamentar a Educação Matemática como área de conhecimento (uma das tarefas precípuas do trabalho em Filosofia da Educação Matemática).

No *The Philosophy of Mathematics Education*, livro de 1991, um desses exemplos, Paul Ernest, um dos autores aqui sob apreciação, elabora seu Construtivismo Social, uma Filosofia da Matemática gerada pelo *Quasi-Empiricismo* lakatosiano mesclado ao Convencionalismo de Wittgenstein. Embora saibamos ser essa uma mistura um tanto indigesta para alguns, não se pode, em princípio, descredenciar uma das iniciativas pioneiras para a constituição de uma tal Filosofia. Davis e Tymoczko, autores conhecidos, afirmam que as filosofias tradicionais do Logicismo, Formalismo e Intuicionismo são "teorias privadas" da Matemática (Ernest as classifica como Absolutistas) por descrever uma Matemática ideal (do que participa a ideia de uma verdade absoluta). Sendo, porém, uma atividade social, a Matemática necessitaria de uma "teoria pública" ou, segundo Ernest, de uma teoria fundante embebida num Falibilismo que se aproveita das considerações linguísticas de Wittgenstein: o Construtivismo Social.[12] Esse mesmo Construtivismo Social que funda, sob certas considerações de caráter teórico, uma Filosofia da Educação Matemática, segundo o autor, daria conta de alguns problemas essenciais. São esses "problemas" – por conta dos quais estamos fazendo referência explícita a Ernest – os norteadores para a definição/delimitação, do ponto de vista filosófico, de uma área específica de conhecimento: a Educação Matemática. E, assim, pergunta-

12 O *Quasi-Empiricismo* lakatosiano, um dos fermentadores da Filosofia da Educação Matemática de Ernest, embora seja uma Filosofia Falibilista da Matemática, está longe de desempenhar o papel de uma "teoria pública", como bem nos mostra Virgínia Cardoso. Embora, pautado no Falsificacionismo de Popper, Lakatos denuncia a verdade absoluta como uma quimera; essa teoria, apresentada como um dos grandes fascínios do educador matemático, é internalista e inadequada para servir como "base epistemológica em estudos na Educação Matemática que consideram (a) uma tendência humanizadora no ensino, (b) a relação entre Matemática e outros campos do saber e (c) a Matemática como produto cultural humano". Há que se repensar, portanto, o tributo que uma Filosofia da Educação Matemática, nesses termos, presta à Filosofia da Matemática.

-se: o que é Matemática? Quais são seus objetos? Quais considerações filosóficas, ainda que implicitamente, fundam seu ensino e aprendizagem? Quais epistemologias e teorias de aprendizagem assumidas? Quais os objetivos da Educação Matemática? São eles válidos? Para quem? Baseados em quais valores? Que meios são adotados para chegar a esses objetivos? São consistentes os fins e os meios?

Neste ponto, então, perguntamos: como estabelecer um suporte filosófico para a prática cotidiana da Educação Matemática? Esta, que talvez seja uma redação alternativa para uma das questões propostas por Ernest, é uma pergunta claramente vinculada àquelas considerações iniciais sobre Educação Matemática, teoria e prática. Nesse enfoque proposto, sendo tão forte a conexão entre a "praticidade" e a "teoricidade" das intervenções, julgamos possível, por conta disso, estabelecer um critério de legitimidade da pesquisa em Educação Matemática. Todos, certamente, conhecemos pesquisadores que se apropriam de (ou mesmo, *aprioristicamente*, desinteressam-se por) situações às quais não pertencem e cuja artificialidade impede qualquer forma de intervenção além daquela mecânica de ação de interesse puramente individual. Por outro lado, conhecemos investigações que organizam e/ou analisam intervenções efetivas relacionadas ao ensino e à aprendizagem de Matemática, sugeridas pela pertença a uma determinada situação, concreta, real, vivida, e retornam a essa mesma situação, propondo ações, esclarecendo fatos, explicitando concepções. É este último termo que, agora, nos dá o mote para apresentar alguns exemplos legítimos de pesquisas em Educação Matemática que, ancoradas numa reflexão de natureza filosófica, encaminham compreensões à pergunta do início desse parágrafo: como estabelecer um suporte filosófico para a prática cotidiana da Educação Matemática? E as pesquisas responderão: recorrendo à própria prática.[13]

E como viabilizar um panorama das concepções atualmente dominantes? Como, então, fundamentar as abordagens e conceituações que têm caracterizado a Educação Matemática? Como, de forma alternativa, sistematizar os esforços empreendidos a fim de preencher certas lacunas e estabelecer fundantes sólidos para a Educação Matemática como área de conhecimento? Segue, assim, norteado por tais indagações, a possibilidade de um projeto de pesquisa em Filosofia da Educação Matemática.

Carlo Ginzburg (1990), a quem já fizemos referência, caracteriza seu paradigma "indiciário" utilizando o que se poderia chamar de "metáforas

---

13 E disso, obviamente, decorre ser a pesquisa-ação instrumento privilegiado para o tratamento de questões em Educação Matemática.

fundantes". O Sherlock Holmes de Arthur Conan Doyle é uma dessas metáforas. Talvez a comparação desse inspetor inglês com uma outra personagem – a Miss Marple de Agatha Christie – possa ser, aqui, nosso ponto de partida para o que pretendemos propor: uma abordagem filosófica indiciária (ou indutiva ou diagnóstica) da prática, que terminará sendo uma sistematização descritiva das ações atualmente em cena.

Sherlock Holmes segue vestígios. Pegadas, lascas, pequenos objetos, insetos, cartas, odores e colorações são o fermento para a elaboração de um quadro cuja pincelada final é a elucidação do crime e suas circunstâncias. Holmes, com suas intromissões arrogantes, é um homem urbano, culto, elegante. Miss Marple passa seus dias em St. Mary Mead, pequeno povoado próximo a Londres, tricotando e cuidando de seu jardim como todas as típicas senhoras inglesas. Sua inteligência e sua bisbilhotice amena permitiram-lhe, a partir das personagens com quem cruza em sua pequena cidade, elaborar um mapa de tipos e contextos aos quais se reduz o próprio mundo. A humanidade resume-se a cópias catalogadas do peixeiro, da criada, da vizinha, do namorado da sobrinha de uma senhora qualquer de St. Mary Mead. Miss Marple parte de categorias preconcebidas. Sherlock vai à cena do crime e recolhe restos de imprudência dos criminosos. Miss Marple parte de um quadro, Holmes o constrói. Talvez essas metáforas sejam lícitas para estabelecer uma diferenciação inicial entre o dedutivo e o indutivo...

Assim, propondo assumir a Educação Matemática – tanto quanto qualquer outra área de conhecimento –, como um conjunto de práticas sociais desenvolvidas por agentes específicos e aliar a essa proposta a necessidade de diferenciar a atual produção científica a partir de sua legitimidade, visa-se a explicitar concepções e apresentar contextos a *partir da prática*.

Propõe-se, portanto, um debruçar-se sobre a produção atual em Educação Matemática – nossos vestígios, nossos indícios –, numa sistematização dessa produção já disponível, buscando pelas concepções e conceituações existentes. Pode-se pensar a produção brasileira, por exemplo, como ponto de partida, parâmetro inicial para a configuração de uma linha de abordagem à Educação Matemática de caráter essencialmente descritivo. Quanto às intervenções, faz-se ainda necessário alinhavar os fundantes metodológicos coerentes com os objetivos impostos, estudando, inclusive, os alicerces e possibilidade dessa coerência.

Um projeto dessa envergadura não é, decididamente, projeto de um pesquisador: é um processo de colaborações. A elaboração do que, talvez insensatamente chamaremos de uma "filosofia indutivo-descritiva da prática", é empreitada para muitos Sherlocks e outros tantos Watsons.

Referências bibliográficas

BLAIRE, E. *Philosophy of Mathematics Education*. London, 1981. Tese (Doutorado) – Institute of Education, University of London.

ERNEST, P. *The Philosophy of Mathematics Education*. New York: Falmer Press, 1991.

GINZBURG, C. *Mitos, emblemas e sinais*. São Paulo: Companhia das Letras, 1990.

LAKATOS, I. *A Lógica do descobrimento matemático*: provas e refutações. Trad. Nathanael C. Caixeiro. Rio de Janeiro: Zahar, 1978.

LÜDKE, M., ANDRÉ, M. E. D. A. *Pesquisa em Educação*: abordagens qualitativas. São Paulo: EPU, 1987.

MARTINS, J., BICUDO, M. A. V. *A pesquisa qualitativa em Psicologia*: fundamentos e recursos básicos. São Paulo: Educ, Moraes, 1989.

PESSANHA, J. A. M. Filosofia e Modernidade: racionalidade, imaginação e ética. *Cadernos ANPED*. n. 4, p.7-36, set. 1993.

SKOVSMOSE, O. *Towards a Philosophy of Critical Mathematics Education*. Kluwer Academic Publishers, 1994.

Bibliografia

BALDINO, R. R. A interdisciplinaridade da Educação Matemática. *Didática (São Paulo)*, v.26/27, p.109-1, 1991.

BICUDO, M. A. V. Sobre a Fenomenologia. In: BICUDO, M. A. V., ESPÓSITO, V. H. C. (Org.). *Pesquisa qualitativa em Educação*. Piracicaba: Unimep, 1994. p.15-22.

______. Pesquisa em Educação Matemática. *Pro-posições*. Campinas: Unicamp, v.4, 1(10), p.18-23, mar. 1993.

______. *Filosofia da Educação Matemática: um enfoque fenomenológico*. (versão mimeo, em português, da conferência apresentada no ICME de Sevilha), 1996.

______. *Possibilidade de compreender-se o conhecimento matemático segundo a abordagem heideggeriana*. Rio Claro: IGCE-UNESP, s.d. (Mimeogr.).

BICUDO, M. A. V., ESPÓSITO, V. H. C. (Org.) *Pesquisa qualitativa em Educação*. Piracicaba: Unimep, 1994.

BICUDO, M. A. V., SILVA Jr. C. (Org.). *Formação do Educador*: dever do Estado, tarefa da Universidade. São Paulo: UNESP, 1996. v.3.

BRONOWSKI, J., MAZLISH, B. O método de Descartes. In: *A tradição intelectual do ocidente*. Trad. Joaquim Braga Coelho Rosa. Lisboa: Edições 70, 1983. p.231-43.

BURTON, L. Whose culture includes Mathematics? In: LERMAN, S. (Ed.) *Cultural Perspectives on the Mathematics classroom*. Dordrecht: Kluwer Academic Publishers, 1994. p.69-83.

CARDOSO, V. C. As teses falibilista e racionalista de Lakatos e a Educação Matemática. Rio Claro. 1997. Dissertação (Mestrado em Educação Matemática) – IGCE-UNESP.

CAMUS, A. *O mito de Sísifo*. Rio de Janeiro: Guanabara, 1989.

CAPRA, F. *O ponto de mutação*. São Paulo: Cultrix, 1988.

CASTORIADIS, C. *As encruzilhadas do labirinto/1*. Trad. de Carmen S. Guedes e Rosa M. Boaventura. São Paulo: Paz e Terra, 1987.

D'AMBRÓSIO, U. Ethnomatematics and its place in the History and Pedagogy of Mathematics. *For the learning of Mathematics* (Montreal), FLM Publishers Association, v.5, n.1, p.44-8. fev. 1985.

______. Ação pedagógica e Etnomatemática como marcos conceituais para o ensino de Matemática. In: BICUDO, M. A. V. (Org.) *Educação Matemática*. São Paulo: Moraes, 1987. p.73-100.

______. *Da realidade à ação*: reflexões sobre Educação (e) Matemática. São Paulo, Campinas: Summus, Unicamp, 1986.

DAVIS, P. J. Fidelity in Mathematical discourse: is one plus are really two? *The American Mathematical Monthly*, v.73, 3, p.256-73.

DAVIS, P. J., HERSH, R. *A experiência matemática*. Trad. João Bosco Pitombeira. Rio de Janeiro: Francisco Alves, 1985.

DESCARTES, R. *Discurso sobre o Método*. Trad. Márcio Pugliesi et al. São Paulo: Hemus, s.d.

DUNHAM, B. *O homem contra o mito*. Rio de Janeiro: Civilização Brasileira, 1966.

EPEM-Encontro Paulista de Educação Matemática (I). *Anais*. Campinas: SBEM/PUCCAMP: 1989.

EPEM-Encontro Paulista de Educação Matemática (II). *Anais*. São Paulo: SBEM/USP: 1993a.

EPEM-Encontro Paulista de Educação Matemática (III). *Anais*. Bauru: SBEM/UNESP: 1993b.

FERRATER-MORA, J. *Dicionário de Filosofia*. Trad. António J. Massano et al. Lisboa: Dom Quixote, 1982.

FERREIRA, A. B. de H. *Novo Dicionário Aurélio da Língua Portuguesa*. Rio de Janeiro: Nova Fronteira, 1986.

FREUDENTHAL, H. *Didactical Phenomenology of Mathematics Structures*. Dordrecht: D. Reidel Publishing Company, 1983.

GADAMER, H.-G. *Truth and Method*. Translation revised by Joel Weinsheimer and Donald G. Marshall. New York: Crossroad Publishing Corporation, 1992.

GARNICA, A. V. M., SILVA, M. R. G. da. Cursos de reciclagem para professores da escola básica: relato de duas experiências com elementos comuns. *MIMESIS (Bauru)* USC, v.12, n.1, p.51-62, 1991.

GARNICA, A. V. M. A universidade e a escola de primeiro e segundo graus: um estudo de emergentes a partir da análise de discursos de professores. *MIMESIS (Bauru)* USC, v.13, n.1, p.13-25, 1992a.

GARNICA, A. V. M. *A interpretação e o fazer do professor*: possibilidade de um trabalho hermenêutico na Educação Matemática. Rio Claro, 1992b. Dissertação (Mestrado em Educação Matemática) – IGCE-UNESP.

______. Sobre concepções, prática científica e prática pedagógica: uma resenha crítica. *MIMESIS (Bauru)* USC, v.15, n.1, p.37-60, 1994.

______. *Fascínio da técnica, declínio da crítica*: um estudo sobre a prova rigorosa na formação do professor de Matemática. Rio Claro, 1995. Tese (Doutorado em Educação Matemática) – IGCE-UNESP.

______. A exatidão imprecisa: um ensaio sobre interdisciplinaridade, discurso e texto. *Língua e Literatura (São Paulo)* USP, n.22, 1996.

______. Pesquisa Qualitativa e Educação (ou) Da ressignificação do fracasso. *Revista de Educação da Universidade Federal de Juiz de Fora*, 1998. (No prelo).

______. Filosofia da Educação Matemática: por uma reflexão sobre a prática pedagógica. ENEM [Encontro Nacional de Educação Matemática] VI. *Anais*. SBEM: São Leopoldo, 1998. v.1, p.45-8.

GILES, T. R. *Dicionário de Filosofia*: termos e filósofos. São Paulo: EPU, 1993.

GRANGER, G.G. *Filosofia do estilo*. Trad. de Scarlett Z. Marton. São Paulo: Perspectiva, Edusp, 1974.

HACKING, I. Leibniz and Descartes: proofs and eternal truths. In: *Philosophy through its past*. Edited and introduced by Ted Honderich. England: Penguin Books, 1986. p.211-24.

HADAMARD, J. *Psicologia de la invención en el campo matematico*. Trad. L. A. Santaló Sors. Buenos Aires: Espasa Calpe, 1947.

HAMBURGER, J. (Org.) *A filosofia das ciências hoje*. Trad. António Moreira. Lisboa: Fragmentos, 1988.

HANNA, G. More than formal Proof. *For the learning of mathematics*, v.9, n.1, p.252-63.

IMENES, L. M. P. Um estudo sobre o fracasso do ensino e da aprendizagem de Matemática. Rio Claro, 1989. Dissertação (Mestrado em Educação Matemática) – IGCE-UNESP.

JAPIASSU, H., MARCONDES, D. *Dicionário básico de filosofia*. Rio de Janeiro: Zahar, 1993.

LALANDE, A. *Vocabulário técnico e crítico da filosofia*. Trad. Fátima Sá Correia et al. São Paulo: Martins Fontes, 1993.

LAVALLE, P. O mito em Matemática. In: LUCCIONI, G. (Org.) *Atualidade do mito*. Trad. Carlos Arthur R. do Nascimento. São Paulo: Duas Cidades, 1977.

LERMAN, S. (Ed.) *Cultural Perspectives on the Mathematics classroom*. Dordrecht: Kluwer Academic Publishers, 1994. p.7-35.

LÜDKE, M. Como anda o debate entre metodologias qualitativas e quantitativas na pesquisa em Educação. *Temas e Debates (São Paulo)* p.61-3, fev. 1988.

MACHADO, N. J. *Epistemologia e Didática*: as concepções do conhecimento e inteligência e a prática docente. São Paulo: Cortez, 1995.

MACHADO, O. V. M. Pesquisa qualitativa: modalidade do fenômeno situado. In: BICUDO, M. A. V., ESPÓSITO, V. H. C. (Org.) *Pesquisa Qualitativa em Educação*. Piracicaba: Unimep, 1994. p.35-46.

MANNO, A. G. *A Filosofia da Matemática*. Trad. Armindo J. Rodrigues. Lisboa: Edições 70, s.d.

MARIAS, J. *Introdução à Filosofia*. Trad. Diva Ribeiro de Toledo Piza. São Paulo: Duas Cidades, 1985.

MARTINS, J. *Um enfoque fenomenológico de currículo*: educação como poíesis. São Paulo: Cortez, 1992.

______. *Não somos Chrno's, somos Kairós*. São Paulo: PUC, s.d. (Mimeogr.).

______. Pós-graduação em educação e ensino como recursos para a transformação. In: SERBINO, R. V., BERNARDO, M. V. C. *Educadores para o século XXI*. São Paulo: UNESP, 1992.

MIGUEL, A. A constituição do paradigma do formalismo pedagógico clássico em Educação Matemática. *Zetetiké (Campinas)* CEMPEM, n.3, p.7-39, mar. 1995.

MOLES, A. *As ciências do impreciso*. Trad. de Glória C. Lins. Rio de Janeiro: Civilização Brasileira, 1995.

NÓVOA, A. *Relação Escola-Sociedade*: novas propostas para um velho problema. São Paulo: Ed. UNESP, 1995. (No prelo).

OTTE, M. *O Formal, o social e o subjetivo*: uma introdução à Filosofia e à Didática da Matemática. Trad. Raul Fernando Neto et al. São Paulo: UNESP, 1993.

POLETTINI, A. F. F. História de vida relacionada ao ensino de Matemática no estudo dos processos de mudança e desenvolvimento de professores. *Zetetiké (Campinas)* CEMPEM, v.4, n.5, p.29-48, jan./jun. 1996.

ROUSSEAU, J. *Projeto para a educação do senhor de Sainte-Marie*. Trad. Dorothée de Bruchard. Porto Alegre: Paraula, 1994.

SERBINO, R. V., GRANDE, M. A. R. de L. (Org.) *A escola e seus alunos: estudos sobre a diversidade cultural*. São Paulo: UNESP, 1995.

SILVA, M. R. G. da. *Concepções didático-pedagógicas do professor-pesquisador em Matemática e seu funcionamento na sala de aula de Matemática*. Rio Claro, 1993. Dissertação (Mestrado em Educação Matemática) – IGCE-UNESP.

STEINER, G. *Linguagem e silêncio*: ensaios sobre a crise da palavra. Trad. de Gilda Stuart e Felipe Rajabally. São Paulo: Companhia das Letras, 1988.

4 POR QUE DISCUTIR TEORIA DO CONHECIMENTO É RELEVANTE PARA A EDUCAÇÃO MATEMÁTICA

Romulo Campos Lins[1]

Zero

Certa vez uma colega, em um *workshop* sobre Epistemologia e Educação Científica que eu coordenava, pediu a palavra logo no início para dizer algo assim: "professor: eu queria dizer que não consigo entender esta coisa de *epistemologia* e educação. Eu leio Piaget, e acho que está tudo muito bem. Leio Vygotsky e acho a mesma coisa. E nunca consigo entender para que serve". Pois bem, este meu texto é uma tentativa de conversar com esta colega.

Meu objetivo não é fazer um apanhado dos diversos modelos que circulam na Educação Matemática – nem mesmo um apanhado superficial. Sempre que eu citar um autor é para compará-lo com outro, para marcar uma diferença e alguma(s) de suas consequências.

Quanto a minha própria elaboração teórica, o *Modelo dos Campos Semânticos*, me estendo mais nela para usá-la como exemplo de uma elaboração teórica emergindo à volta de pressupostos, e com consequências na *Educação Matemática* que pratico.

Preferi não ficar colocando referências bibliográficas da forma usual. Os autores são citados em geral apenas por seus nomes, e em poucos casos uma referência particular é dada.

1 Departamento de Matemática – UNESP – Rio Claro – SP.

1 Partir de algo: avaliação

Uma noção-chave em qualquer *educação matemática* é a de avaliação. Há muitas maneiras de se entender o que seja *avaliar* ou qual o propósito de se avaliar. Com relação a este propósito podemos, por exemplo, pensar em: (A1) para saber o que está acontecendo; (A2) para saber se o que está acontecendo corresponde ao que queríamos; (A3) para selecionar as pessoas que se comportam, em algum sentido, de uma certa forma dominante e que é considerada correta. Há outras possibilidades, mas neste momento fico apenas com estas três.

Eu diria que a avaliação escolar hoje em dia corresponde muito predominantemente ao propósito A3, ainda que o discurso que a acompanha diga que não, que o que se quer saber é se o aluno aprendeu ou não. Estudos como os do francês Ives Chevallard sugerem que é uma ilusão pensar que as provas avaliam aprendizagem, enquanto o programa da Assimilação Solidária, conduzido por Roberto Baldino e colegas, explicita o processo de seleção que é conduzido no atual sistema escolar e sua relação com apropriação, por uns, do trabalho de outros (mais-valia). Já o inglês Hugh Burkhart aponta que a avaliação por provas (notas) é uma forma de que dispõe o sistema escolar para impor objetivos ao processo educativo; esta afirmação ele resume assim: "você consegue do sistema aquilo que diz que vai avaliar". Por exemplo, se você diz que na avaliação vai haver problemas abertos, investigativos, os professores vão introduzir este tópico em suas aulas.[2]

Mas, o fato é, muitas pessoas acreditam, que a avaliação por provas avalia realmente o que a pessoa aprendeu, e o que esta diferença fundamental entre os dois grupos indica é que, para entendermos as posições de cada grupo e podermos julgá-las melhor, devemos conhecer também os *pressupostos* que as sustentam. Não basta dizer que esta ou aquela opção é "melhor" ou "certa": é preciso dizer o que é "melhor" e "certo", e é aí que a questão dos pressupostos aparece.

Tomemos os itens A1 e A2. O item A1 corresponde a um avaliador que eu chamaria de *visitante*, e penso nesta avaliação como alguém que entra numa sala e simplesmente descreve o que vê. O item A2 corresponde, ao contrário, a um avaliador que chamo de *agente*, e na metáfora da sala esta avaliação seria como uma pessoa que projeta um escritório e depois acompanha as atividades que acontecem ali, para saber se seu projeto está tendo sucesso.

---

2 No sistema inglês a avaliação que confere a escolaridade (diploma) é externa às escolas, e administrada pelas autoridades educacionais e não pelos professores. Além disso, ela acontece ao final dos oito anos de escolarização, e segundo um programa previamente conhecido.

Dentro da *Educação Matemática*, a avaliação do tipo A1 aparece em situações bastante distintas.

Por um lado, ela aparece quando o professor assume que o conteúdo a ser ensinado está dado, na forma de uma Matemática "oficial", e que o aluno também está dado, uma vez que somos todos seres humanos. O ponto-chave aqui é que já sabemos *o que a pessoa pode ser*, e a avaliação cumpre o papel de nos dizer se a pessoa alcançou ou não um determinado estágio. Se estes estágios são dados pela Matemática – isto é, pela hierarquia dos conteúdos –, estamos na vertente a que costumamos chamar de *ensino da Matemática*; se eles são dados pelo desenvolvimento intelectual da pessoa, estamos na vertente que engloba os chamados construtivismos piagetianos. O que me parece importante ressaltar é que é apenas analisando os pressupostos destas duas vertentes, que mencionei, que chegamos a entender como elas são próximas, apesar de o senso comum da comunidade representá-las como essencialmente distintas. E mais: a diferença entre elas se produz a partir de diferentes ênfases em um dos polos – o "edifício" matemático ou o indivíduo e seu desenvolvimento intelectual –, e se traduzem em *opções metodológicas marcadamente distintas*. Destaco esta última expressão exatamente porque é isso que a análise dos pressupostos revela desde já: continua sendo forte em nossa comunidade – inclusive em seu setor científico e acadêmico – a ideia da *Educação Matemática* como uma disciplina que se dedica a desenvolver metodologias. Voltarei a este ponto mais adiante.

Uma outra situação na qual a avaliação A1 aparece é a da pesquisa em *Educação Matemática* desvinculada de intervenções de ensino. Um exemplo típico destas, eu considero ser o clássico estudo do CSMS, cuja parte de Álgebra foi coordenada por Dietmar Kücheman. Neste estudo não se levava em conta a escolarização prévia das crianças, nem havia a aplicação de qualquer sequência didática cuja eficiência se queria testar; tudo que se fez foi aplicar testes e analisar os resultados obtidos. As conclusões, publicadas em livro, se referem sempre ao que os alunos eram capazes de fazer nesta ou naquela faixa etária, usando uma classificação dos testes segundo o uso que se fazia das letras, por exemplo: letra ignorada, letra como variável etc. Apenas para comparar, menciono um estudo subsequente, feito pela australiana Leslie Booth, no qual ela elaborou sequências didáticas e as aplicou, mostrando claramente que em diversos casos os estágios obtidos por Küchemann eram fruto de escolarização, e não estágios à maneira dos que Piaget postulou para o desenvolvimento cognitivo. Para a discussão que estou conduzindo, importa menos quem – Küchemann ou Booth – estava certo, e mais o fato de que há pressupostos diferentes por detrás das duas avaliações. Para Küchemann, e dentro da tradição piagetiana, tratava-se de descobrir o que as crianças *são* nesta ou naquela faixa etária, enquanto para Booth tratava-se de investigar em que medida os estágios de Küchemann eram de fato resistentes à intervenção do ensino.

Indo adiante, eu diria que a avaliação realizada no estudo de Booth está melhor caracterizada como do tipo A2. Nestas avaliações, em que se quer *saber se o que está acontecendo corresponde ao que queríamos*, pelo menos uma coisa é evidente, a intenção de intervir, e isso abre todo um leque de possibilidades: essa intervenção quer "facilitar" um processo que essencialmente não depende de mim, e sim do aluno? Ou, alternativamente, ela quer efetivamente produzir uma mudança que não aconteceria sem minha intervenção?

Ao colocarmos estas possibilidades, fica claro que A1 e A2 não nos fornecem um quadro suficientemente fino para distinguir os dois casos do parágrafo anterior, embora nos permitam distinguir entre avaliação de uma intervenção e avaliação de características "naturais" das pessoas. Precisamos, então, analisar um outro par de pressupostos, que se referem a como nos concebemos enquanto seres humanos.

S1 "Somos todos iguais"

Este pressuposto não deve, é claro, ser entendido em sentido absoluto, mas deve ser tomado seriamente. Uma forma deste pressuposto está por trás, por exemplo, das teorias piagetianas, e mesmo por trás da aceitação da validade do método clínico desenvolvido por Piaget e seus colegas. Mas não é apenas em Piaget que este pressuposto aparece: o ensino chamado tradicional também depende dele, ao propor que *se eu aprendi por este método uma outra pessoa só não aprende se não tiver capacidade, jeito para a coisa*. Nas teorias piagetianas esta *falta de capacidade* é interpretada em termos de estágios de desenvolvimento: *a criança ainda não atingiu o estágio que lhe permitiria aprender isto ou aquilo*. Em ambos os casos a pessoa é lida pela *falta*: "eu, que já me desenvolvi (já aprendi), e que sei que você é igual a mim, posso ver o que falta em seu desenvolvimento (conhecimento), ver o que você *ainda não* é".

Quero aqui lembrar ao leitor como mencionado anteriormente que as teorias piagetianas e o ensino tradicional têm este pressuposto em comum, e também que é apenas em outros pressupostos – centro na criança ou centro na Matemática oficial – que vamos poder entender de que forma se diferenciam estas duas vertentes dentro da Educação Matemática.

Adotando-se o pressuposto S1, o natural é que a investigação – quando é percebida como necessária – dirija-se principalmente a esclarecer *o que somos*, e não é necessário examinar muitíssimos casos: basta um exame cuidadoso de um número restrito de casos. Aqui se torna válido o método clínico de Piaget. No caso do ensino tradicional, a investigação não é nem vista como necessária, uma vez que já estão dados, na Matemática oficial que conhecemos tão bem (outro pressuposto!), os conceitos e seu encadeamento lógico: basta apresentá-los com clareza. Por outro lado, e já que somos iguais, devemos encontrar meios de explicar e estimular a diferença, a originalidade, uma vez que se deixados à mercê da natureza tendemos a nos reduzir à semelhança.

A identificação do ser biológico com o ser cognitivo, também tem um papel importante aqui. Trata-se de encontrar uma unidade cognitiva *tratável* e, portanto, *previsível*. Embora esta identificação possa parecer natural, até mesmo inevitável, há outras possibilidades. Uma delas pode ser vista quando os biólogos, depois de muito tempo enfrentando dificuldades em entender o comportamento das formigas, passaram a conceber o indivíduo funcional como sendo o formigueiro, e não a formiga. Uma outra possibilidade, desta vez relativa a seres humanos, é a que aparece quando adotamos um pressuposto diferente de S1.

S2 "Somos todos diferentes"

Outra vez, preciso esclarecer o que quero dizer com isso. Não se trata de dizer que não somos cópias uns dos outros (afinal de contas as impressões digitais são todas diferentes), nem de afirmar as idiossincrasias. Para mim, S2 refere-se ao fato indicado por Vygotsky, de que, dada a plasticidade do cérebro humano, a menos que algo/alguém intervenha, nosso caminho natural é divergirmos fortemente nas constituições de nosso funcionamento cognitivo. Para comparar, poderíamos dizer que S1 afirma que nosso caminho natural é convergir em termos de funcionamento cognitivo, enquanto S2 afirma que é divergir. Se se adota o pressuposto S2, então, o que devemos explicar – e, portanto, investigar – é *como chegamos a ser tão parecidos*. Embora não formulando esta questão diretamente, Vygotsky encaminha uma resposta para ela, ao postular que o desenvolvimento intelectual se origina na interiorização de formas produzidas socialmente.

Enquanto em Piaget o olhar se dirige para estágios e mecanismos de passagem entre estágios, em Vygotsky o olhar se dirige a processos que uma vez postos em marcha são causa de sua própria mudança; os pressupostos que Vygotsky assume, entre eles S2, o levam a se interessar pelas formas segundo as quais os processos cognitivos tipicamente humanos se transformam. É neste quadro que podemos entender a noção de *Zona de Desenvolvimento Proximal*: antes a pessoa precisava, para fazer algo, da presença de um outro, mais capaz, e depois consegue fazê-lo sozinha, uma situação na qual suas ações são, a um mesmo tempo, iguais e diferentes das de antes.

Vamos fazer uma primeira parada, porque penso que já é tempo de eu me posicionar claramente com relação ao que foi discutido até aqui. São pressupostos meus:

(i) somos naturalmente diferentes, no sentido em que discuti;
(ii) a educação matemática que pratico tem uma intenção (quer causar um certo efeito); e,
(iii) avaliar é avaliar se minhas intenções estão sendo contempladas num processo educacional do qual participo.

Os pontos (i) e (ii) estão aqui para indicar com clareza que me vejo assumindo, na *educação matemática* que pratico, a responsabilidade de tomar decisões que não podem ser tomadas nem olhando para *o que a Matemática "é"* nem para *o que nós "somos"* cognitivamente.

Retomando, para avançar com o ponto (i), a questão que me interessa e a muitos de meus colegas e de minhas colegas é *como é que chegamos a nos tornar tão semelhantes*? Para começar a esboçar uma resposta a esta questão, é preciso dizer o que é "*sermos semelhantes*", e certamente não se trata de semelhança entre seres biológicos. É disso, da semelhança entre seres cognitivos, que quero falar a seguir.

2 Comunicação

Uma forma de dizer o que é *sermos semelhantes* – embora certamente não a única forma de fazê-lo –, é dizer que *sermos semelhantes é sermos capazes de compartilhar um espaço comunicativo*; esta é a caracterização de *sermos semelhantes* que adotarei. Para discutir melhor esta caracterização, examinarei também a noção de *comunicação*.

Há duas posições a respeito do processo comunicativo que são dominantes, tanto no mundo acadêmico quanto no do senso comum, e são posições que assumem a existência de uma comunicação efetiva, no sentido da *transmissão* de uma mensagem.

Por um lado, temos a noção tradicional vinda da teoria da informação: emissor-mensagem-receptor. Não vou me alongar em discuti-la; quero apenas indicar que ela trabalha com a hipótese de que há uma transmissão efetiva de alguma mensagem que, se codificada corretamente, transmitida corretamente e decodificada corretamente, leva informação do emissor ao receptor. É preciso lembrar que segundo esta visão não há transmissão de significado, apenas de informação.

Por outro lado, temos a noção de que a comunicação efetivamente acontece porque as mensagens emitidas referem-se a um mundo que é objetivo: por exemplo, se digo "o gato está deitado sobre o tapete", cada elemento desta mensagem corresponde diretamente a um elemento da realidade (objetiva), e por isso posso compreendê-la. Esta visão é fortemente criticada por linguistas como George Lakoff, mas mesmo assim persiste no senso comum: entendemos as mensagens porque elas se referem às coisas como elas efetivamente *são*.

Segundo estas duas maneiras de se conceber o processo comunicativo, o fracasso comunicativo é um acidente, e o sucesso uma norma (desde que as duas partes dominem a língua sendo utilizada).

O francês Jacques Derrida tem uma visão diferente. Para ele a comunicação no sentido acima é que é um acidente, a norma sendo a *não comunicação*. O problema com esta posição é que ela não dá conta de por que os processos comunicativos não são tão divergentes que simplesmente se desfazem à primeira tentativa de contato; o fato é, temos a *sensação* de que está ocorrendo algo que nos conecta, algo que nos dá razão para permanecer neste processo. É disto que precisamos nos dar conta, em primeiro lugar, mas penso que não precisamos, para resolver este problema, postular a existência de comunicação no sentido tradicional, de transmissão.

Uma forma de dar uma resposta a esta situação, e esta é a forma que adoto, é pensar nas noções de *texto, autor*, e *leitor*, mas de uma forma reconstruída.

Começo com o lado do *autor*. Quando o autor fala, ele sempre fala para alguém, mas por mais que o autor esteja diante de uma plateia este alguém não corresponde a indivíduos nesta plateia, e sim a um leitor que o autor constitui: é para este "um leitor" que "o autor" fala. O diagrama ficaria assim:

O AUTOR ——→ [TEXTO] - - - - - -→ UM LEITOR

O pontilhado está ali para indicar que é apenas na construção do autor que "*a transmissão*" existe, e o fato crucial é que toda enunciação deve ser dirigida a alguém, a que chamarei de *interlocutor*. O que quero destacar é que este interlocutor não deve ser identificado com *o outro*; a distinção que faço é entre ser biológico (o outro) e ser cognitivo (o interlocutor a quem me dirijo, e que pode ou não corresponder a um "outro").

O outro processo, aquele no qual o leitor *lê*, é semelhante, mas não idêntico. O leitor constitui sempre um autor, e é *em relação ao que este "um autor" diria* que o leitor produz significado para o texto (que assim se transforma em texto). Outra vez, o *um autor* é um ser cognitivo e não biológico, e não precisa corresponder *de fato* a nenhum outro *real*. O diagrama é este:

O AUTOR- - - - - → | TEXTO | ——————→ UM LEITOR

Aqui também, o pontilhado indica uma *transmissão* que só se concebe enquanto tal no imaginário do leitor. E vale a pena enfatizar que é apenas na medida em que o leitor *fala*, isto é, *produz significado para o texto*, colocando-se na posição de autor, que ele se constitui como leitor.

A primeira consequência importante deste modelo é que, uma vez que nos colocamos incessante e alternadamente na posição de *o autor* e de *o leitor* em cada um destes processos, terminamos por fundir as duas imagens, e os pontilhados desaparecem, restando a sensação psicológica de comunicação efetiva. Mas isto em si não bastaria para explicar por que o processo não se torna divergente.

Dentro deste mesmo modelo que proponho, o que pode explicar a convergência que percebemos é o fato de que os *um leitor* e os *um autor* não são constituídos de forma arbitrária; pelo contrário, eles são constituídos com base nos modos de produção de significados que *o autor* ou *o leitor* internalizaram como *legítimos*.

A esta altura já posso dizer o que é um *texto* para mim: é o resíduo de uma enunciação. Mas quem pode dizer se algo é um texto ou não é apenas o leitor, e apenas no instante em que este leitor produz significado para o texto. Tanto quanto não há leitor sem texto, não há texto sem leitor.

Então: o autor produz uma enunciação, para cujo resíduo o leitor produz significado através de uma outra enunciação, e assim segue. A convergência se estabelece apenas na medida em que compartilham interlocutores, na medida em que dizem coisas que o outro diria e com autoridade que o outro aceita. É isto que estabelece um *espaço comunicativo*: não é necessária a *transmissão* para que se evite a divergência. A imagem poderia ser esta:

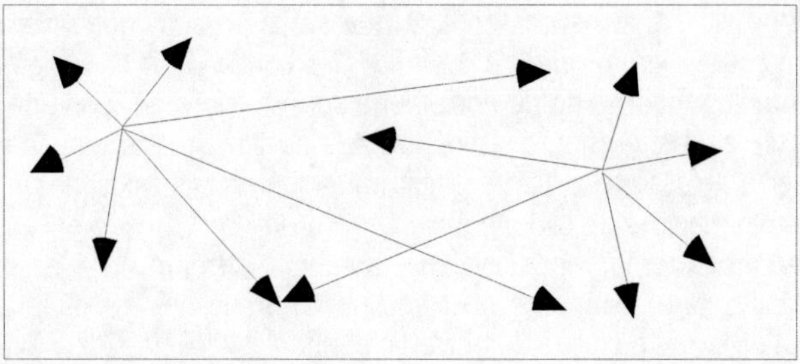

Dentro deste espaço comunicativo pode até acontecer a convergência direta, mas ela não é necessária. O que importa é que não nos afastemos demais.

A segunda consequência deste modelo é, então, que o que *dizemos* não é apenas aquilo que afirmamos (por acreditar), mas também, e *constitutivamente*, o que nos autoriza a dizer o que dizemos. Por exemplo, uma criança diz que *2+3=5, porque juntando dois dedos com três dedos...*, e o matemático *diria* que *2+3=5, porque segundo os axiomas* de *Peano...*; mas para compartilhar um espaço comunicativo com a criança, o matemático compartilha o *juntar dedos* como forma legítima de se produzir significado para a adição.

De todo modo, e voltando ao tema central do que quero discutir, o fato de que sempre falamos na direção de um interlocutor pode esclarecer uma situação importante, que se refere à existência de coisas universais. Quando alguém diz que é óbvio que "2+3=5" é um fato universal, ela pode estar dizendo duas coisas.

A primeira, e que parece ser o significado produzido quase sempre, é que é falso que *2+3≠5*, e já que isto é falso sua negação é verdadeira. Mas há uma terceira possibilidade, a de que *nem 2+3=5 nem 2+3≠5 possam ser enunciados*. Talvez algum leitor se lembre aqui das questões colocadas pela *matemática* intuicionista de Brouwer e seus seguidores, mas não é *apenas* disso que estou falando. Na *matemática* intuicionista é possível falar que nem uma proposição nem sua negação formal são verdadeiras, e o motivo é que é possível que não se tenha uma demonstração construtiva para nenhuma das duas proposições. Mas se no caso de 2+3=5 há, evidentemente, uma demonstração construtiva, como podemos dizer que esta proposição não seja universal? A resposta é que, assim como os intuicionistas podiam deixá-la *em suspensão* pela falta de demonstração construtiva, outros podem deixá-la *em suspensão* por outros motivos, por exemplo, porque estamos falando de uma cultura na qual não se quantifica acima de três, a não ser como *muitos*.

É possível argumentar, é claro, que *se as pessoas que vivem nesta cultura soubessem o que é 2, 3, + e 5, elas concordariam comigo*, e esta seria um segundo modo de entender a suposta universalidade de 2+3=5, mas esse é um argumento vazio, pois se elas acreditassem que 2 é o que digo ser, e 3 e assim por diante, a legitimidade destes significados já estaria garantida e, acima de tudo, *aquela cultura não seria o que é*. Penso que há algo de extremamente revelador aqui: não admitir o *não dizer* como alternativa tanto a uma proposição quanto à sua negação, é praticar a política da caracterização do outro pela falta: se você não diz o (que eu já sei que é) correto é porque *ainda* não é capaz de entender (seja porque falta conteúdo, seja porque falta desenvolvimento intelectual).

Podemos avançar, agora, firmando-nos no pressuposto de que o que dizemos não é apenas o que afirmamos (porque acreditamos), mas também é aquilo que nos permite dizer o que dizemos: podemos agora ter uma caracterização reconstruída da noção de *conhecimento*. A partir de tudo que já afirmei, direi que *conhecimento é uma crença-afirmação junto com uma justificação para que eu possa produzir esta enunciação*. Por exemplo, um conhecimento é *2+3=5, porque juntando dois dedos com três dedos...*, e outro, *distinto*, é 2+3=5, porque segundo os axiomas de Peano...

Deve ficar claro que, segundo o que proponho: (i) conhecimento é algo do domínio da enunciação, e não do enunciado, e que, portanto, (ii) todo conhecimento tem um sujeito (do conhecimento, e não do conhecer). E mais, o sujeito de um conhecimento não faz sentido sem o interlocutor em direção ao qual este conhecimento é enunciado, isto é, a unidade mínima de análise, o sujeito cognitivo (ou epistêmico, se preferirem), não pode ser identificada ao sujeito biológico, assim como o sujeito funcional (unidade de análise funcional) é o formigueiro e não a formiga.

Talvez um outro exemplo seja até mais esclarecedor, o exemplo que Alexis Leontiev dá a respeito da caça. Se tomamos como unidade de análise o indivíduo isolado que faz barulho para assustar a presa, não poderemos nunca entender que esta pessoa esteja caçando; é apenas quando se entende seu papel (espantar a caça para tal e tal lugar) que aquela pessoa faz sentido como caçador, isto é, a unidade de análise não pode ser menor que a atividade.

3 Educacionalmente falando

Associadas a S1 e S2 estão duas posturas educacionais:

E1 Já sei como você é; minha tarefa agora é oferecer um ambiente propício a seu desenvolvimento (que antecipo), e ver se você está cumprindo seu destino.

Esta postura basicamente lê as pessoas, em seu processo de desenvolvimento intelectual, pela *falta*: você está aqui ou não, mas não pode estar em nenhum outro lugar. Esclareço este ponto.

A postura E1 trata do desenvolvimento como um completamento, um melhoramento "natural". É claro que nas teorias piagetianas, por exemplo, este desenvolvimento não é cumulativo, como seria o caso dos pressupostos e do foco do ensino tradicional, mas ainda assim é efetivamente uma *melhoria*. No projeto piagetiano encontra-se embutido o pressuposto de que o homem, se plenamente desenvolvido, é um ser racional,[3] o que implica que qualquer coisa que não seja este estágio mais elevado constitui um sujeito em falta. O projeto sustentado pelo modelo dos Campos Conceituais, de Gerard Vergnaud, trabalha com estes pressupostos; um campo conceitual, partindo do totem dado pela Matemática oficial e pelo que sabemos que *somos*, propõe um pano de fundo segundo o qual se acompanha o desenvolvimento da pessoa. Mas há um ponto falho aqui: e se a imagem da pessoa não aparece ali, onde ela está? Ela não pensa assim e assim, não faz isso e isso, mas será que ela não está em nenhum outro lugar? Ou, posto de maneira mais operacional: será que não faz diferença onde ela está, uma vez que sei aonde quero que ela chegue?

Como alternativa a esta visão, temos,

E2 Não sei como você é; preciso saber. Não sei também onde você está (sei apenas que está em algum lugar); preciso saber onde você está para que eu possa ir até lá falar com você e para que possamos nos entender, e negociar um projeto no qual eu gostaria que estivesse presente a perspectiva de você ir a lugares novos.

É importante estabelecer uma distinção aqui. Este "*onde está*" não se refere de forma alguma a estágios de desenvolvimento intelectual, e sim à legitimidade de significados para a pessoa; voltarei a este ponto mais adiante.

O meu projeto de *educação matemática*, que associo a E2, está apoiado no *Modelo dos Campos Semânticos*. Vários dos elementos deste modelo eu já indiquei; mais adiante vou sistematizá-los. Para contrastar com a noção de campo conceitual, quero apenas indicar que um campo semântico, em meu modelo, é algo que se constitui na própria atividade de produção de significados, não tendo, portanto, intenção de *dizer o que deve ser*, sendo ao invés *o que está sendo*.

---

3 A inglesa WAKERDINE, V. observa, com muita pertinência, que o pressuposto de homem naturalmente racional de Piaget foi parte de um esforço – mais ou menos consciente – de impedir a repetição dos horrores da guerra. (*The mastery of reason*. Londres: Routledge, 1990).

Uma diferença fundamental entre E1 e E2 é que, enquanto E1 deve buscar maneiras eficientes de se fazer acontecer o que se sabe que "naturalmente" deveria acontecer, E2 deve, antes de mais nada, buscar um olhar que permita ler o processo em andamento e em mudança. Enquanto em E1 o desenvolvimento de material para a sala de aula pode se caracterizar como uma *engenharia* e posto à frente das preocupações da *educação matemática*, em E2 deve-se partir primeiro para a construção de um espaço comunicativo compartilhado, e o material para a sala de aula deve servir, antes de tudo a este propósito.

Podemos agora retomar um ponto que coloquei lá atrás. S1 e E1 reforçam – porque praticam – a noção da Educação Matemática como fundamentalmente uma desenvolvedora de metodologias. A Psicologia, como área de suporte, proveria o *como somos*, a Matemática *o que a Matemática é*, e a Educação Matemática daria o *como ensinar*. Com S1 e E1 vamos até uma *Educação Matemática interdisciplinar*, mas não além disto.

S2 e E2, por outro lado, abrem um horizonte bastante diverso daquele. Não é que aqui não caibam métodos, materiais, engenharias; o que se passa é que desde a perspectiva de S2 e E2, estes aspectos são *subordinados* a outros. Quero dizer quais são estes aspectos centrais em meu projeto de *educação matemática*.

4 Tornando algumas noções mais precisas

Para mim, o aspecto central de toda aprendizagem – em verdade o aspecto central de toda a cognição humana – é a produção de significados.

Existem muitas maneiras de se compreender a palavra *significado*. No Aurélio, por exemplo, encontramos referência exclusiva ao significado de palavras, embora usemos comumente expressões como *este seu gesto foi muito significativo*. Não quero me estender nesta discussão; prefiro dizer em que sentido utilizo a palavra "significado": para mim o significado de algo é aquilo que digo deste algo. *Grosso modo, significado*, para mim, é *o que a coisa é*.

Mas este é não se refere a uma *essência* da coisa. Talvez isto fique mais claro com a seguinte formulação: os objetos são constituídos enquanto tal precisamente pela produção de significados para eles. Não se trata de *ali estão os objetos* e *aqui estou eu*, para a partir daí eu descobrir seus significados; ao contrário, eu me constituo enquanto ser cognitivo através da produção de significados que realizo, ao mesmo tempo em que constituo objetos através destas enunciações.

A partir daí, a partir deste *pressuposto*, pode-se ver que quando falo de significados não estou me referindo a *tudo* que numa dada situação eu poderia dizer de um objeto, e sim *ao que efetivamente digo a respeito de um objeto dentro daquela atividade*.

Quando eu falo de *número decimal*, não estou falando de todos os possíveis significados que se pode produzir para este objeto – inclusive este objeto como conceito dentro da Matemática oficial –, e sim do que, numa dada situação específica, se diz efetivamente.

Por exemplo, numa situação de compra e venda, decimais podem estar envolvidos através do sistema monetário, mas não faz sentido dizer que faz parte do significado *daqueles* números decimais a ideia de dízima periódica. Nem mesmo a multiplicação: R$ 13,80 x R$ 5,50? Exemplos deste tipo são extremamente abundantes, fora e dentro da Matemática oficial, ou, como gosto de dizer, tanto na rua como na escola.

Na seção 2 eu havia começado a falar do fato de que faz parte do que dizemos e, constitutivamente, o que nos permite dizer o que dizemos. Utilizei o exemplo da criança e da matemática enunciando 2+3=5. Agora vou me estender nesta ideia.

Lá eu havia dito que *conhecimento* é *uma crença-afirmação junto com uma justificação para que eu possa produzir esta enunciação*. Tendo isto em mente, toda produção de significado implica produção de conhecimento.

Mas as justificações não precisam elas próprias ser justificadas? Não: *localmente* as justificações funcionam como verdades absolutas. A partir da noção de *estipulação* elaborada por Nelson Goodman, eu utilizo a noção de *estipulações locais*, afirmações que localmente não precisam ser justificadas. Por exemplo, se estou produzindo significado para certas equações como equilíbrios de balanças de dois pratos, é uma verdade localmente absoluta que *acrescentar pesos iguais aos dois pratos mantém o equilíbrio*. É claro que se pode produzir uma justificação para esta afirmação com relação à noção de momento, da Física, mas dentro daquela atividade envolvendo as equações isto não é feito.

Estas estipulações locais, com relação às quais se produzem significados, são sempre constituídas como tal dentro de atividades, e como parte do processo que é esta atividade. A um conjunto de estipulações locais que, num dado momento e dentro de uma atividade, estão em jogo, chamo de *núcleo*. Dentro de uma atividade, núcleos podem ser mais, ou menos, estáveis (permanentes/mutáveis), e mais, ou menos, consistentes. O que certamente eles não são: dados *a priori*. Não concebo um núcleo como algo que fica guardado em algum canto de minha cabeça, um pacote que utilizo quando preciso. Por exemplo: posso produzir significado para *justiça* com relação a uma balança de dois pratos, sem que isso implique que está presente a noção de rotação ou a propriedade que é eventualmente posta em jogo ao se produzir significado para equações a partir de balanças de dois pratos.

Justificações, por outro lado, ao me permitirem dizer algo, são o que garantem a *legitimidade* de minha enunciação. É aqui que a discussão que fiz, na seção 2, sobre leitor/texto/autor, ganha relevância maior. Ao produzir significado, minha enunciação é feita na direção de um *interlocutor* que, acredito, diria o que estou dizendo com a justificação que estou produzindo. Isto quer dizer que a legitimidade de minha enunciação não é função de algum critério lógico ou empírico que eu pusesse em jogo, e sim do fato de que acredito pertencer a algum espaço comunicativo. Eu já havia indicado que compartilhar um espaço comunicativo é compartilhar interlocutores e isto, junto com a elaboração que fiz da produção de significados na direção de interlocutores, garante que toda produção de significados é dialógica no sentido cognitivo. Insistindo na diferença: o ser biológico pode estar sozinho, mas não o ser cognitivo.

5 O Modelo dos Campos Semânticos (MCS)

Os elementos principais do modelo estão postos: significado, conhecimento, interlocutores, núcleos/estipulações locais, objetos. E também outras noções essenciais: atividade, espaço comunicativo, texto, legitimidade.

1 o elemento-chave é uma *re-caracterização* da noção "conhecimento": conhecimento é uma crença-afirmação junto com uma justificação que me autoriza a produzir aquela enunciação:

- conhecimento é algo do domínio da enunciação,
- sempre há um sujeito do conhecimento (e não do conhecer),
- o papel da justificação é produzir legitimidade para minha enunciação,
- um texto é constituído como um resíduo de uma enunciação;

2 toda produção de conhecimento é feita na direção de um interlocutor que, acredito, produziria a mesma enunciação com a mesma justificação:

- o compartilhamento de interlocutores constitui um espaço comunicativo;

3 o conjunto das estipulações locais – que funcionam como verdades absolutas locais – constitui um núcleo com relação ao qual produzo significados/conhecimentos:

- estas estipulações são compartilhadas com o interlocutor;

4 é na produção de significados que se constituem objetos:

- a produção de significados se dá sempre no interior de atividades.

A associação entre conhecimento e ação tem uma longa tradição, que se encontra, por exemplo, em Charles Sanders Peirce, Gaston Bachelard e Gerard Vergnaud. No MCS, dado que conhecimento é do domínio da enunciação, esclarece-se suficientemente que não há conhecimento em livros enquanto objetos, pois ali há apenas enunciados. É preciso a enunciação efetiva daqueles enunciados para que eles tomem parte na produção de conhecimentos.

Tudo isto posto, há uma questão central que é preciso ser discutida, que é a da verdade.

Em todas as caracterizações de conhecimento que tivemos até hoje, pelo menos um aspecto comum existia: não se pode conhecer o que não é verdadeiro. Acontece que este *verdadeiro* se referiu sempre a uma *proposição*, esta verdadeira ou falsa. Por exemplo, não se poderia conhecer que "2+3=6" porque esta proposição é *falsa*.

A formulação que o MCS dá para conhecimento, no entanto, coloca esta questão em uma outra perspectiva. Se eu quisesse falar de verdadeiro só poderia me referir, em primeiro lugar, a *conhecimento*, mas a própria enunciação que o faz existir garante que ele é verdadeiro *para alguém* e, uma vez que o ser cognitivo não se identifica ao biológico, ele não é nunca verdadeiro para um indivíduo isolado. O que se dá é um rompimento com as noções absolutas de verdade – sempre problemáticas –, ao mesmo tempo que não se concede um relativismo absoluto – também igualmente problemático. Este é um relativismo cujos limites são postos por práticas sociais e por culturas, através do compartilhamento de interlocutores, de estipulações (locais ou não) e de espaços comunicativos.

A importante consequência disto é que a afirmação de um *outro* que um conhecimento é melhor, bom ou ruim, assim como decisões sobre se uma enunciação é ou não aceita como legítima por um *outro*, têm sempre um sujeito, e este sujeito tem intenções. Nelson Goodman e Catherine Elgin, em seu *Reconceptions in Philosophy*, haviam indicado sua insatisfação com o fato de que as epistemologias tradicionais não nos permitiam discriminar entre conhecimento melhor, bom ou ruim, apenas se alguém conhecia ou não algo (isto é, discriminar a legitimidade da enunciação), e propunham que adotássemos como central a noção de *compreensão*. Penso que este passo não é necessário se adotamos o MCS.

As caracterizações tradicionais de conhecimento fazem uma dissociação entre a proposição (verdadeira) na qual a pessoa acredita e a justificação que a pessoa tem para acreditar naquilo. Com isso não faz sentido discutir se uma pessoa conhece *melhor* que outra pessoa, uma vez que concedido a alguém que ela conhece algo não há muito mais a dizer.

O que quero preservar, no entanto, é a *responsabilidade* que devemos assumir quando dizemos que um conhecimento é melhor, bom ou ruim.

Devemos sempre dizer *para que* ele é melhor, bom ou ruim, e também dizer *por que* estamos fazendo este julgamento. É neste ponto que as implicações políticas e sociais de assumir os pressupostos que assumo, e de tomar as decisões *teóricas* que tomo, aparecem.

6 A rua e a escola

Em nosso *Perspectivas em Aritmética e Álgebra para o século XXI* (Campinas: Papirus, 1997), Joaquim Gimenez e eu discutimos com certo detalhe a questão dos significados da rua e da escola. Vou aqui apenas retomar os pontos principais.

O que temos na rua e na escola são legitimidades diferentes, para diferentes modos de produção de significados. Já mencionei, por exemplo, a questão dos valores de dinheiro e dos números decimais. Na rua, aproximações e estimativas são não apenas legítimas, como também essenciais; na escola costumam ser um apêndice, quando muito. Na escola, se sorteio seis números entre 1 e 50 as chances de qualquer combinação são as mesmas, mas na rua duvido que alguém vá jogar, na mega-sena, os números 1, 2, 3, 4, 5, 6. Mas estes são apenas exemplos.

O que é realmente relevante é que tradicionalmente a escola negou os significados da rua, e se esforçou em tentar implementar o domínio dos significados da escola; no caso da Matemática, os significados matemáticos (oficiais), e aqui voltamos outra vez à importância de examinarmos pressupostos.

O que sustenta essa atitude pedagógica tradicional é o pressuposto de que os *significados da rua são apenas versões imperfeitas dos (verdadeiros) significados matemáticos*. Outra vez, a leitura pela falta, compatível com S1 e E1.

Uma primeira, nefasta e bem conhecida consequência desta postura é que os significados da escola não chegam nunca a ter legitimidade na rua. Da mesma forma que a escola diz que a rua é imperfeita, a rua diz que a escola é chata e inútil. O que é esta fala se não é a negação de legitimidade?

Numa tentativa de *motivar* os alunos, fala-se de trazer coisas da rua para a escola: se as crianças gostam de fazer papagaios, vamos usar papagaios, por exemplo, nas aulas de geometria. E aí o que se faz, então? Fala-se das *diagonais do papagaio*, fala-se de perpendicularidade, fala-se de medição precisa da área do papagaio. E outras coisas.

É verdade que pode haver uma componente motivacional importante, mas a pergunta central é: para que é que estamos falando aquelas coisas sobre papagaios? Papagaios, como objetos da rua, têm propriedades como: bonito, equilibrado, voa bem, e não: varetas perpendiculares, 923,45 cm^2 de área, ângulos que somam 360 graus. Quando voltarem para a rua, os papagaios serão os mesmos e feitos da mesma forma que antes. Para que é que ele foi, então, à escola? Para nada.

Do ponto de vista das implicações para a aprendizagem continuamos no mesmo lugar: os significados da rua não são legítimos na escola e os da escola não são legítimos na rua. Do ponto de vista político, também continuamos na mesma: a escola permanece como o lugar que não serve para nada na rua, e isto porque é o projeto da escola que se tenta impor, *adoçado* ou não com coisas da rua.

Muito falamos do problema da *utilidade* do que se aprende na escola, de sua aplicabilidade. Falamos também do fato de que muitos – a maioria – quando terminam sua escolarização envolvendo Matemática se esquecem totalmente dela. Penso que estas duas coisas estão ligadas, e que é possível resolver estes problemas. Para isto o ponto de partida deve ser entendermos o que se quer dizer com *utilidade*, mas é preciso entender também o tal *esquecimento da Matemática*.

Começo propondo que a questão da utilidade não se resolve entendendo-a como *servir para alguma coisa*, e sim como *servir para alguma coisa para alguém*. Vista de maneira absoluta, é *claro* que a Matemática escolar tem *alguma* utilidade. Mas a questão é se ela é útil na rua, para a pessoa que está na rua. O exemplo do papagaio toca nisto.

Na rua, o papagaio é uma coisa que tem que ser bonita e voar bem. Isto quer dizer que se papagaios forem levados para a escola eles têm que sair de lá mais bonitos ou voando melhor; os significados da escola para o papagaio só vão sobreviver na rua se isto acontecer. E é aqui que a questão do esquecimento se liga à da utilidade: não é apenas ao fim da escolarização que o esquecimento começa, ele acontece *todo dia*, quando a pessoa sai da escola e volta para a rua. Como eu já havia observado antes, este é o discurso através do qual a rua nega legitimidade aos significados da escola.

Como é que o papagaio pode sair mais bonito da escola? Por exemplo, pode-se discutir a questão do equilíbrio e tentar procurar formas para o papagaio que sejam novas, mas ainda assim preservam o equilíbrio. Amplia-se a noção de equilíbrio da rua.

Mas há um outro aspecto: mesmo que na escola não se dê legitimidade aos significados da rua, eles estão lá, praticados pelos alunos. Os significados da rua *já estão na escola*; podemos dar legitimidade a eles, com um projeto de educação matemática que dê voz aos alunos, ou podemos mantê-los na clandestinidade, com um projeto de educação matemática no qual só o professor fale. Quero ressaltar, no entanto, que a questão aqui não é apenas de respeito ao direito de manifestação do aluno; é também a definição dos projetos *interessantes* e *relevantes* para os alunos (a questão da utilidade resolvida) e é a constituição de um espaço comunicativo no qual os significados da rua têm legitimidade.

Um projeto que assuma pressupostos como S2 e E2, como é o caso de meu projeto, sustentado no MCS, trabalha naturalmente na direção da *ampliação dos significados que são legítimos na rua*, e não na substituição da rua pela escola. Diversos projetos dentro da linha da Etnomatemática trabalham na mesma direção, mas é preciso esclarecer que não incluo aqui trabalhos do tipo "papagaio com 923,45 cm^2 de área, ângulos que somam 360 graus"; penso que o que a Etnomatemática tem de mais importante é a proposta de se partir das relações sociais e dos significados produzidos dentro de uma certa prática social, e nunca da ideia de "escolarizar a rua".

7 A educação matemática que pratico

O "esqueleto" desta educação matemática pode ser descrito assim:

1 explicitar, na escola, os modos de produção de significados da rua;

2 produzir legitimidade, dentro da escola, para os modos de produção de significado da rua (ato político, ato pedagógico);

3 propor novos modos de produção de significados, que se juntam aos da rua, ao invés de substituí-los.

Quero fazer algumas observações.

Primeiro, que o ponto (3) parte do pressuposto de que *melhorar* quer dizer *mais diversidade* e não *progresso em direção ao verdadeiramente melhor*. Segundo, que será *sempre* necessário negociar a legitimidade dos modos de produção de significado que eu proponha. O que se faz aqui é explicitar apenas este fato, e esta explicitação torna possível proceder a esta negociação de forma mais clara para todos os envolvidos e, portanto, de forma mais educativa. Terceiro, a ampliação de diversidade que proponho deve, necessariamente, ter impacto nas vidas dos alunos – vida na rua, vida na escola –, isto é, a educação matemática que pratico não é nunca vista como uma preparação para a vida: ela já é vida. Ligado a isto, gosto sempre de observar que a ideia de que *temos que trazer a realidade para a escola* sugere que a escola não é real, e isto é ruim, pois deixa a realidade da escola intocada e isolada.

8 Observações finais

Retomando o que eu queria alcançar com este texto, como anunciei na seção Zero, espero haver mostrado que ao adotarmos pressupostos diferentes somos naturalmente – a naturalidade criada pelos pressupostos – levados a seguir certas linhas, tanto com relação a posturas educacionais (e como nossos projetos de educação matemática se estruturam), quanto com relação ao papel que certas práticas e processos têm na educação matemática que praticamos – como no caso da avaliação.

Ao falar de meu próprio trabalho, em particular do *Modelo dos Campos Semânticos*, espero haver oferecido um exemplo de como se pode sistematizar, articuladamente, um conjunto de pressupostos, entendimentos e suas consequências, e de como esta sistematização serve de suporte natural – a naturalidade criada pelo modelo – para o desenvolvimento de uma abordagem para a educação matemática em sala de aula.

Assim como defendi que uma educação matemática deve ter impacto efetivo na vida dos alunos, defendo também que a adoção de pressupostos teóricos deve ter impacto na vida profissional da pessoa, e isto é válido tanto para o pesquisador quanto para o profissional de sala de aula.

Não basta citar autores (mesmo os tendo lido, pior se não os lemos) apenas para obter legitimidade acadêmica ou profissional. O papel da reflexão teórica deve sempre ser o de nos oferecer a oportunidade de fazermos escolhas, e estas escolhas nos dão a oportunidade de refinarmos nosso olhar e de tornarmos mais bem definido nosso projeto profissional.

Não é incomum que profissionais da *Educação Matemática* vejam uma escolha entre, por exemplo, os modelos de Piaget e o de Vygotsky, como escolha entre *quem está certo*; e, seguindo por esta linha, pode-se perfeitamente achar que o esforço deve ser o de encontrar o que está certo em cada um e de juntar estas partes certas num todo. É claro que este esforço de síntese é às vezes possível, mas nem sempre, e muitas vezes colocar esta intenção de sintetizar diante de quaisquer outras considerações pode levar a uma colcha de retalhos bastante esquisita: sincretismo ao invés de síntese.

Em particular, vejo uma situação difícil quando estamos tentando entender um autor, e é a facilidade com a qual podemos escorregar em palavras. Podemos ler, em Leontiev, a palavra *atividade* e produzir para ela o significado que queiramos, mas isto não quer dizer que este significado torne o texto de Leontiev *plausível*. Toda tentativa de se entender um autor deve passar pelo esforço de olhar o mundo com os olhos do autor, de usar os termos que ele usa de uma forma que torne o todo de seu texto plausível, e é aqui que devemos prestar atenção às definições que um autor propõe.

Não adianta ler o que digo sobre o MCS e simplesmente dizer: *mas eu não acho que conhecimento seja isso!* Embora esta atitude seja *possível*, não acredito que ela seja *adequada*, porque isto impossibilita que se olhe com os olhos do MCS e, se o que se quer é entender o que o autor daquele modelo pretende e como funciona o modelo, este é um péssimo começo.

Não é preciso concordar com o MCS para entendê-lo. Aliás, pelo contrário, é impossível discordar propriamente dele sem entendê-lo, e o mesmo se aplica a qualquer sistematização teórica, e aqui a questão dos pressupostos é essencial. Pode-se rejeitar, logo de partida, um pressuposto de um modelo, e com isso rejeitar-se o modelo e deixá-lo de lado. Mas esta atitude não é intelectualmente saudável, pois faz com que nossas ideias, ao invés de se revigorarem na comparação com outras, vão se fossilizando em um isolamento. Eu já falei que a diversidade de modos de produção de significados é saudável. O mesmo se dá, hoje sabemos, com a diversidade biológica, e, como argumentou brilhantemente Paul Feyerabend em seu *Contra o método*, também a diversidade de teorias é saudável. Ao mesmo tempo em que é inevitável que nos definamos com respeito a um conjunto de pressupostos, é importante que esta definição se faça no contraste com outros conjuntos de pressupostos, na comparação, na reflexão.

A chave deste processo me parece ser a intenção: em que mundo vivemos e que mundo queremos construir? É a partir desta questão – que é uma só, sem partes – que podemos articular nossa reflexão e nossas escolhas. Aqui não é possível nenhuma simplificação; a questão é complexa e deve ser tratada como tal. Ideologia, política, sociologia, psicanálise: estes aspectos e outros não podem ser deixados de lado. Mas também não precisamos ficar parados, à espera de uma suposta resposta final. Do mesmo modo que proponho uma educação matemática que não seja preparação para a vida, e sim vida, proponho uma reflexão que não seja preparação para a ação, e sim ação.

PARTE II

HISTÓRIA DA MATEMÁTICA E EDUCAÇÃO MATEMÁTICA

5 A HISTÓRIA DA MATEMÁTICA: QUESTÕES HISTORIOGRÁFICAS E POLÍTICAS E REFLEXOS NA EDUCAÇÃO MATEMÁTICA

Ubiratan D'Ambrósio[1]

Introdução

As práticas educativas se fundam na cultura, em estilos de aprendizagem e nas tradições, e a história compreende o registro desses fundamentos. Portanto, é praticamente impossível discutir educação sem recorrer a esses registros e a interpretações dos mesmos. Isso é igualmente verdade ao se fazer o ensino das várias disciplinas. Em especial da Matemática, cujas raízes se confundem com a história da humanidade.

Acredito que um dos maiores erros que se pratica em educação, em particular na Educação Matemática, é desvincular a Matemática das outras atividades humanas. Particularmente, a civilização ocidental tem como espinha dorsal a Matemática. Mas não só na civilização ocidental. Em todas as civilizações há alguma forma de matemática. As ideias matemáticas comparecem em toda a evolução da humanidade, definindo estratégias de ação para lidar com o ambiente, criando e desenhando instrumentos para esse fim, e buscando explicações sobre os fatos e fenômenos da natureza e para a própria existência. Em todos os momentos da história e em todas as civilizações, as ideias matemáticas estão presentes em todas as formas de fazer e de saber. Cito uma reflexão de Paulo Freire, gravado no vídeo que ele enviou para o Congresso Internacional de Educação Matemática, em Sevilha, em 1996:

---

1 Professor Emérito de Matemática – Unicamp.

> Eu venho pensando muito que o passo decisivo que nos tornamos capazes de dar, mulheres e homens, foi exatamente o passo em que o suporte em que estávamos virou mundo e a vida que vivíamos virou existência, começou a virar existência. E que nessa passagem, nunca você diria uma fronteira geográfica para a história, mas nessa transição do suporte para o mundo é que se instala a história, é que começa a se instalar a cultura, a linguagem, a invenção da linguagem, o pensamento que não apenas se atenta no objeto que está sendo pensado, mas que já se enriquece da possibilidade de comunicar e comunicar-se. Eu acho que nesse momento a gente se transformou também em matemáticos. A vida que vira existência se matematiza. Para mim, e eu volto agora a esse ponto, eu acho que uma preocupação fundamental, não apenas dos matemáticos mas de todos nós, sobretudo dos educadores, a quem cabe certas decifrações do mundo, eu acho que uma das grandes preocupações deveria ser essa: a de propor aos jovens, estudantes, alunos homens do campo, que antes e ao mesmo em que descobrem que 4 por 4 são 16, descobrem também que há uma forma matemática de estar no mundo.[2]

A minha proposta historiográfica, em total afinidade com o pensamento de Paulo Freire, visa recuperar a presença de ideias matemáticas em todas as ações humanas. O Programa Etnomatemática é a resposta a esse objetivo.

Neste trabalho serão, portanto, abordados muitos temas que não têm, aparentemente, relação com a História da Matemática.

Sociedade e Educação

Como toda reflexão teórica, este trabalho parte da aceitação de alguns pressupostos. O meu é que o ensino da matemática está subordinado aos objetivos maiores da educação, conceituada como uma das estratégias das sociedades para sua reprodução e reconstrução.

O que vem a ser sociedade? Conceituo *sociedade* como um agregado de indivíduos (todos *diferentes*) vivendo num determinado tempo e espaço, compartilhando valores, normas de comportamento e estilos de conhecimento, isto é, *cultura*, e empenhados em ações comuns. Não se pode retirar a individualidade de cada elemento da sociedade, mas para se ter uma sociedade é necessário que os indivíduos tenham comportamentos e conhecimentos acordados.

---

2 Essa conferência foi integralmente transcrita e publicada na revista *For the Learning of Mathematics*, v.17, n.3, p.7-10. November 1997.

No compartilhar e aderir a comportamentos que são parte da prática social, o indivíduo aceita certas restrições ao que seria seu comportamento individual. Tendências e impulsos são refreados e as necessidades de cada indivíduo são satisfeitas de acordo com os costumes do grupo e valores que são assumidos e respeitados, criando deveres para com o grupo e direitos de receber do grupo. A ação de cada indivíduo se subordina ao interesse comum e espera-se que suas necessidades recebam a atenção dos demais membros da sociedade.

As virtudes e os vícios notados na espécie humana resultam de conflitos que possam surgir entre o comportamento individual, no qual reside a criatividade, e o comportamento social, que é necessário para conviver.

O exercício de direitos e deveres acordados pela sociedade é o que se denomina *cidadania*.

Assim, defino *educação* como o conjunto de estratégias desenvolvidas pela sociedade para (i) possibilitar a cada indivíduo atingir seu potencial criativo; (ii) estimular e facilitar a ação comum, com a finalidade de viver em sociedade e de exercer a cidadania.

Descrever, entender e explicar o processo de evolução da humanidade são os objetivos da História. Embora o processo seja holístico, têm sido praticadas histórias setoriais. Vou focalizar minhas reflexões no conhecimento que hoje denominamos matemático. Não vejo como entrar em reflexões sobre Matemática, História e Educação sem essas considerações que a muitos parecerão demasiadamente gerais a vagas.

Ao abordar o conhecimento matemático, tomamos como referência a ciência acadêmica e, assim, privilegiamos uma determinada região e momento na evolução da humanidade. De fato, quando nos referimos à Matemática estamos identificando o conhecimento que se originou nas regiões que costeiam o Mar Mediterrâneo. Mesmo reconhecendo que outras culturas tiveram influência na evolução dessa forma de conhecimento, sua organização intelectual e social é devida aos povos dessas regiões. Por razões várias, ainda pouco explicadas, a civilização ocidental, que resultou dessas culturas, veio a se impor a todo o planeta. Com ela, a Matemática cuja origem se traça às civilizações mediterrâneas, particularmente à Grécia antiga, também se impôs a todo o mundo moderno. Populações excluídas em consequência do processo colonial tentam, rapidamente, assimilar esse conhecimento.

Ao atentar para os modos como o processo de evolução da humanidade é descrito, analisado, interpretado e usado nas várias maneiras de se organizar o conhecimento histórico, surgem algumas questões que discutirei a seguir. Mesmo adotando uma postura holística, vou dar maior atenção à história do conhecimento científico, em particular matemático.

História e Matemática

O bem informado *Novo Aurélio* dá dezessete acepções para o verbete *história*. As acepções 2, 9 e 10 se prestam melhor a este trabalho. Sintetizo dizendo que História é a narrativa de fatos, datas e nomes associados à geração, à organização intelectual e social e à difusão do conhecimento – no nosso caso conhecimento matemático – através das várias culturas ao longo da evolução da humanidade. Os estudos de História dependem fundamentalmente do reconhecimento de fatos, de datas e de nomes e de interpretação ligados ao objeto de nosso interesse, isto é, do corpo de conhecimentos em questão. Esse reconhecimento depende de uma definição do objeto de nosso interesse. No nosso caso específico, a História da Matemática depende do que se entende por Matemática.

O próprio Aurélio nos dá três acepções para *Matemática*. A mais interessante diz "1. Ciência que investiga relações entre entidades definidas abstrata e logicamente". Curioso que pouco abaixo o Aurélio define *matematismo* como "Doutrina segundo a qual tudo acontece conforme às leis matemáticas".

Claro, o que se entende por Matemática nos leva a uma reflexão sobre a Filosofia da Matemática. E não se pode negar que a História da Matemática está atrelada à Filosofia da Matemática.[3]

Uma vez identificados os objetos do estudo, a relação de fatos, datas e nomes depende de registros, que podem ser de natureza muito diversa: memórias, práticas, monumentos e artefatos, escritos e documentos. Essas são as chamadas *fontes históricas*. E a interpretação depende de ideologia, na forma de uma Filosofia da História. Essa é a essência do que se chama historiografia.

O historiador Bernard Lewis escreveu um livro muito interessante com o título História. Relembrada, Recuperada, Inventada.[4] O título em si sugere uma resposta à pergunta "Para quem serve a história?".

A História tem servido das mais diversas maneiras a grupos sociais, desde família, tribos e comunidades, até nações e civilizações. Mas sobretudo tem servido como afirmação de identidade. Não vou me deter nisso, mas bastaria atentar para o tratamento dado às rebeliões de escravos no

---

3 Uma reflexão interessante sobre as relações entre a história e a filosofia da matemática foi feita recentemente por ZUÑIGA, A. R. Las posibilidades de la historia en la Educación Matemática. Una visión filosófica, *Boletin Informativo del Comité Interamericano de Educación Matemática*, año 5, n.2, p.1-7, nov. 1997.

4 LEWIS, B. *History*. Remembered, Recovered, Invented. Princeton: Princeton University Press, 1975.

período colonial. Há poucos anos lembrávamos os 300 anos da destruição do Quilombo dos Palmares e ainda estamos *comemorando* 100 anos da destruição do Arraial de Canudos. Ambos são episódios que mostram a vitalidade de povos procurando um outro modelo de sociedade, mas que foram destruídos pela ordem dominante. O silêncio sobre esses episódios nos currículos escolares e as distorções nas comemorações evidenciam as manipulações desses fatos nos estudos e pesquisas da história colonial do Brasil.

Em particular, a História da Matemática tem sido muito afetada por isso. É interessante notar o que o historiador soviético Konstantín Ribnikov diz no capítulo introdutório de seu livro:

> No estrangeiro [Ribnikov vivia na então União Soviética] se dedica grande atenção à história das matemáticas. A ela está dedicado um conjunto de livros e artigos. Nem tudo neles é, porém, fidedigno. Às vezes os autores de obras sobre história da ciência subordinam seu trabalho a fins distantes da objetividade e do caráter científico.

E depois de vários parágrafos de crítica à orientação idealista e reacionária desses livros e artigos, Ribnikov conclui

> A luta entre as forças progressistas e reacionárias na ciência matemática, que é uma das formas da luta de classes, se revela de forma mais intensa nas questões históricas e filosóficas das matemáticas.... Ela [a história da ciência] deve estar bem organizada como parte da educação ideológica do estudantado e dos trabalhadores científicos.[5]

A última frase da citação se aduna com a minha afirmação de não haver como escapar do caráter ideológico da História da Matemática, assim como de reconhecer que a ação educativa é uma ação política.

Igualmente, ao filósofo das ciências e da tecnologia cabe entender as tramas conceituais que permitem reconhecer, identificar e valorizar formas de explicações e de ações classificadas como científicas e tecnológicas.

Isso é particularmente importante se atentarmos para os descobrimentos e os processos de conquista e colonização. Distorções que deram como resultado a angustiante situação atual de coexistirem um mundo de fartura e prosperidade com um mundo de miséria e desumanidade, e a aterrorizadora perspectiva de extinção da civilização no planeta.

É de uma miopia total procurar entender o desenvolvimento da Matemática contemporânea, que começa a surgir na segunda metade deste final de

---

5 RIBNIKOV, K. *História de las Matemáticas*. Moscou: Editorial Mir, 1987. p.19.

século, sem atentar para as profundas transformações políticas resultantes da Segunda Guerra Mundial e da própria condução desse conflito. Pelas mesmas razões, não se pode entender o desenvolvimento da Matemática a partir do século XVI, que é quando ela começa a se organizar como um corpo autônomo de conhecimentos, sem uma análise do processo de conquista e colonização e de suas consequências.

A presença fundamental da Matemática na condução de guerra não é coisa nova. Primeiramente, graças a criação e suporte de uma tecnologia de guerra. Vamos encontrar evidência disso na antiguidade grega e romana. Basta lembrar o programa de pesquisa e desenvolvimento proposto por Dionísio, o Antigo, (430-367 a. C.), de Siracusa, que culminou com Arquimedes (287-212 a. C.), cujo prestígio na época era em razão de suas máquinas de guerra. O próprio Aristóteles (384-322 a. C.) propôs a Alexandre (356-323 a. C.) importantes estratégias de defesa urbana.[6] No grande desenvolvimento da Álgebra, nos séculos XVI e XVII, Niccolò Tartaglia (1500-1557) e François Viète (1540-1603) eram, profissionalmente, respectivamente assessores militares do exército veneziano e do Reino de Navarra. Viète tornou-se famoso pelo seu trabalho como criptógrafo.[7] E não se pode deixar de mencionar que a modernização tardia da matemática na Espanha tem como figura maior Jorge Juan y Santacilia (1713-1773), que publicou um importante tratado de ciências navais.

Na Segunda Guerra Mundial a Matemática com fins militares teve seu apogeu. Basta lembrar dois grandes matemáticos, Sir James Lighthill, creditado como tendo desenvolvido a Pesquisa Operacional para as forças armadas da Inglaterra, e John von Neumann, apontado como o criador dos computadores eletrônicos nos Estados Unidos.

Não é exagero afirmar que a Matemática tem sido parceira no desenvolvimento do militarismo. A busca de Paz não pode ser conseguida sem uma reflexão mais profunda sobre a natureza do conhecimento matemático.[8]

Prioridades brasileiras na História da Matemática

Poderíamos sintetizar essas prioridades perguntando história de quem, do ponto de vista de quem, com que intenções?

---

6 Para uma síntese desses artefatos de guerra, ver o artigo de SOEDEL, W., FOLEY, V. Ancient Catapults. *Scientific American*, v.240, n.3, p.120-8, March 1979.

7 Ver o interessante artigo de CUOMO, S. Niccolò Tartaglia, mathematics, ballistics and the power of possession of knowledge. *Endeavour*, v.22, n.1, p.31-5. 1998.

8 Embora vista com muita reserva pelos matemáticos, essa linha de pesquisa começa a ganhar espaço. Ver o número especial da revista *Zentralblatt für Didaktik der Mathematik/ZDM*, Jahrgang 30, Juni 1998, Heft 3, que dedica sua sessão principal ao tema.

Devemos reconhecer que as nações periféricas são não mais que afluentes do curso principal do atual desenvolvimento científico e tecnológico das nações centrais.[9]

A contribuição dada pelas nações periféricas ao avanço da ciência e da tecnologia das nações centrais é, como um todo, trivial e marginal. Mas é inegável que, embora qualitativamente diferenciada, a produção científica e tecnológica dessas nações relativamente a seu próprio curso histórico tem sido não menos que essencial. O objetivo desta proposta é estudar a historicidade, muitas vezes negada, dessa produção.

A própria História das Ciências, encarada dentro dos padrões acadêmicos mais usuais, nos oferece exemplos de prioridades para a história das ciências no Brasil, com alguns reflexos na Matemática.

O Padre Bartolomeu Lourenço de Gusmão é praticamente ignorado, a não ser por um belíssimo painel de azulejos no Aeroporto de Lisboa mostrando a "Passarola". Embora suas experiências tenham malogrado, conceber tal engenho, cerca de um século antes dos irmãos Montgolfier, é notável.

Um outro exemplo é a fascinante figura de José Bonifácio de Andrada e Silva. Embora José Bonifácio seja reconhecido na Europa como grande cientista, a História da Ciência no Brasil pouco se refere a ele.

Igualmente José Fernandez Pinto Alpoym, Alberto Santos Dumont e tantos outros sobre quem sabemos quase nada. No caso de Alpoym, sua contribuição científica no cenário internacional é insignificante. No entanto, do ponto de vista do Brasil, Alpoym é muito representativo e tem muita importância. E Santos Dumont ou é apresentado como um *playboy* internacional que gostava de fazer balões, ou, com desmedido ufanismo, como o pai espoliado da aviação. Mas o conhecimento dos princípios científicos que orientaram Santos Dumont nas suas experiências tem recebido pouca atenção de nossos historiadores das ciências e da tecnologia.

Lembramos especialmente Joaquim Gomes de Souza, o Souzinha, festejado como um gênio matemático do século XIX. Embora sua contribuição seja nenhuma ao desenvolvimento da Matemática internacional, seus trabalhos matemáticos são interessantíssimos e abordam importantes

9 Falo em nações periféricas e nações centrais para me referir àquelas que participaram e participam do processo de globalização do planeta que se iniciou no final do século XV na condição de colônia ou nação politicamente independente, mas economicamente dependente, e nações centrais, aquelas que foram ou são metrópoles coloniais ou detentoras dos meios e controle de produção e comércio. Em momentos variados as nações periféricas foram chamadas Terceiro Mundo, subdesenvolvidas, em desenvolvimento, emergentes e outros eufemismos.

questões de muita atualidade na época. Sobretudo os caminhos dessa produção, o estilo desenvolvido por Souzinha e as bases que permitiram a ele lidar com temas muito avançados têm grande importância para se conhecer o ambiente cultural de meados do século XIX. Pouco se tem pesquisado sobre essa importante figura.

Nos países periféricos e nas populações marginalizadas dos países centrais nota-se o mesmo. A atenção dada às contribuições dos locais tem sido quase nenhuma. Embora a produção dos locais tenha sido muitas vezes insignificante, defasada e até mesmo equivocada quando comparada com aquela dos países centrais e das classes dominantes, é importante estimular pesquisa sobre fatos e personagens que tiveram, num certo momento, grande importância e repercussão entre seus pares e sua comunidade. Assim como as ações do presente, em particular a pesquisa científica e tecnológica, devem focalizar prioridades locais, mesmo que muitas vezes essas prioridades não se situem nas fronteiras do conhecimento, a pesquisa histórica também deve ser dirigida a coisas de interesse local.[10]

Reconheço quão perigosa é essa proposta e o risco que se corre de cair no ufanismo que, tanto do ponto de vista histórico quanto para ações no presente, contribui para mascarar a verdade histórica e pode abrir espaço para um desenvolvimento equivocado.[11] Mas risco não pode ser justificativa para inação.

Ao historiador das ciências e da tecnologia cabe não apenas o relato dos grandiosos antecedentes e consequentes das grandes descobertas científicas e tecnológicas, mas sobretudo a análise crítica que revelará acertos e distorções nas fases que prepararam os elementos essenciais para essas descobertas e para sua expropriação e utilização pelo poder estabelecido.

Embora seja uma tendência historiográfica encarar o conhecimento científico e tecnológico sob esse prisma, a Matemática e sua história têm sido imune a essas reflexões. Ainda se tenta justificar o conhecimento

---

10 Ver D'AMBRÓSIO, U. Adequate Mathematics for Third World Countries: Consideranda and Strategies. EL TOM, M. *Developing Mathematics in Third World Countries.* (Ed.) Amsterdam: North-Holland Pub. Co., 1979. p.33-46. Mathematics Studies 33.

11 Essa é a razão do grande conflito que se manifesta hoje com relação ao "Afrocentrismo", uma proposta de revisão da história que privilegia a participação africana na construção do conhecimento grego. Um artigo representativo desse movimento é de Beatrice Lumpkin: Africa, Cradle of Mathematics, *Ganita-Bharati*, v.19, n.1-4, p.1-10, 1997. Uma coleção de artigos que mostra muito bem a intensidade dessas discussões é o livro *Black Athena Revisited*. Editado por Mary R. Lefkowitz and Guy MacLean Rogers. Chapel Hill: The University of North Carolina Press, 1996.

matemático por si próprio, e os avanços da Matemática são muitas vezes atribuídos somente à dinâmica interna desse conhecimento. Em grande parte isso se deve a quão pouco se sabe sobre a natureza do conhecimento matemático. Num trabalho recente, o matemático Barry Mazur diz que

> Como toda História Intelectual, muito da História da Matemática simplesmente nunca é captada: seus principais artefatos são ideias que passam a maior parte de sua vida em um estado volátil, não registrado. Sua eventual destilação como registro escrito ocorre muito tempo depois de seu descobrimento inicial.[12]

A História da Matemática, que se firmou como uma ciência no século passado, tem como grande preocupação o rigor da identificação de fontes que permitem identificar as etapas desse avanço. Isso afeta não só a História da Matemática nas nações e populações periféricas, mas igualmente causa distorções na visão de prioridades científicas das nações dominantes.

Por exemplo, tomemos o relato de um fato ocorrido na França no século XVIII: "Como na França tudo termina, assim se diz, em canções, foi representada em Paris uma comédia, *Os infinitamente pequenos*, na qual as novas ideias são ridicularizadas".[13] O personagem principal é o Marquês de L'Hôpital. Esse relato não pode ser deixado simplesmente no anedotário histórico ou matemático. A percepção e a explicação desse fato é fundamental para se entender a recepção das teorias de Newton na França e o clima político que prevalecia na época.

O que é conhecimento?

Toda a discussão anterior nos remete à questão do conhecimento. Sintetizo minha concepção de conhecimento dizendo que é o *conjunto dinâmico* de saberes e fazeres acumulado ao longo da história de cada indivíduo e socializado no seu grupo.[14] Essa dinâmica se traduz no esquema a seguir, que chamo o *ciclo do conhecimento*:

12 MAZUR, B. Conjecture. *Synthese*, 111, p.197-210. 1997.

13 BOYER, J. *Histoire des Mathématiques*. Paris: Gauthier-Villars, 1900. p.160.

14 Conjunto vem da lógica e da matemática e carrega uma conotação de estaticidade. Poderia usar a palavra *corpus*, mas também aí se vê a ideia do construído, do estático. Vejo conhecimento como uma ação cumulativa, em permanente reformulação, em evolução. Espero que falar em "conjunto dinâmico" reflita essa concepção. Ver meus livros *Da realidade à ação*. Reflexões sobre Educação (e) Matemática. São Paulo: Summus Editorial, 1988, e *Etnomatemática*. Arte ou técnica de explicar e conhecer. São Paulo: Editora Ática, 1990, para uma discussão mais elaborada dessa concepção.

> a realidade [entorno natural e cultural]
> informa [estimula, impressiona]
> indivíduos e povos
>
> que em consequência geram conhecimento
> para explicar, entender, conviver com a realidade,
> e que é organizado intelectualmente,
> comunicado e socializado, compartilhado
> e organizado socialmente,
>
> e que é então expropriado pela estrutura de poder,
> institucionalizado como sistemas [normas, códigos],
>
> e mediante esquemas de transmissão e de difusão,
> é devolvido ao povo mediante filtros [sistemas]
> para sua sobrevivência e servidão ao poder.

A geração, a organização intelectual e social, e a transmissão e difusão de conhecimento têm se dado em várias organizações que chamarei genericamente escola/academia. Isto inclui escolas propriamente ditas, academias, mosteiros, universidades, associações gremiais, clubes, sociedades, mídias e inúmeros outros agrupamentos de indivíduos.

A dualidade escola/academia coloca escola como a instituição onde se transmite e se cria conhecimento com objetivos mais imediatos, e academia como a instituição onde isso se dá com a preocupação principal de elevar o homem. Quem expressa muito bem essa dualidade é Hermann Hesse no seu *Magister Ludi*.[15]

O conhecimento, uma vez expropriado pelas estruturas de poder vai sendo convenientemente fragmentado em disciplinas e áreas de competência para justificar ações setoriais no exercício do poder.[16] Naturalmente, essa fragmentação, como todo método, desencoraja crítica. Assim, o conhecimento, que foi gerado e organizado para satisfazer os anseios de sobrevivência e de transcendência, e essa fase inclui crítica, é devolvido, já elaborado e organizado aos seus geradores, para que os mesmos sobrevivam e sirvam ao poder.[17]

---

15 HESSE, H. O *Jogo das contas de vidro*. Trad. L. A.Viotti e F. V. de Souza. Rio de Janeiro: Record, s. d. (Orig. alemão 1943).

16 Para uma discussão um pouco mais detalhada sobre isso, ver meu livro, escrito em coautoria com WEIL, P. e CREMA, R., *Rumo à nova transdisciplinaridade*. Sistemas abertos de conhecimento. São Paulo: Summus Editorial, 1993, principalmente a Figura 1 na página 89.

17 A imposição de sobrevivência, mesmo sem condições mínimas de dignidade, é um exemplo dessa devolução. Veja toda a polêmica em torno da morte voluntária, defendida pelo Dr. Jack Kevorkian: *Prescrition: Medicide*. New York: Prometheus Books, 1995. Neste livro o autor

É muito difícil definir *poder*. O poder como instituição resulta de uma forma de organização social *ad hoc*, que passa por uma hierarquização e concentra-se em alguns indivíduos. Os detentores do poder tornam-se funcionários de *bureau* (= escrivaninha com gavetas), isto é, burocratas, responsáveis por manter a hierarquia responsável pela organização. Todos aceitam e se enquadram nos requerimentos da burocracia. Alguns justificam essa estruturação da sociedade como intrínseca às espécies vivas e que, portanto, se reflete nas concepções de religião e de economia, isto é, de propriedade e de produção. E, importantíssimo, o papel da academia em apoio ao sistema. Não vou abordar esse tema neste trabalho, enviando o leitor à obra de Max Weber.[18]

Assim o poder, que foi ele mesmo gerado pelo povo, cria personalidades como o *Hal*, o computador da novela *2001. Uma Odisseia no Espaço*, de Arthur C. Clarke, que adquire vontade.[19] Esses indivíduos se mantêm graças à estratégia de devolução a eles do conhecimento por eles gerado, *mas* convenientemente filtrados. Permitem a sua sobrevivência e uma transcendência enganosa. Os filtros garantem a manutenção da burocracia que sustenta o poder. Até o momento que essa situação leva indivíduos ao niilismo e à fuga mediante drogas, suicídio, violência e outras formas de escape, ou à alternativa da revolta. A metáfora que Arthur C. Clarke estabeleceu na sua obra máxima, bem como a excelente fábula do *Blade Runner*,[20] ilustram muito bem essa alternativa. E obviamente a história nos mostra isso nas grandes revoluções.

Não é possível fazer história do conhecimento, em particular História da Matemática, sem uma reflexão sobre como o poder vigente tem determinado a organização intelectual e social e a difusão do conhecimento. E assim, indiretamente, a própria geração do conhecimento. Não podemos nos esquecer que a matemática é a espinha dorsal do conhecimento científico, tecnológico e sociológico.

---

discute uma proposta de morte planejada e o impacto dessa proposta para cultivo de órgãos e experimentação médica. O tratamento da natalidade, do suicídio e da pena de morte pelas religiões e códigos jurídicos a serviço do poder são bons exemplos desses filtros.

18 WEBER, M. *Economy ans Society*. An Outline of Interpretive Sociology, ROTH, G., WITTICH, C. (Ed.) Berkeley: University of California Press, 1978. Um estudo breve, mas muito abrangente sobre poder pode ser encontrado na obra de Norberto Bobbio et al. *Dicionário de Política*. Trad L. G. P. Cascais et al. Brasília: Editora Universidade de Brasília, 1986. p.933-43.

19 Transformada em 1968 num excelente filme de mesmo título, dirigido por Stanley Kubrick.

20 *Blade Runner*, dir. Ridley Scott, 1982 [no Brasil, disponível como *O caçador de androides*]. Interessante o título da novela de Philip K. Dick, que deu origem ao filme: *Do Androids Dream of Electric Sheep?*.

Produção, difusão e assimilação do conhecimento científico

É ingênuo situar o conhecimento científico como tendo começado numa determinada época, sendo alguém o *herói* responsável por ele.[21] Os heróis aparecem na sua época e não são os determinantes daquele momento histórico. São identificados como tal *a posteriori*.[22]

A multiplicidade de fatores envolvidos na produção e no reconhecimento do conhecimento científico é muito complexa e não se explica por nomes, resultados, datas e localidades. Naturalmente, há espaço e interesse em uma história de relatos, descritiva e biográfica, às vezes num estilo de almanaque e mesmo anedotária. Muitas vezes é aceitável e até conveniente essa vulgarização, desde que com propriedade.

Entender o conhecimento exige uma apreciação de sua geração, de sua organização social e intelectual e de sua difusão, o que constitui um processo cíclico inserido numa realidade espacial e temporal que informa indivíduos e grupos para deflagrar o processo. Normalmente essas várias etapas são estudadas em disciplinas autônomas, respectivamente cognição, história, epistemologia e política.

O ciclo do conhecimento, como proposto acima é, obviamente, não linear e as várias etapas se influenciam mutuamente.

Os filtros institucionais (códigos, normas, escolas, diplomas e certificados) mistificam o conhecimento. Insisto em dizer que essas várias fases na elaboração do conhecimento se mesclam. Não se dão em qualquer forma de linearidade.[23]

Cada uma das etapas constitui uma área de investigação ativa no momento – na verdade em toda a história da humanidade –, e elas constituem as questões filosóficas mais presentes nas considerações dos pensadores de todos os tempos.

---

21 A frase, atribuía a Newton: "Posso enxergar mais longe pois estou apoiado em ombros de gigantes" expressa muito bem a interdependência de outros e de outras gerações na construção de conhecimento.

22 Nos tempos modernos, com a institucionalização das ciências, indivíduos que propõem novas direções vêm sendo reconhecidos em vida. Exemplo disso é a instituição do Prêmio Nobel e outros tipos de reconhecimento de "heróis". No caso de Newton, embora seu reconhecimento tenha sido em vida, não o foi pela amplitude do novo pensar e sua inserção no novo espírito da época, nem por ter sido um dos criadores da ciência moderna, mas sim pelo interesse político de monarquia inglesa.

23 Muitos chamam esse enfoque de "relativismo cultural" e chegam a contestá-lo. Particularmente na História da Matemática há muitos que negam a contextualização. Naturalmente, fica evidente nessas posturas o que se entende pela natureza do conhecimento matemático, isto é, o posicionamento filosófico.

No estado atual do conhecimento, podemos destacar nessas etapas as seguintes questões:

1 O que é realidade?

2 Como o indivíduo recebe informações que deflagram o processo cognitivo? Como funcionam os mecanismos sensoriais? O que é memória? O que é intuição?

3 Como se dá a comunicação? Quais seus limites? Quais as consequências da interação comunicativa?

4 Como se dá a geração individual do conhecimento?

5 Qual o processo social de geração do conhecimento?

6 Como o conhecimento já coletivizado se estrutura e é validado como um corpo de conhecimento? O que é verdade?

7 Como o conhecimento é reconhecido como elemento de poder? Quais os mecanismos de expropriação e de hierarquização de conhecimento?

8 Como se organiza a difusão do conhecimento? Como se disparte o conhecimento?

9 Quais os interesses e filtros que canalizam esse dispartir?

10 Como tem sido quebrado o ciclo geração-organização-expropriação-difusão ao longo da história?

O conhecimento acadêmico, particularmente o conhecimento científico, já se apresenta na sua fase de difusão. As etapas identificadas, sintetizadas nas dez questões acima, permitem uma análise histórico-crítica do conhecimento.

Cada uma das dez questões constituem um programa de pesquisa e o seu conjunto constitui uma proposta historiográfica.[24]

A dinâmica da transferência de conhecimento. A metáfora da bacia hidrográfica

Devemos reconhecer que aos países periféricos é reservada uma situação de serem não mais que afluentes do curso principal atual do desenvolvimento científico e tecnológico. Nisso consiste a *basin metaphor*, que se refere ao conhecimento dos países centrais como a massa de água de uma grande caudal cuja contribuição dos afluentes, mesmo pequena,

24 Ver meu artigo intitulado Bases historiográficas e metodológicas para uma história e filosofia das ciências na América Latina. *Episteme*, v.3, n.6, p.300-10. 1998.

se incorpora e dá vida à grande massa. Essa contribuição é, como um todo, trivial e marginal, não alterando as características da grande caudal. A ciência e a tecnologia seguem seu curso, regando e fertilizando suas margens. Mas as águas da grande caudal não penetram afluente acima e portanto não podem fertilizar as margens dos afluentes.[25]

Se relativamente à grande caudal essa produção é trivial e marginal – como tem sido a produção científica e tecnológica dos países periféricos – relativamente a seu próprio curso, ela é nada menos que essencial, mas desde que orientada para objetivos específicos.

A produção científica e tecnológica que classifico de trivial e marginal resulta de tarefas residuais dos trabalhos teóricos e experimentais dos laboratórios e grandes centros universitários do mundo, para onde normalmente se enviam as melhores cabeças dos países periféricos para obter seu Ph.D. ou equivalente. Normalmente esses candidatos são muito bem selecionados e capazes, e facilmente se integram nas equipes de pesquisa, às quais dão a sua contribuição. Essa contribuição, mesmo modesta, embora em alguns casos seja de altíssima qualidade e importância, é suficiente para a obtenção do título almejado. Munido desse título retornam e, via de regra, continuam a mesma linha de pesquisa e, isolados e afastados dos grandes centros, têm poucas possibilidades de avançar significativamente. Tornam-se astros sem luz própria, devendo periodicamente visitar o centro gerador de sua energia intelectual para recarregar suas baterias. Criou-se para isso a figura do pós-doutorado institucionalizado.

Claro, nada contra a obtenção de graus acadêmicos no exterior nem contra a volta periódica ao exterior, mas sim contra a definição de linhas de pesquisa subordinadas às dos grandes centros, sob a ilusão de se estar trabalhando em temas de fronteira, quando na verdade se está contribuindo apenas com resultados triviais e marginais. Algumas vezes sabemos que essa contribuição tem potencial para fazer avançar as fronteiras do conhecimento aplicado e da tecnologia, de modo que os resultados possam se transformar em algum benefício para a população. Mas também sabemos que para que esse potencial se realize é necessário uma infraestrutura industrial e científica que os países periféricos não possuem. Mesmo em campos puramente acadêmicos, essa deficiência tem como consequência o desperdício de consideráveis recursos humanos.

25 Ver meu artigo intitulado Ethnomathematics, History of Mathematics and the Basin Metaphor. *Histoire et epistemologie dans l'Education Mathématique/History and Espistemology in Mathematics Education* (Actes de la Première Université d'Eté Europeenne, Montpellier, 19-23 juillet 1993), editado por F. Lalande, F. Jaboeuf, Y. Nouaze, Montpellier: REM, 1995. p.571-80.

Em última instância, isso resultará num benefício para aqueles que têm a infraestrutura e só a partir daí os benefícios eventualmente retornarão aos países periféricos, acrescidos de *copyrights* e *royalties* e outras tantas formas de controle do saber e do fazer, dando assim continuidade a uma outra forma de colonialismo.

Uma proposta historiográfica

A ciência e a tecnologia modernas nos oferecem uma história das mais fascinantes. Abundam os heróis e seus feitos magníficos, particularmente no século XVII e grande parte do século XVIII. Mas onde estávamos, na periferia, como povo e como cultura, enquanto tais fatos se passavam? Onde estávamos, particularmente no final do século XVIII e durante o século XIX, enquanto novos fatos consolidam os grandes avanços das ciências e da tecnologia? Onde estavam e o que faziam os nossos heróis?

Após três séculos de missão civilizatória, que foi uma justificativa da conquista, o aparecimento desses heróis deveria ser uma consequência dessa missão e portanto distribuído equitativamente pela população mundial. Por que isso não se deu? Condições adversas? E por que no século XX, após dois conflitos mundiais envolvendo todas as nações, praticamente eliminando o estatuto colonial e dando início à governança planetária das Nações Unidas, essas condições adversas subsistem?

Não se pode fazer uma história que oriente nossas ações futuras – uma das justificativas dos estudos históricos – sem esse tipo de análise. As observações acima permitem formular uma proposta historiográfica.

A proposta historiográfica teve sua origem nos estudos da Etnomatemática, que naturalmente não se esgota no conhecer o fazer e o saber matemático de culturas marginalizadas. Mas remete sobretudo à dinâmica da evolução desses fazeres e saberes, resultante da exposição a outras culturas. Mas a cultura do conquistador e do colonizador de antanho e dos tempos atuais também evoluiu a partir de uma dinâmica de encontro. Mesmo livros elementares, como o de J. Boyer, anteriormente citado, reconhecem, muito antes do polêmico afrocentrismo, que "[A ciência helênica] teve seu nascimento na terra dos Faraós de onde os filósofos, que ali iam se instruir com os sacerdotes egípcios, trouxeram os princípios elementares."[26] O encontro cultural assim reconhecido, que é essencial na evolução do conhecimento, não estava subordinado a prioridades coloniais como aquelas que se estabeleceram posteriormente.

26 BOYER, J. op. cit., p.9.

A ciência moderna nasceu enquanto o chamado Velho Mundo se deslumbrava com a nova realidade que representou o Novo Mundo e, a partir de então, sua evolução se fez com a necessária participação de todos. Ao reconhecermos uma contribuição mais intensa de cientistas do Velho Mundo na construção da sociedade moderna, é importante lembrar que o cenário natural, cultural e social do Novo Mundo foi fundamental para o imaginário que serviu de base para essa mesma construção e que, até os dias de hoje, a natureza e a cultura exuberantes do hemisfério conquistado ainda ativam esse imaginário.

A presença das Américas na elaboração do pensamento científico e cultural da Europa cresce em importância desde o primeiro século do encontro até os dias de hoje. Um notável esforço de conciliação faz com que episódios que não podem ser classificados de outra maneira que genocídio humano e cultural, perpetrados nos anos difíceis da época colonial e durante a independência crioula, cedam hoje lugar à busca de novos rumos para a humanidade, com a finalidade maior de sobrevivência do planeta e da civilização.

No que se refere ao Novo Mundo, particularmente à América Latina, cabe aos historiadores das ciências a recuperação de conhecimentos, valores e atitudes, muitas vezes relegados a plano inferior, ignorados e às vezes até reprimidos e eliminados, que poderão ser decisivos na busca desses novos rumos. Cabe reconhecer que somos uma cultura triangular, resultado das tradições europeias, africanas e ameríndias, e que isso tem um impacto permanente em nosso quotidiano latino-americano.

Tomamos de Arnaldo Momigliano a expressão da complexidade dessa composição cultural triangular quando ele se refere às civilizações judaica, grega e romana e convida o historiador a examinar um cenário muito mais amplo que o seu prazer profissional ou diletante.[27]

Creio que é hora de nos encaminharmos para a ingrata e difícil tarefa de recuperarmos, na história das ciências e da tecnologia, esse equilíbrio triangular, mesmo diante da difícil, ingrata e às vezes desconcertante tarefa de enveredarmos para novas concepções de ciência e, consequentemente, para novas propostas historiográficas e epistemológicas.

Desde a conquista e o processo colonialista e a constituição dos grandes impérios, até o aparente desmoronamento desses impérios e o aparecimento de grandes blocos econômicos, as várias tentativas de levar a humanidade a um padrão de vida digno e decente, através de organismos como a Liga das Nações e a Organização das Nações Unidas, têm sido frustradas por ações, prepotentes e arrogantes, destinadas a manter as características essenciais do regime colonialista, agora sob outros rótulos.

27 MOMIGLIANO, A. The fault of the Greeks. *Daedalus*, p.9-19, Spring 1975.

O fato é que o mundo *descoberto* a partir do grande feito de Colombo tornou-se, com raras exceções, o Terceiro Mundo. As raras exceções conduziram ao aparecimento de novas estrelas, especificamente os Estados Unidos da América, na diminuta constelação imperial.

As comemorações que reconhecem a grandeza da empreitada científica e tecnológica dos últimos anos do século XIV, não podem ocultar o insucesso da empresa de se levar qualidade de vida digna e padrões mínimos de sobrevivência para a parte *descoberta* da humanidade. As exceções a esse insucesso são raras e os fatores excepcionais, como no caso dos Estados Unidos da América, Canadá, Austrália, Nova Zelândia e poucos outros, são facilmente identificáveis.

As razões do insucesso em praticamente todo o mundo parecem ser intrínsecas à prosperidade dos impérios coloniais. Em outros termos, os países tão ricos de hoje não poderiam ser tão ricos sem ter empobrecido tão profundamente a periferia e, o que é ainda mais perturbador, é o fato que a manutenção de sua prosperidade parece depender da continuação da pobreza na periferia.

Não estou me desviando do assunto, pois o mais importante componente desse desequilíbrio perturbador reside numa tecnologia crescentemente científica e dependente da Matemática. A análise histórica do conhecimento matemático assimilado e incorporado ao *quê-fazer* da periferia é, portanto, completamente ligada ao tema deste trabalho.

O momento nos convida a algumas reflexões sobre o próprio sentido de História. Somente através de um conhecimento aprofundado e global de nosso passado é que poderemos entender nossa situação no presente e, a partir daí, ativar nossa imaginação e nossa criatividade com propostas que ofereçam ao mundo todo um futuro melhor. O próprio mundo que há quinhentos anos nos *descobriu* – hoje Primeiro Mundo – não conseguiu até o presente se descobrir nas relações humanas mais elementares, e suas perspectivas de futuro não são das melhores. Mais e mais eles estão sentindo que, diferentemente do que acontecia na ordem colonial, vai sendo insustentável a manutenção de desigualdades tão gritantes. A interdependência resultante de relações íntimas dos meios de produção, o estilo de propriedade da terra e de recursos naturais e consequentemente de soberania, e sobretudo o atual conceito de propriedade intelectual, que inclui cultura, ciência e tecnologia, e os correspondentes *copyrights* e *royaltees*, são insustentáveis.

Se estamos na transição do capitalismo para uma sociedade do conhecimento, que é a tese defendida por Peter Drucker num dos seus livros recentes, entender o processo de aquisição de conhecimento ao longo da história é essencial. Como diz Drucker, a grande transformação que se dá é o fato de conhecimento "ter sido sempre um bem privado. Quase de um dia para outro ele se torna um bem público."[28] Ele está se referindo principalmente à ciência e tecnologia. Essa reconceituação de conhecimento tem profundas implicações para propriedade intelectual se estamos procurando uma nova ordem mundial, diferente da ordem colonial.

Uma historiografia que nos dê uma percepção do passado como orientação para o futuro deve repousar sobre estudos comparados da produção científica e da aquisição de ciência nos países centrais e periféricos. Esse é um primeiro ponto de controvérsia. Como fazer comparações com o que não houve? De fato, a produção científica nos países periféricos no apogeu do período de impérios coloniais é, pelos padrões historiográficos vigentes, irrisória.

No entanto, há nesse período uma intensa produção, no sentido amplo, de novos modos de explicar e de fazer. Mas essa produção escapa ao reconhecimento acadêmico, pois não serviu de lastro para o progresso como concebido nos países centrais. A Matemática está, implícita ou explicitamente, incorporada nessa ideia de progresso.

Uma proposta educacional são cursos de História da Matemática focalizando essa produção ignorada, respondendo aos interesses desses países.[29] O processo de desenvolvimento industrial deve ser analisado e para tal é importante desfazer o mito de ser o progresso científico determinante do progresso social e econômico. Com esse falso pressuposto tem havido investimentos maciços em educação e formação de quadros científicos pelos países do Terceiro Mundo após a Segunda Grande Guerra, e os resultados foram irrisórios.

Sobre política científica

Efetivamente, o que se vê ao longo da história, desde a Antiguidade é um investimento modesto, e muitas vezes a contragosto, em ciência pelos governos dos países que se tornaram países sede de grandes impérios, sendo o investimento sempre subordinado a respostas mais imediatas às grandes questões sociais e econômicas.[30] Esse imediatismo tem sido

28 DRUCKER, P. F. *Post-Capitalist Society*. New York: Harper Business, 1993. p.19.

29 Veja uma proposta no meu artigo A Research Program and a Course in the History of Mathematics: Ethnomathematics. *Historia Mathematica*, v.16, p.285-8. 1989.

30 Veja o excelente estudo de DORN, H. *The Geography of Science*. Baltimore: The Johns Hopkins University Press, 1991.

o grande equívoco das políticas científicas. Constata-se que a academia pouco contribuiu para a transferência de conhecimentos tecnológicos e industriais para os países de periferia. O investimento em ciência e tecnologia sem uma infraestrutura social e econômica conduz a nada. E, por mais chocante que possa parecer, o investimento em educação e ciência por si não tem se traduzido na criação da infraestrutura social e econômica que conduz a progresso.[31]

A uma atitude romântica – o fascínio pela ciência e pela cultura nos países periféricos – associou-se o interesse das nações centrais, sede dos impérios coloniais, interessadas na preservação de seu domínio de conhecimento, ciência e tecnologia de ponta. Particularmente interessante é um estudo das áreas da Matemática que são mais cultivadas nos países periféricos. Uma proposta de estudo histórico é analisar que áreas foram apoiadas nesses países.[32]

A procura de novas vias para o progresso tem sido dominada por padrões acadêmicos rígidos, amparados por uma História e Filosofia das Ciências que sugere um progresso científico e tecnológico único, linear, cumulativo. Nesse modelo não há a possibilidade de se escapar da desvantagem atual. "O reboque jamais se aproxima da locomotiva", diz um provérbio indígena norte-americano.

A busca de alternativas historiográficas que conduza a uma história que não venha embebida de um determinismo eurocêntrico, favorecendo a manutenção do *statu quo* e desencorajando a superação da desvantagem atual, é essencial neste momento de questionamento da atual ordem internacional.

---

31 Veja meus artigos Ensino de ciências e desenvolvimento: uma estrutura global para política científica, *Anais do 1º Simpósio Anual da Academia de Ciências do Estado de São Paulo*, ACIESP, São Paulo, 1976. p.165-78; e Knowledge transfer and the universities: a policy dilemma. *Impact of Science on Society*, v.29, n.3, p.223-9. 1979.

32 Veja o livro citado na nota 10.

6 HISTÓRIA DA MATEMÁTICA: O PENSAMENTO DA FILOSOFIA GREGA ANTIGA E SEUS REFLEXOS NA EDUCAÇÃO MATEMÁTICA DO MUNDO OCIDENTAL

Irineu Bicudo[1]

I A filosofia grega e a matemática

O matemático profissional, eliminado tudo o que seja supérfluo, está constantemente preocupado com duas operações de sua razão: DEFINIR os conceitos de uma certa teoria e DEMONSTRAR as propriedades desses conceitos.

Ora, definir um conceito é explicá-lo em termos de outros conceitos, estes anteriormente definidos, e demonstrar uma propriedade de um conceito, expressa por uma proposição, é mostrá-la decorrente de outras proposições, já antes demonstradas, por meio de regras de inferências fornecidas pelo Cálculo dos Predicados de Primeira Ordem com Igualdade, isto é, pela Lógica costumeiramente usada na matemática.

Como tanto o definir quanto o demonstrar, na concepção enunciada, levam a um retrocesso indefinido, temos um sério problema a resolver. E a solução proposta pelo matemático, num caso e no outro, é aceitar uns tantos conceitos sem definição e umas tantas propriedades desses conceitos sem demonstração, assumindo o compromisso de, a partir daí, definir todos os outros conceitos e demonstrar todas as outras propriedades dos conceitos envolvidos.

---

1 Professor Titular do Departamento de Matemática – IGCE – UNESP – Rio Claro – SP. Professor do Programa de Pós-Graduação em Educação Matemática – IGCE – UNESP – Rio Claro – SP.

Os conceitos aceitos sem definição denominam-se CONCEITOS PRIMITIVOS; os outros, CONCEITOS DERIVADOS. As proposições acolhidas sem demonstração chamam-se AXIOMAS (ou POSTULADOS); as outras, TEOREMAS.

Assim, as teorias matemáticas estão assentes sobre: conceitos primitivos e conceitos derivados, axiomas e teoremas.

Essa é, grosseiramente falando, a arquitetura da matemática que nos foi doada pelo pensamento grego dos V e IV séculos a. C., e sistematizada por Euclides em sua obra ELEMENTOS (*stoicheia*), três séculos antes de nossa era.

Sem nos reportarmos à China ou à Índia, sabemos do apreciável conhecimento matemático dos egípcios e do substancial conhecimento matemático dos babilônios em épocas que precederam os séculos acima assinalados. No entanto, em que pese o enorme volume dos achados arqueológicos provenientes dessas civilizações, não conseguimos encontrar, em seus textos matemáticos, nada que lembre, o mais remotamente possível, a ideia de uma demonstração. Suas obras são coletâneas de problemas, mais ou menos interessantes, cujas soluções são encaminhadas por meio de passos recomendados, como instruções para as etapas de um ritual, sem qualquer explicação. Convém observar que uma particular placa cuneiforme, conhecida como Plimpton 322, mostrou-se, sob a análise do grande historiador da matemática Otto Neugebauer, como uma tabela de geração de ternas pitagóricas, isto é, de ternas de números positivos x, y, z tais que $x^2 + y^2 = z^2$. Podemos verificar, por esse exemplo, o caráter já mais abstrato da matemática babilônia, em relação à egípcia.

Feitas todas as contas, considerados todos os fatos, levadas a efeito todas as interpretações, chegamos indubitavelmente ao resultado: o critério que rege o saber matemático, quer egípcio quer babilônio, é a EMPEIRIA, a experiência. É necessário VER para CRER.

As fontes de que dispomos, Heródoto, Aristóteles, Proclo (este usando, possivelmente, a História da Geometria, escrita por Eudemo, discípulo de Aristóteles, obra que não resistiu à fúria do tempo, não chegando até nós) são unânimes em afirmar que os gregos herdaram – por meio de Tales – a matemática (geometria) dos egípcios. Mas, em algum ponto da história, no cadinho em que se formou o pensamento grego, em geral, e o pensamento matemático grego, em particular, uma faísca de genialidade alterou o material. Disso resultou não bastar mais ver para crer; para CRER era preciso PROVAR. O mundo sensível era mutável e ilusório. Havia mister de apreender o estável por trás da mudança, a unidade que se escondia na multiplicidade, o eterno no perecível. Substituir o olho do ver, órgão dos sentidos, pelo olho do compreender, órgão do entendimento, a razão.

Advoga-se, nesse ponto, que a filosofia, o estudo mais abrangente, influenciou a matemática.

Como brotou a filosofia grega?

No modo de ver de muitos estudiosos da Antiguidade, a expressão "filosofia grega" é redundante. Basta a palavra filosofia! Se entendermos por ciência (leia-se filosofia), afirma Windelband, aquele trabalho independente e autoconsciente da inteligência que procura metodicamente o saber, pelo saber, então vamos primeiramente achá-la entre os gregos, e os gregos do sexto século a. C. Não que faltassem aos grandes povos civilizados, da mais remota antiguidade, informações acumuladas sobre assuntos específicos, ou opiniões gerais sobre o universo. No entanto, aquelas informações provinham de necessidades práticas e essas opiniões, da imaginação mítica, e assim permaneceram sob o controle, por um lado, das exigências cotidianas, por outro, da poesia religiosa. Um tipo limitador de mentalidade impediu, na ausência de atividade de indivíduos, um desenvolvimento independente e fecundo de tais informações e de tais opiniões.

É claro que semelhantes relações existiam entre os gregos. Mas, a partir da época mencionada, o forte movimento da vida nacional libertou os poderes mentais desse povo. É o desenvolvimento democrático de constituições que, nas ardentes lutas partidárias tendiam a revelar a independência das opiniões e julgamentos individuais, parece ter contribuído mais substancialmente para esse resultado do que o refinamento e a espiritualização da vida trazidos pela crescente riqueza do comércio.

Como o exagero parece ser inerente à condição humana, razão pela qual o pêndulo das ações dos homens oscila sempre de um extremo a outro, o vigoroso desenvolvimento do individualismo enfraqueceu os antigos liames da consciência coletiva, da fé e da moral, ameaçando a juvenil civilização grega com os perigos da anarquia. Então, alguns homens eminentes tomaram a si a tarefa de, em suas próprias reflexões, recuperarem aquela justa medida que escorria, por entre os dedos da exuberância individual, para o chão do destino.

Também um tal movimento cavou trincheiras na vida religiosa, em que a oposição entre os velhos cultos dos mistérios e a atraente mitologia nacional forjavam um grande número de tipos especiais.

Desse modo nasce a filosofia. A reflexão independente dos indivíduos, auxiliada pelas flutuações da imaginação religiosa, estende-se das questões da vida prática ao conhecimento da natureza, libertando-se, assim, dos fins externos, procurando o conhecimento por ele mesmo, o que, desde então, passou a ser o cerne dessa ciência.

A filosofia grega, afirma Zeller, foi uma criação original e tem sido de importância no desenvolvimento, como um todo, de nossa civilização ocidental. Nunca um povo, antes, julgou sua própria natureza e as instituições, a moral e os costumes por ele produzidos com maior imparcialidade do que o grego. Nunca, antes, um povo olhou o mundo circundante ou perscrutou as profundezas do universo como ele. Foi tal imparcialidade, combinada com um forte senso de realidade e com um, igualmente forte, poder de abstração, que o habilitou a colocar, no lugar de um mundo mitológico, um mundo de ideias, construído pela força do pensamento humano independente, o Logos, e a explicar a realidade de um mundo natural.

Para que, mesmo em rápidas pinceladas, possamos nos dar conta da ligação estreita entre a filosofia e a matemática, comecemos por rever o que é conhecido como o Sumário de Eudemo, do modo como Proclo nos transmite em sua obra *Comentário ao Primeiro Livro dos Elementos de Euclides*.

II O sumário de Proclo

Proclo, como relata Allman, depois de atribuir a origem da geometria aos egípcios, que de acordo com a tradição, foram levados a inventá-la para fazerem justiça aos pagadores de impostos, prejudicados pelas periódicas cheias do Nilo, e depois de observar que, de modo algum, é estranho originar-se de necessidades práticas a ciência e de asseverar ser esperada a passagem da percepção sensorial à reflexão e desta ao conhecimento, assegurava que Tales, tendo visitado o Egito, trouxe primeiramente esse conhecimento (isto é, a geometria) para a Grécia; que ele descobriu muitas coisas por si mesmo, e comunicou o começo de muitas a seu sucessores, algumas das quais ele tentou de um modo mais abstrato (*kathaolikoteron*). E algumas de uma maneira mais intuitiva ou sensível (*aistetikoteron*).

Depois dele, Ameristo [ou Mamerco], irmão do poeta Stesichoro, é mencionado como celebrado por seu zelo no estudo da geometria; e Hippias de Elis registrou ter ele ganho alguma reputação por sua geometria.

Depois deles, Pitágoras mudou-a em uma forma de ciência liberal, considerando seus princípios de um modo puramente abstrato, e investigou seus teoremas de um ponto de vista imaterial e intelectual (*aülos kai noeros*); também descobriu a teoria das quantidades incomensuráveis (*ton alogon pragmateian*) e a construção das figuras cósmicas [os sólidos geométricos].

Depois deles, Anaxágoras de Clazomenae contribuiu muito para a geometria como também o fez Enopides de Quios, que era um pouco mais novo do que Anaxágoras; e Platão mencionou-os em seu "Rivais" (*erastae*) como tendo ganho fama por sua matemática.

Depois desses, Hipócrates de Quios, que achou a quadratura da lúnula, e Teodoro de Cirene tornou-se famoso em geometria. Desses, cujos nomes chegaram até nós, Hipócrates é o primeiro escritor de ELEMENTOS.

Platão, que viveu depois deles, contribuiu para o progresso da geometria e das outras ciências matemáticas, por meio de seu estudo desses assuntos, e através da matemática introduzida em seus escritos. Entre seus contemporâneos estavam Leodamas de Thasos, Árquitas de Tarento, e Theeteto de Atenas, todos eles tendo adicionado teoremas ou colocado-os em uma base mais científica.

A Leodamas sucedeu Neocleides, e seu discípulo foi Leon, que adicionou muito ao que tinha sido feito antes. Leon também compôs ELEMENTOS que, relativamente tanto ao número como ao valor das proposições provadas, estavam compostos mais cuidadosamente; ele também inventou aquela parte da solução de um problema chamada sua determinação (diorismos), cujo propósito é determinar quando um problema sob investigação é capaz de ter solução e quando não o é. Eudoxo de Cnido, um pouco mais jovem do que Leon, e um membro do grupo de Platão, foi o primeiro a aumentar o número dos teoremas gerais; às três proporções já conhecidas adicionou mais três e também desenvolveu mais as coisas começadas por Platão concernentes à secção, fazendo uso, para esse propósito, do método analítico (*tais analysesin*).

Amiclas de Heracles, um dos seguidores de Platão e Menechmo, um discípulo de Eudoxo e também um associado de Platão, e seu irmão, Dinostrato, tornaram o todo da geometria mais perfeito. Theudio de Magnésia parece ter-se distinguido em matemática, bem como em outros ramos da filosofia, porque fez um excelente arranjo dos ELEMENTOS e generalizou muitas proposições particulares. Atheneo de Cizico [ou Cizicino de Atenas] por volta da mesma época tornou-se famoso em outros estudos matemáticos, mas especialmente em geometria. Esses homens viveram junto na Academia, fazendo suas pesquisas em comum.

Hermotimo de Colofon desenvolveu mais o que tinha sido feito por Eudoxo e Theeteto, descobriu muito dos ELEMENTOS e escreveu alguma coisa sobre Lugares. Filipo de Mende, um discípulo de Platão, e levado por ele aos estudos matemáticos, fez pesquisa sob a orientação de Platão, e ocupou-se com aquilo que, pensava, avançaria a filosofia platônica. Até aqui aqueles que escreveram sobre a história da geometria trouxeram o desenvolvimento da ciência.

Desse excerto destacam-se alguns fatos importantes.

(i) Os primeiros matemáticos mais conhecidos, como Tales e Pitágoras, estão também entre os primeiros filósofos.

(ii) Tales já aborda a matemática de um modo abstrato (*algumas das quais ele tentou de um modo mais abstrato*), mas, às vezes, com apelo ainda ao sensível (e *algumas de uma maneira mais intuitiva ou sensível*). Pitágoras, no entanto, altera de vez a concepção dessa disciplina, ao mudá-la em *uma forma de ciência liberal, considerando seus princípios de um modo puramente abstrato, investigando seus teoremas de um ponto de vista imaterial* e *intelectual* (é interessante notar a palavra grega para "imaterial", *áülos*, proveniente do prefixo de privação, *a*, e do substantivo *hule* que, figuradamente, significa *matéria de que uma coisa é feita*, dando, a seguir, *matéria* no sentido filosófico).

(iii) A influência de Platão e de sua Academia no desenvolvimento da matemática. Teodoro, Theeteto e Eudoxo, três dos mais criativos matemáticos da Antiguidade, (os dois últimos responsáveis por substancial parte do que é exposto nos ELEMENTOS de Euclides) têm seus nomes ligados ao daquele filósofo.

De qualquer modo, a filosofia e a matemática são fios que se misturam na textura do pensamento grego e, por extensão, do pensamento ocidental. Burnet (1914) afirma que "*o desenvolvimento da filosofia grega depende do progresso da descoberta científica, e especialmente da matemática, mais do que de qualquer outra coisa...*" (p.2) E ainda que, "*do ponto de vista platônico, não pode existir filosofia onde não haja ciência racional*" (p.3). Por fim, que "*deveria ser juntado que o desenvolvimento das ciências matemática e biológica, em um dado tempo, determina, em larga medida, o caráter de sua filosofia*". É possível ver "*como a influência matemática culmina em Platão, e a biológica em Aristóteles*" (p.9).

III A área de pesquisa

O tempo de Platão transcorre no que foi, talvez, o mais rico período do pensamento grego, caracterizado por *uma orientação* e *uma intensidade particulares da vida espiritual*. Ao passo que as outras formas de atividade dessa vida espiritual, as artes plásticas, a tragédia, a meditação filosófica e a história, já tinham atingido a maturidade em épocas e por gerações que precederam Platão; a Grécia assiste, durante a era platônica, ao intenso desenvolvimento de uma de suas mais notáveis criações, a ciência matemática sob a forma de geometria, como será, em sua maior parte, encontrada, um século mais tarde, nos ELEMENTOS de Euclides. Como assevera Mugler (1948),

> esse progresso da jovem ciência fazia-se sobre uma certa base de conhecimentos adquiridos pela geração precedente, constituída por resultados encontrados por alguns pesquisadores isolados e por toda uma corporação de sábios que se reunia em torno do nome de Pitágoras. A geometria tinha já, portanto, nessa época, passado a idade da infância. Tinha preservado o entusiasmo da infância, mas juntava uma visão mais clara de seus fins. (p.xiii)

Mas esse arrebatamento, típico do início e dos primeiros triunfos de qualquer empreitada humana, teve por consequência uma desmedida esperança no poder e no alcance das especulações matemáticas. Mas,

> Acima da Verdade estão os deuses.
> A nossa ciência é uma falhada cópia
> Da certeza com que eles
> Sabem que há o Universo.[2]

A crise criada pela descoberta de magnitudes incomensuráveis (*os deuses vendem quando dão*) separam os espíritos. Uns, diz Mugler (1948), não conseguindo restabelecer-se de sua decepção, desviam-se da geometria para seguir as sendas menos árduas da meditação filosófica. Outros pensadores permaneciam fiéis à matemática, conscientes doravante dos limites de sua ciência, mas guardando uma fé inabalável em seu destino. Com a silenciosa obstinação das grandes paixões do espírito, põem-se a examinar as razões da derrota suportada por seus predecessores, a alargar os conceitos muito estreitos que os haviam deixado sem recurso nos impasses em que se engajaram, a aprofundar e a precisar a visão das formas geométricas e a percepção de suas mútuas relações. Esses esforços do segundo período da geometria grega, na época de Platão, enriqueciam o patrimônio das verdades matemáticas conhecidas, ao mesmo tempo que começavam a fazer aparecer daí a ordem hierárquica em um sistema de apresentação. Pela amplitude de suas visões e de suas aspirações, conferiam à investigação matemática uma plenitude e uma intensidade espirituais que as descobertas mais esporádicas da época precedente jamais puderam alcançar, e que se tornaram, desde então, um modelo sempre seguido na pesquisa dessa ciência.

---

2 FERNANDO PESSOA. *Poemas de Ricardo Reis*. Edição crítica de Fernando Pessoa. Lisboa: Imprensa Nacional, Casa da Moeda, 1994. v.3.

Foi preciso esperar que um pensador da grandeza de Platão não ficasse indiferente ao campo magnético que deveria criar uma corrente intelectual tão poderosa.

Como salienta, ainda, Mugler, mesmo que não tivéssemos traços diretos das preocupações matemáticas do grande filósofo, mesmo que os desenvolvimentos geométricos nos diálogos tivessem se perdido por algum acaso da história dos textos e que a mesma fatalidade houvesse suprimido o testemunho dos comentadores e dos doxógrafos, ainda assim o caráter enciclopédico de sua obra, compreendendo e refletindo a totalidade da vida intelectual e artística dos gregos, autorizar-nos-ia a atribuir-lhe o mais vivo cuidado relativamente a essa ciência em plena evolução. Mas há passagens matemáticas nos diálogos mostrando os interlocutores no ato de discutir questões da geometria da época ou de fazer alusão a ela; há os testemunhos de Proclo, de Eutócio e de Diógenes Laércio, associando o nome de Platão à invenção de certos métodos de investigação geométrica; há a lenda da inscrição à entrada da Academia tornando um conhecimento da geometria condição necessária à admissão ao círculo dos discípulos do filósofo (*ninguém, que ignore a geometria, entre*), e há uma legenda religiosa, transmitida por Theon de Smirna e por Eutócio, em que Platão aparecia, num misto de curiosidade científica e de fé mística, como uma autoridade, ao mesmo tempo, na interpretação dos oráculos e em matéria de geometria, com um prestígio comparável ao de Pitágoras nas legendas pitagóricas. Todos esses traços, meio lendários, meio históricos, concorrem para atribuir a Platão, no que tange à geometria, uma atitude mais que puramente contemplativa. Sugerem a hipótese de que o novo progresso da ciência matemática, no começo do século IV a. C. é, em parte, obra sua.

O núcleo de nossa área de pesquisa consiste na análise dessa hipótese, da tentativa de determinar a parte de Platão nesse progresso, encontrando, para isso, as relações de suas ideias filosóficas com aquela concepção da matemática que, a partir de então, moldou um modo, até hoje dominante, de encararmos essa ciência.

Há, como bem salienta Wedberg (1955), principalmente, cinco grupos de teorias sobre a natureza da matemática que ou são sugeridas pelo próprio Platão ou são a ele atribuídas por Aristóteles. Tais grupos podem, resumidamente, ser assim descritos:

1 Teorias que localizam os objetos da matemática em uma pressuposta divisão do universo.

2 Teorias concernentes à geração (não temporal), no domínio das Ideias, dos chamados Números Ideais.

3 A teoria de que todas as Ideias são números.

4 Teorias que tratam da explanação do mundo sensível em termos de espaço e de noções matemáticas.

5 Pontos de vista referentes à metodologia da matemática.

A discussão de questões matemáticas nos diálogos diz respeito, essencialmente, aos problemas pertencentes aos grupos 1, 4 e 5. Considerações pertinente a 1 são apresentadas especialmente no "Fédon", na "República", no "Filebo", no "Theeteto" e na "Sétima Carta". A fonte principal para 4 é o "Timeu". A "República" é o diálogo em que Platão expõe 5 do modo mais explícito. Os dois últimos livros da "Metafísica" (M e N) são o lugar em que Aristóteles dá a mais ampla informação, no que tange à filosofia matemática de Platão. Toca, em geral com um espírito crítico, em muitos dos pontos de vista sobre a matemática que podem ser encontrados nos diálogos e, portanto, é frequentemente possível basear a interpretação dos pontos de vista de Platão em um estudo comparativo das próprias afirmações de Platão e do relato crítico de Aristóteles daquilo que ele creia ser a posição de Platão. Em alguns casos, no entanto, a saber, no que diz respeito aos grupos 2 e 3, temos apenas o testemunho de Aristóteles, sem qualquer confirmação visível nos trabalhos publicados de Platão. Concernente a esses grupos de teorias, 2 e 3, não parece possível chegar a uma opinião moderadamente segura sobre como devam ser interpretados.

Para o grupo 2, por exemplo, os dois princípios a partir de que, segundo Aristóteles, Platão geraria os Números Ideais – a saber, o Um e "o maior e o menor" ("a díade indefinida") – podem pertencer ao mesmo domínio de pensamento exposto no "Filebo" 23c-26d. Mas, dificilmente, a geração, no "Filebo", da classe mista a partir do Limite (*peras*) e do Ilimitado (*apeiron*) pode ser suposta compreender também a geração dos Números Ideais. Os Números Ideais, sendo Ideias, não poderiam ser referidos à classe mista.

Na mesma passagem, Platão indica métodos para gerar a série numérica. No "Fédon" 105c, a presença da unidade (*monas*) diz-se ser aquilo que torna ímpar um número ímpar. O método de geração parece implicar que (*i*) cada número impar é criado pela adição de uma unidade a um número par, e que (*ii*) nenhum número par é criado por tal adição a um número. A passagem não menciona como os números pares devam ser gerados. É razoável supor-se que o sejam por duplicação, pela multiplicação por 2. Essa suposição pode mesmo ser derivada da palavra grega usada para par, *artios*, que significa, em geral, "que se adapta" (como o resultado da "adaptação" de "duas partes", daí múltiplos de dois), derivada do advérbio "*arte*" que significa "justo, justamente". Aliás, a palavra grega usada para ímpar, *perissos*, derivada do advérbio/preposição *peri*, que exprime a ideia de circundar completamente e mesmo por cima, donde os empregos indicando a superioridade, *perissos* significa "que excede a medida" (excede um número par, isto é, o justo, por uma unidade). Assim a série numérica seria gerada pelo número inicial 2 (*i*) pela adição de uma unidade a um número par e (*ii*) pela duplicação de qualquer número obtido, dando:

$$2,\ 2 + 1,\ 2 \times 2,\ (2 \times 2) + 1,\ 2 \times (2 + 1), \ldots$$

Embora os papéis desempenhados por 1 e 2, nesse método de construção, tragam à mente aqueles tomados pelo Um e pela díade indefinida, na exposição de Aristóteles, parece muito difícil identificar a geração dos Números Ideais, de que fala este último, com a geração da série numérica. Isso já é proibido pelo fato de o método de Fédon repousar sobre operações aritméticas sendo, então, apenas aplicável aos Números Matemáticos, jamais ao Números Ideais.

Também, em um certo sentido, Platão gera a série dos números em Parmênides 143a-144a, mas tal geração também é aritmética e, portanto, incompatível com a natureza dos Números Ideais.

Quanto a 3, não existe qualquer traço nos diálogos da doutrina de que todas as Ideias sejam números. Ao contrário, quando Ideias numéricas são discutidas, são tratadas em pé de igualdade com as outras Ideias não numéricas.

Desse modo, o tratamento dos problemas referentes aos grupos 2 e 3 abrem, à pesquisa, o amplo campo, atualmente em grande ebulição, das "doutrinas não escritas" de Platão.

IV Sobre as possibilidades da área

Esperamos que a breve exposição acima dessa região de estudo deixe clara suas amplas e ricas possibilidades.

Algumas dificuldades impõem-se àqueles que a ela queiram se achegar. As mais graves talvez sejam a enorme pobreza, na área, das bibliotecas de nossas universidades (assinale-se aqui a avareza com que certas bibliotecas se omitem ao empréstimo de suas obras; parece que o sonho de muitos bibliotecários brasileiros é ter os livros intocavelmente arranjados em suas estantes) e a necessidade, dependendo do nível da pesquisa, de aprendizado da língua grega clássica.

Referências bibliográficas

BICUDO, I. Platão e a Matemática. *Letras Clássicas (São Paulo)*, n.2, 1998.

______. Matemática: Ciência ou Técnica. *HypnoΣ (São Paulo)*, n.4, 1998.

BURNET, J. *Greek Philosophy*: Thale to Plato. London: The Macmillan Press Ltda, 1914.

CHANTRAINE, P. Dictionnaire Étymologique de la Langue Grecque. Paris: Klincksceck, 1983.

MUGLER, C. *Platon et la Recherche Mathématique de son Époque*. Strasbourg: P. H. Heitz, 1948.

PLATÃO. *OPERA I-V*. J. Burnet (Ed.) London: Oxford Classical Texts, 1985.

WEDBERG, A. Plato's Philosophy of Mathematics. Stockholm: Almquist & Wiksell, 1955.

WINDELBAND, W. A. History of Philosophy. New York: Harper & Brothers, 1901.

ZELLER, E. Outlines of the History of Greek Philosophy. New York: Dover, 1980.

7 A PESQUISA EM HISTÓRIA DA MATEMÁTICA E SUAS RELAÇÕES COM A EDUCAÇÃO MATEMÁTICA

Rosa L. S. Baroni
Sergio Nobre[1]

Introdução

O Movimento de Educação Matemática incorpora, de tempos em tempos, alguns componentes novos que visam, em uma primeira instância, fornecer instrumentos metodológicos que possam ser utilizados pelo professor de Matemática em suas atividades didáticas. Estes "instrumentos" são introduzidos através de, inicialmente, uma reflexão teórico-metodológica e são divulgados sob o ponto de vista de "propostas didático-pedagógicas". Como exemplo, evidenciamos as inúmeras atividades envolvendo a utilização de "Resolução de Problemas" como forma de garantir uma melhor compreensão por parte dos alunos. A "Modelagem Matemática", a "Etnomatemática", a "Informática", dentre outros, são também exemplos de importantes estudos teórico-educacionais que proporcionam avanços nas relações educacionais voltadas ao trabalho diário do Professor de Matemática. A História da Matemática é um destes "instrumentos" que, nos últimos tempos, vem ganhando um certo destaque no meio acadêmico-educacional. Há, no entanto, assim como em todas as áreas citadas acima e também nas que não foram mencionadas,

---

1 Professores do Departamento de Matemática – IGCE – UNESP – Rio Claro – SP. Coordenadores do Grupo de Pesquisa em História da Matemática e/ou suas Relações com a Educação Matemática. Professores do Programa de Pós-Graduação em Educação Matemática da mesma instituição.

que se ter cautelas quando se trata de "propor o trabalho em sala de aula, nas aulas de Matemática, com a utilização da História da Matemática". A História da Matemática, assim como a Análise, a Álgebra, a Topologia etc., é uma área do conhecimento matemático, um campo de investigação científica, por isso é ingênuo considerá-la como um simples instrumento metodológico. Dessa forma, é plausível dizer que tanto quanto o conteúdo matemático, há a necessidade de o professor de Matemática conhecer sua história, ou seja: A História do Conteúdo Matemático. Há, no entanto, que se considerar que a História da Matemática, como área de investigação científica, não possui muitos adeptos nos grandes centros acadêmicos brasileiros. Isso nos leva a constatar que parte significativa dos Matemáticos que desenvolvem pesquisas em Matemática e atuam em cursos de graduação nunca estudou História da Matemática. Muitas vezes estes docentes universitários dominam somente um pouco sobre a história dos conteúdos que são objetos de suas pesquisas. Como decorrência a isto há pouco empenho em se introduzir a disciplina História da Matemática nos cursos de graduação, e, naqueles cursos nos quais há esta disciplina, ela é, com raras e honrosas exceções, considerada de "segunda classe". Nesse sentido há um ciclo que se forma e a deficiência relativa à História da Matemática entre aqueles que desenvolvem suas atividades em torno da Matemática se generaliza. A necessidade de se pensar a História da Matemática como área de investigação científica nos leva a reflexões outras, que dizem respeito à História da Matemática e suas Relações com a Educação Matemática, pois somente a formação do pesquisador em História da Matemática não basta, pois este deve ter também o compromisso com a formação de novos pesquisadores, ou seja com a Educação.

A Pesquisa em História da Matemática no Brasil: uma visão geral

O tema de investigação científica relativo à História da Matemática possui uma enorme abrangência que é resumida pelo Prof. Dr. Hans Wussing, um dos mais respeitados pesquisadores em História da Matemática do mundo – ganhador do Prêmio Kenneth O. May em 1993, nos seguintes itens:

a) história de problemas e de conceitos;
b) as interligações entre Matemática, Ciências Naturais e Técnica;
c) biografias;
d) organizações institucionais;

e) a Matemática como parte da cultura humana;
f) influências sociais ao desenvolvimento da Matemática;
g) a Matemática como parte da formação geral do indivíduo;
h) análise histórica e crítica de fontes literárias.[2]

A análise destes itens, tendo em vista a investigação científica em História da Matemática no Brasil, requer algumas considerações gerais:

1 O item *a) história de problemas e conceitos* é, por sua amplitude, o que possui maior densidade de trabalhos investigativos no panorama internacional. No Brasil, no entanto, não é plausível dizer, por exemplo, que se pode realizar, sem dificuldades, investigação pura[3] em História da Matemática sobre temas que foram desenvolvidos originalmente na Europa ou em outras regiões como o mundo árabe, a Índia, a China etc. onde as fontes primárias se encontram. Há, no entanto, que se ter o bom-senso e dizer que alguns trabalhos investigativos na área da História da Matemática podem perfeitamente ser realizados a partir de textos publicados originalmente, ou então a partir de seus fac-símiles. A análise histórica, neste caso, pode possuir conotações diferenciadas àquelas realizadas nos grandes centros científicos e contribuir com novas interpretações históricas sobre os assuntos investigados.

2 Com relação aos itens *b) as interligações entre Matemática, Ciências Naturais e Técnica, e) a Matemática como parte da cultura humana* e *f) influências sociais ao desenvolvimento da Matemática*, pode-se dizer que existe um amplo campo de investigação científica em História da Ciência, em especial, em História da Matemática no Brasil. Este campo diz respeito, de forma geral, ao "impacto causado com a vinda da ciência ocidental ao Brasil". Isto deve ser analisado em todos os níveis. Tanto em nível restrito ao desenvolvimento da Ciência Matemática como área de conhecimento, como em suas relações com as outras Ciências e também com a Técnica. Importante ressaltar é a relação que há entre o desenvolvimento desta Ciência e sua divulgação e transmissão. Neste caso, encontra-se a Educação Matemática envolvida em todos os âmbitos: restrito às Academias, através da formação de novos matemáticos e professores de Matemática e nas Escolas Elementares, através de seu ensino.

3 Com relação aos itens *c) biografias, d) organizações institucionais* e *h) análise histórica* e *crítica de fontes literárias*, pode-se dizer há um campo

2 Estes itens são abordados no capítulo Fragen an die Geschichte der Mathematik do livro *Vom Zählstein zum Computer*, p.5.

3 Investigação pura no sentido restrito da palavra. Aquela que culmina em trabalhos originais e que, para tal, necessita de fontes originais.

totalmente aberto e inexplorado, naquilo que diz respeito à História do desenvolvimento da Matemática no Brasil.

4 O item *f) a Matemática como parte da formação geral do indivíduo* é o que está mais intimamente ligado à Educação Matemática. É com relação a este item que vamos aprofundar este texto. Há duas vertentes importantes ligadas à pesquisa histórica relativas a este item: "A História da 'formação geral do indivíduo' e suas relações com a Matemática", ou seja, a "História da Educação Matemática", e a "Contribuição da História da Matemática para a 'formação geral do indivíduo'" – em especial, para sua "formação matemática".

A partir destas quatro considerações gerais, especificamos o que diz respeito à Pesquisa em História da Matemática e suas Relações com a Educação Matemática.

Relações entre História e Educação Matemática: um amplo campo de pesquisa

Ao desenvolvermos estudos relativos às contribuições da História da Matemática para a Educação Matemática, percebemos que é necessário muita cautela, pois pode-se incorrer no erro de simplesmente assumir a História da Matemática como elemento motivador ao desenvolvimento do conteúdo. Sua amplitude extrapola o campo da motivação e engloba elementos cujas naturezas estão voltadas a uma interligação entre o conteúdo e sua atividade educacional. Essa interligação se fortalece a partir do momento que o professor de matemática tem o domínio da história do conteúdo que ele trabalha em sala de aula. Com base nesta importante consideração, desenvolvemos estudos visando à pesquisa científica na área educacional. O tema central da pesquisa histórica diz respeito às Relações entre a História e a Educação Matemática, tema este que pode ser dividido em várias frentes:

1 A História da Educação Matemática;

2 As Concepções dos Professores de Matemática em Relação à História da Matemática;

3 A História da Matemática na Formação do Matemático e do Professor de Matemática;

4 A Utilização da História da Matemática como Recurso Pedagógico.

Estes tópicos possuem ligações entre si, além de possuírem subitens próprios.

(1) A História da Educação Matemática, por exemplo, engloba temas de extrema importância tanto para a compreensão do desenvolvimento da Matemática no Brasil como para a de seu Ensino. São vários os subitens que se incorporam a este item, dentre os quais listamos:

- A História das Instituições – sejam elas de formação de matemáticos e professores de matemática, ou instituições do ensino médio, básico, profissional, militar, específico etc.;
- História dos processos pedagógicos por meio de análise histórica de materiais pedagógicos, de livros didáticos adotados, de ementas curriculares, de sistemas de avaliação etc.;
- História das propostas pedagógicas e dos organismos responsáveis por suas elaborações. O processo de implantação destas propostas. Os principais mentores etc.;
- História de publicações destinadas a professores – revistas, periódicos, manuais etc.;
- História de pessoas significativas ao desenvolvimento da Educação Matemática no país;
- História de disciplinas;
- Etc.

(2) Outro tema que é abordado por nós diz respeito às Concepções dos Professores de Matemática em Relação à História da Matemática. Antes de qualquer tentativa metodológica com a utilização da História da Matemática, é importante que se tenha uma visão a respeito das concepções do professor sobre o tema. Este item está diretamente ligado à formação do Professor de Matemática, formação esta que é assunto de discussão em diversas instâncias no meio acadêmico

(3) O tema que demonstra ser o mais importante na atualidade, devido à constatação de inúmeras falhas no processo de formação profissional, está relacionado à História da Matemática na Formação do Matemático e do Professor de Matemática. Um fato constatado diz respeito à disciplina História da Matemática nos cursos de graduação em Matemática. São poucos os cursos de graduação que possuem em seu rol de disciplinas a disciplina História da Matemática. Com isto, inicia-se o problema. Em sua formação o professor não teve oportunidade de conhecer os pressupostos básicos acerca da História do Conteúdo que ele irá usar em suas atividades didáticas. A não ser em raros casos de interesse pessoal, e de muita disposição e disponibilidade para estudos extras, o professor não consegue estabelecer relações entre o conteúdo desenvolvido em sala de aula e sua história. Como decorrência a isto, volta-se ao parágrafo

anterior evidenciando-se a importância de se detectarem as concepções dos professores de Matemática acerca da História da Matemática. No que diz respeito à História da Matemática na Formação do Profissional em Matemática, destacamos algumas frentes de pesquisa:

- Pesquisas históricas em assuntos que estão intimamente ligados à formação matemática do aluno de graduação. Este ramo de investigação científica diz respeito ao desenvolvimento histórico de conteúdos específicos da Matemática. O produto destas pesquisas é um rico material de auxílio tanto ao professor universitário quanto ao aluno de graduação. De posse deste material, o professor universitário pode tomar conhecimento da história minuciosa de determinados conteúdos que ele leciona, o que pode propiciar até um aprimoramento na forma de transmissão de tais conteúdos. Para o aluno, o conhecimento da história dos conteúdos pode contribuir para uma melhor compreensão dos mesmos;
- Pesquisas sobre propostas de trabalho voltadas ao desenvolvimento da disciplina História da Matemática nos cursos de graduação. Neste item destacam-se: propostas metodológicas, ementas, atividades especiais etc.;
- Pesquisas sobre o trabalho com conteúdos específicos de um curso de graduação, tendo como referencial seu desenvolvimento histórico;
- Pesquisas sobre atividades paralelas em História da Matemática a serem desenvolvidas por alunos de graduação em projetos de iniciação científica, entre outros;

(4) Deixado propositadamente por último, o tema A Utilização da História da Matemática como Recurso Pedagógico é o mais delicado e o que possui maior dificuldade de viabilização. Do ponto de vista metodológico, a comunidade científica internacional busca discutir a viabilização de propostas que venham a servir como parâmetros para a possível atuação em sala de aula. No entanto, estas propostas ainda possuem o caráter de "ensaios". Com o objetivo de aprofundar tais questões, foi realizada no mês de abril de 1998, na cidade de Marseille, França, a "ICMI Study Conference" intitulada "The role of the history of mathematics in the teaching and learning of mathematics", como preparação para o 9º Congresso Internacional de Educação Matemática (ICME), a ser realizado no ano 2000 em Tóquio, Japão. A organização desta "Conference" esteve a cargo do Grupo Internacional de Estudos sobre as Relações entre História e Pedagogia da Matemática (HPM) e seu intuito principal foi a organização de um "Study Book", que deverá ser publicado antes da realização do ICME

e que servirá de subsídio para as discussões relativas ao tema "História e Educação Matemática" e possibilitará uma visão ampla das tendências que permearão esta área de investigação científico/educacional no início do século XXI. Os objetivos centrais da Conferência estavam centralizados em alguns pontos:

- examinar e avaliar o estado atual das investigações na área;
- fornecer recursos para professores e investigadores e para aqueles que trabalham com desenvolvimento curricular;
- indicar linhas para pesquisas futuras;
- dar orientações e informações sobre História e Pedagogia da Matemática para as políticas educacionais de diferentes países.

Resumindo, voltamos a ressaltar a importância deste tema e, ao mesmo tempo, destacamos que a pesquisa sobre ele carece de bases teóricas sólidas. E, para isto, deve-se ter como princípio a reflexão sobre o processo educacional, adicionada ao aprofundamento do conteúdo histórico.

Conclusão

A pesquisa em História da Matemática, por ter sido objeto de interesse de poucos pesquisadores ao longo desses anos, constitui um ramo profícuo de investigação, principalmente no que diz respeito à História da Matemática como Recurso Pedagógico. O estudo do papel da História da Matemática no desenvolvimento do ensino e aprendizagem da matemática tem crescido nos últimos anos, mas ainda não possui fundamentações sólidas que possam se constituir em parâmetros claros de atuação.

Em particular, a pesquisa em História da Matemática no Brasil tem campos praticamente inexplorados, como em relação a biografias, organizações institucionais e análise histórica e crítica de fontes literárias, assim como há outros, principalmente relacionando História e Educação Matemática, com potencial enorme de crescimento.

O Grupo de Pesquisa em História da Matemática e/ou suas relações com Educação Matemática tem se dedicado, principalmente, a pesquisas sobre:

- História das Instituições;
- História de pessoas significativas ao desenvolvimento da Educação Matemática no Brasil;
- Concepções dos professores de matemática em relação à História da Matemática;

- História da Matemática na formação do matemático e do professor de matemática;
- História de disciplinas;
- História de obras.

Referências bibliográficas

ARBOLEDA, L. C. *Historia y Enseñanza de las Matematicas*. Bogotá: Universidad Nacional de Colombia, 1983.

D'AMBRÓSIO, U. História e Educação Matemática. *Cadernos CEDES*, n.40, Campinas: Papirus, 1996. p.7-17.

FAUVEL, J., MAANEN, J. van. *The role of the history of mathematics in the teaching and learning of mathematics*. Discussion Document for an ICMI-Study Group (1997-2000), Luminy, 1998.

KRAGH, H. *An Introdution to the Historiography of Science*. Cambridge: Cambridge University Press, 1987.

MAY, K. *Bibliography and Research Manual of History of Mathematics*. Toronto and Buffalo: University of Toronto Press, 1973.

NOBRE, S. (Ed.) MEETING OF THE INTERNATIONAL STUDY GROUP ON THE RELATIONS BETWEEN HISTORY AND PEDAGOGY OF MATHEMATICS. *Proceedings...* Blumenau, 1994.

______. II ENCONTRO LUSO BRASILEIRO DE HISTÓRIA DA MATEMÁTICA & II SEMINÁRIO NACIONAL DE HISTÓRIA DA MATEMÁTICA. *Anais...* Águas de São Pedro, 1997.

VELOSO, E. et al. (Ed.) História e Educação Matemática (actas), Braga, 1996.

WUSSING, H. *Vom Zählstein zum Computer* – Mathematik in der Geschichte. Hildesheim: DIVerlag Franzbecker, 1997.

8 O REENCANTAMENTO DA RAZÃO: OU PELOS CAMINHOS DA TEORIA HISTÓRICO-CULTURAL

Antonio Carlos Carrera De Souza[1]

I Epistemologia e Ciência: uma aproximação

Tomamos como uma das aproximações possíveis, da noção de epistemologia o estudo crítico e reflexivo dos princípios, dos pressupostos e da estrutura das diversas ciências. Pretendemos, então, o estudo crítico e reflexivo dos princípios, dos pressupostos e da estrutura das diversas ciências. Assim, limitamos o campo de atuação epistemológico a estudos críticos da construção do conhecimento científico. Tendo, portanto, como preocupação a busca dos pressupostos *subjetivos* do saber científico, a sua natureza, o seu dinamismo, os seus limites, seus resultados, sua situação atual e seu futuro.

Desta forma, a atenção do epistemólogo volta-se para os problemas referentes à natureza e à estrutura da ciência. Uma primeira questão surge naturalmente: se a Matemática é, em grande parte, um jogo mental, uma ciência objetiva e racional que parte de alguns princípios ou axiomas preestabelecidos, como pode coincidir com o comportamento natural das coisas?

Não há dúvida de que muitos cientistas, ao criarem seus sistemas e teorias, foram guiados por certos motivos extralógicos, como os da intuição, estética etc. Este recurso à experiência criadora, como às evidências disponíveis do conhecimento vulgar, está presente desde o início de quase

1 Professor Doutor do Departamento de Educação do Instituto de Biociências – UNESP – Campus de Rio Claro – SP.

toda produção científica ou filosófica. Einstein afirmou que na gênese de sua teoria científica não havia uma sequência de processos lógicos. Isto mostra que a ciência, como a filosofia, é obra de todo o psiquismo humano e que a razão é mais uma atitude do que simples faculdade da mente. Esclarecer estas ligações obscuras do psiquismo com o conhecimento científico é atribuição da Epistemologia.

Nas epistemologias genéticas procura-se saber por quais atividades o sujeito chegou a construir aquele determinado saber científico. O conhecimento humano como *construção* é um paradigma aceito na maioria das teorias educacionais e, portanto, resta-nos escolher entre "as construções meramente abstratas" – como a teoria piagetiana – ou "as construções histórico-sociais" – como as vygotskyanas. A escolha, neste ponto, torna-se uma necessidade lógica, racional. Esta é uma proposta competente que, de alguma forma, vamos negar de forma incompetente.

II Nos caminhos do Construtivismo Social

A ação intencional do homem na realidade concreta propicia, a partir dos artefatos, a elaboração de construções mentais que antecipam o objeto físico produzido. A essas construções mentais com raízes na atividade prática do homem chamaremos de *constructos*.

Possibilidades de intervenção na realidade são fornecidas ao homem pela análise dos fenômenos, isto é possível através da condição humana de controlar ações com a finalidade de responder e analisar questões propostas. A ciência é, então, uma das possibilidades humanas de intervenção na realidade, e por isso historicamente determinada pela condição social, cultural e econômica presentes em dado momento.

As implicações decorrentes dessa construção apresentam possibilidade de uma reflexão a respeito do nascimento da ciência e do seu natural desenvolvimento: a ciência enquanto prática humana surge em conjunto com outros paradigmas vigentes – racionais ou irracionais – que buscam instrumentos para compreender e fornecer uma explicação para a realidade. Um exemplo suficientemente conhecido é o do surgimento da Astronomia babilônica a partir da Astrologia.

Assim, a ciência enquanto atividade humana ligada à produção da subsistência dos povos que antecedem ao período helênico, tanto quanto a história revela, é uma mistura de práticas de origem mística, fundamentada na prática empírica, com conhecimentos oriundos de uma prática "científica" mais racional, da mesma forma que os conhecimentos oriundos na Astrologia fundamentavam os conhecimentos primitivos da Astronomia.

As necessidades econômicas da Agrimensura geravam conhecimentos de Geometria tanto quanto a cobrança de impostos fornecia os rudimentos da Aritmética. A necessidade de construir moradias e, posteriormente, cidades implicava o conhecimento de Geometria e de Matemática Aplicada – que então significava os rudimentos da Física – tornando possível o desenvolvimento de uma Arquitetura pujante como, por exemplo, a babilônica e a egípcia.

Do ponto de vista da utilização desses processos de criação para o surgimento de questões de ordem matemática, podemos sugerir, como exemplo objetivo e importante para a compreensão da intervenção intencional do homem na realidade circundante, o estudo dos *constructos* utilizados pela humanidade ao elaborar os números e o consequente sistema de numeração. O sistema de numeração inicial trazia certa unidade interna, de alguma forma coerente com as dificuldades e com as utilidades que possuía então. Abrigava, sob uma única ideia, conhecimentos múltiplos oriundos de diversas fontes, dando-lhes certa unidade e, com isto, caracterizando, inicialmente, a Matemática. Como um *constructo* primitivo, os sistemas de numeração iniciais tinham origem na contagem simples e direta de objetos, não havendo, então, necessidade de uma ideia de número mais complexa do que os naturais maiores que zero.

Esses conhecimentos possuíam uma articulação interna perfeita, de tal sorte que o saber nesse período é empírico e, ao mesmo tempo, organizado e organizador das sociedades de então, pois, organizado pelo homem pelo prisma empírico da prática diária, dialeticamente é organizador da sociedade na medida em que está a serviço da organização emergente das civilizações primitivas.

Destacamos que a ciência concebida pelos povos pré-helênicos inclui uma unidade sistemática, a partir da prática empírica, o que, efetivamente, difere seu saber de um simples agregado de conhecimentos. Esta afirmação se deve ao fato de a prática científica de então originar diferentes concepções, *sistemáticas*, em relação às questões cosmológicas e às questões de origem racional como, por exemplo, os sistemas de numeração.

A obra euclidiana tem como marca fundamental o fato de ser a pioneira no uso do *sistema axiomático*, no qual, os *teoremas* são inferidos a partir de determinados *axiomas* e *postulados*. É importante salientar a relevância da obra euclidiana como modelo da concepção científica que toma, como critério, *a garantia de sua própria validade*, a partir dos enunciados organizados de forma causal, em que o conhecimento se estrutura de forma unitária e onde todas as afirmações são fundamentais e necessárias.

A alteração do conceito de ciência provoca uma mudança na atitude científica grega, em relação à Matemática, a partir de Euclides. De uma ciência empírica – baseada em conhecimentos práticos ou místicos – converte-se em uma ciência que trabalha com construções mentais por puro movimento intelectual. Assume preocupações estilísticas quando, preocupada com a beleza do raciocínio e a exatidão da forma, desliga-se da raiz empírica. A Matemática passa a ter existência independente da realidade sensorial, isto é, é ato de pura abstração, remotamente reflexiva em relação à realidade circundante.

Do século IV até o século XV da nossa era, o conhecimento matemático fica predominantemente ligado ao mundo árabe, cujo ciclo se inicia com a queda de Alexandria e a criação da Escola de Tradutores de Bagdá e dura até os trabalhos de Omar Khayyam, Nasir Al-Din e Ibn Al-Haithan; a Matemática árabe forneceu ao então conhecimento científico um avanço significativo. É conveniente ressaltar os estudos aritméticos e algébricos desenvolvidos pelos árabes, com especial atenção para *Al-Khowarizmi* e *Alhazem*.

A cultura ocidental a partir do final do século XV passa a ser o epicentro do desenvolvimento da Ciência. Existem alguns fatores determinantes para que o Renascimento italiano mereça atenção, pois nesse período nota-se a superação dos métodos científicos até então vigentes. O despertar científico italiano começa com a estética do artista – que volta a contemplar a natureza sob a forma como esta se apresenta – e com a habilidade do artesão – que percebe, de forma profunda, a harmonia da natureza e da representação das leis que regem a realidade. O cientista percebe que, na observação da natureza, no estudo dos fenômenos e na procura das suas causas, encontra-se o novo espírito científico que, deslocando-se entre o racional e a experiência, deve buscar a tradução em relações matemáticas do fenômeno observado.

Esse período fundamenta uma nova concepção de procedimento empírico que, sem desprezar as conquistas do conhecimento científico anterior – a fundamentação na demonstrabilidade e, portanto, o caráter dedutivo – enfatiza a observação e a experimentação, acrescentando a essas o conhecimento matemático que explica e justifica o fenômeno observado. É o modelo racional de ver o mundo. Galileu observa a importância da *demonstração necessária* ao lado da *sensata experiência*. Uma prova da importância que Galileu dá à experiência e à sequente matematização pode ser retirada da proposta de método que ele sugere para a análise dos fenômenos observáveis.

Para Galileu, a ciência liberta o homem do jugo do *racionalismo dogmático* da metafísica tradicional através de um *racionalismo metódico*, que busca conceituar universalmente as constantes estruturais da experiência e reconhecer a realidade circundante. Essa concepção de ciência traz no cerne uma consciência crítica, no modo, de ler o mundo. A verdade da nova consciência científica emergente origina uma nova e radical visão de homem, comprometido com a cultura e a liberdade.

A concepção de ciência que se instala a partir de então revela-se revolucionária e polêmica. O antigo sistema feudalista começa a soçobrar. A nova concepção de universo origina e fundamenta os ideais da burguesia revolucionária. A concepção científica de mundo tem, a partir da revolução científica, perspectiva racionalista e metódica. A razão é a senhora do mundo. O homem, seus mitos e emoções são substituídos pela explicação científica dos fatos.

A ciência produzida a partir da sociedade capitalista emergente assume um dos pressupostos básicos desta, ou seja, o simbolismo nas relações abstratas dos fundamentos: de um lado, moeda, circulação, propriedade e preço; de outro, linguagem, símbolos e estruturas. O simbolismo tem como fundamento a substituição da realidade objetiva por estruturas mentais que passam a reger as relações entre os objetos e as pessoas.

A ciência – aliada à tecnologia e em conjunto com o capital – busca uma produtividade maior do sistema econômico, o que interessa ao modo de produção vigente que, por sua vez, financia as pesquisas científicas. O século XX torna-se, então, o período histórico em que se produz uma quantidade de máquinas e fábricas sem comparação possível com os períodos anteriores.

A análise até aqui desenvolvida sobre a evolução do conhecimento científico desde seus primórdios até nossos dias, torna-se de fundamental importância em nossa proposta de compreensão dos fatos relativos à Ciência na atualidade. É importante compreender que, historicamente, como não houve somente uma forma de fazer Ciência e, por conseguinte, de ensiná-la, essa questão fica em aberto, na medida em que as tendências atuais do ensino e da pesquisa buscam soluções tanto para a aprendizagem como para os fundamentos dela.

Nesse contexto, encontramos a humanidade com uma crença muito forte no poder ilimitado da ciência e, em particular, nas estruturas matemáticas e nos sistemas lógicos. A posição de destaque está evidentemente presa a crenças do senso comum, segundo as quais, sendo a Matemática uma "linguagem simbólica" e, portanto, exata, não há nela possibilidade de contradições.

III O reencantamento do mundo: ou recolocar o homem no centro da racionalidade

Ao intervir na natureza e ao produzir o seu meio de vida, o homem difere dos animais na *intencionalidade* de suas ações. Nessa perspectiva, ao intervir na realidade concreta, a práxis humana caracteriza-se pela elaboração de *constructos*, determinados pelo modo de produção vigente, ou seja, a Ciência produzida pelos gregos não é igual à elaborada no século XVIII por Newton. A atividade empírica e muitas vezes mística – presente nos trabalhos dos egípcios, babilônicos e gregos – vai sendo aos poucos substituída pelas atividades abstratas como as propostas pelo formalismo, logicismo e intuicionismo. Parece-nos evidente que essas questões influenciam fortemente tanto a produção científica como as concepções em Educação.

Atualmente a Educação enfatiza a abstração e a apresentação de sistemas lógicos. Esse posicionamento conduz a uma simbolização extremamente precoce, que desconsidera os dados culturais, sociais e intuitivos. O destaque para a arquitetura da linguagem transforma a Ciência ensinada nas escolas em um conhecimento profundamente abstrato, deduzido de princípios básicos através de regras lógicas, para que o realce nas estruturas leve a uma economia considerável do pensamento. Esses pressupostos acabam por revelar-se de cunho altamente elitista, pois, privilegiando o saber abstrato, desconsideram o fazer empírico.

Existem propostas concretas de correção do rumo do atual estado da Educação Matemática que consideramos de importância significativa. Como possibilidade de alteração destes rumos, entendemos que a escola deve proporcionar ao aluno situações em que se efetuem análises e interpretações das questões oriundas do cotidiano do cidadão. Localizamos como uma possibilidade pedagógica, adequada à formação para a cidadania, a utilização, na Educação Matemática, da problematização[2] das questões sociais, econômicas, políticas e ambientais, entre outras. E, vale dizer, se nas análises desenvolvidas a questão ética for enfocada, obteremos possibilidades interpretativas do real, de ordem interdisciplinar, pois, dada a complexidade da formação para a cidadania, é consenso que nenhuma área do conhecimento humano teria por si só condições, tanto teóricas como metodológicas, de dar um encaminhamento mais efetivo às questões de natureza tão diversa que são colocadas pela mesma.

---

2 O termo *problematização* tem, aqui, um significado claro e preciso, ou seja, indica *problema ↔ ação*. Assim o problema age sobre o sujeito que promove uma ação que age sobre o problema, na busca de soluções.

Assim, encontramos um retorno às questões socioculturais da educação e, de certa forma, implícita na proposta, está recolocada a questão empírica do conhecimento. Procedemos, assim, uma volta ao espírito científico anterior à escalada científica da racionalidade ocidental, que retoma basicamente uma concepção de ciência que começa com Arquimedes e continua com Galileu – que considerava a necessidade da demonstração aliada à experiência. O paralelo entre a problematização e as propostas de Arquimedes e Galileu fica explicitado na medida em que esses cientistas consideram como básica a experiência e afirmam a necessidade de uma sequente matematização.

Este retorno à prática social e ao mundo empírico apontam a possibilidade de deslocar o centro de um deus racional – cartesiano e metafísico – para o homem em toda a corporeidade possível. Com Descartes e a Metafísica, a ciência, essa entidade divina baseada na racionalidade científica, adentrou o mundo e transformou o homem em estrangeiro a este. Discursos como a "ciência é objetiva" foram expulsando a subjetividade humana da racionalidade científica. Desta forma, a subjetividade, sem outra saída, adentrou o "reino do irracional". O racionalismo representa, na cultura ocidental, o desencantamento do mundo, pois, retira deste a possibilidade de valorização dos dados culturais e humanos, advindos da prática social, na Ciência.

Assim, o reencantamento do mundo confunde-se com a procura de valorizar o humano, o imprevisível, o cultural. Em resumo, a busca de valorizar a *psiqué*, o sujeito epistêmico de Foucault, como o contraponto fundamental do *logos* da Epistemologia Genética piagetiana. Ou utilizando uma metáfora comum: buscar a razão de saber-no-mundo em contrapartida ao mundo de saber da razão.

Referindo à questão do *dualismo* "platônico/cartesiano" entendemos, juntamente com Lins (1994), Carraher, Carraher & Schiliemann (1988) e D'Ambrósio (1990), que a distinção – no que tange à natureza – entre o conhecimento matemático do pedreiro e o conhecimento matemático dos matemáticos é que a enunciação daqueles conhecimentos produz objetos diferentes. Isto é, eles são produzidos dentro de Campos Semânticos distintos ainda que se esteja falando a partir de um mesmo *texto*, ou seja, o texto difere no contexto.

Essa possibilidade origina-se da importância da atividade prática do homem na elaboração dos *constructos* como um movimento pelo qual o homem busca estabelecer a estrutura lógica inicial de qualquer teoria. Vygotsky identifica essa importância, ao afirmar:

> O uso de pedaços de madeira entalhada e nós, a escrita primitiva e auxiliares mnemônicos simples, demonstram, no seu conjunto, que mesmo

> nos estágios mais primitivos do desenvolvimento histórico os seres humanos foram além dos limites das funções psicológicas impostas pela natureza, evoluindo para uma organização nova, culturalmente elaborada, de seu comportamento. A análise comparativa mostra que tal tipo de atividade está ausente mesmo nas espécies superiores de animais; acreditamos que essas operações com signos são produto das condições específicas do desenvolvimento social. (1989)

É necessário levar-se em conta que os sujeitos da educação têm experiências prévias de origem cultural, social e econômica, existentes em qualquer grupamento social organizado como, por exemplo, as minorias étnicas e as populações marginalizadas economicamente. Concordamos com Vygotsky quando afirma:

> o momento de maior significado no curso do desenvolvimento intelectual, que dá origem às formas puramente humanas de inteligência prática e abstrata, acontece quando a fala e a atividade prática, então duas linhas completamente independentes de desenvolvimento, convergem. (1989)

Com essa abordagem, buscamos afastar da Educação o exasperante e inócuo ensino baseado na transmissão de fórmulas decoradas e o descompromissado aprendizado de receituários de problemas vazios de substância e desconectado do real. Assim, propomos que as atividades práticas, com ênfase significativa nas práticas sociais humanas, aliem-se à pesquisa e à questão cultural e social dos sujeitos da educação .

Buscamos uma Educação Matemática Crítica que se transforme num instrumento através do qual o homem possa criar uma relação ética com a sociedade humana e o planeta. A consciência do possível na Educação, hoje, deve ter como meta o homem, como módulo a sociedade e como argumento a realidade.

Como já apontamos, recentes trabalhos de investigação em Educação Matemática têm salientado basicamente duas correntes de pesquisa quanto aos caminhos a serem percorridos. A primeira delas elabora explicações a partir de dados da realidade sociocultural com um referencial antropológico, mais especificamente etnológico, propondo estudos localizados sobre minorias ou etnias. Os pesquisadores desse grupo buscam desenvolver estudos mostrando que a produção científica tem origens na cultura e, portanto, não é propriedade de uma classe social ou raça, mas é presente e, vale dizer, elemento constituinte de todas.

A segunda corrente de pesquisa trabalha na procura de um referencial teórico que supere a dicotomia gerada pela divisão entre ciências exatas e não exatas, especialmente no que toca à Educação. Os pesquisadores desse grupo tomam como ponto nuclear a construção do conhecimento a partir da realidade concreta interpretada através de ferramentas científicas. O eixo dessa atividade se dá, partindo de uma situação concreta que pode ser matematizada gerando um modelo que deve ser validado experimentalmente.

Há algum tempo, porém, educadores e educadores matemáticos têm trabalhado no sentido de obter uma terceira via. Desta forma, Oliveira (1995ab), Van der Veer & Valsiner (1995) e Saviani (1984) mostram que o significado de *prática* varia profundamente entre os teóricos citados. Para Leontiev *prática social* é derivado da concepção de trabalho, portanto uma leitura do marxismo que é historicamente datada. Para Vygotsky *prática humana* tem o significado de um exercício permanente da fala, a verdadeira conquista humana, e da atividade humana na produção da existência do homem (1989). Para Oliveira (1995ab), Van der Veer & Valsiner (1996), tomada como uma questão histórico-cultural.

Articulando esta terceira possibilidade, concordamos com Lins (1994) e, assim, para que possamos considerar que o conhecimento matemático dos matemáticos difere do conhecimento matemático dos alunos é preciso que se estabeleça que a Matemática é um texto, e não conhecimento. Assim, é apenas quando este texto é enunciado, que há produção de conhecimento e que a partir de um mesmo texto existe a possibilidade de enunciarmos conhecimentos que são diferentes. Ou seja, existem a partir de um texto diferentes leituras possíveis – portanto distintas – e a enunciação de um texto é feita na medida em que se acredite nele a partir de uma justificação para a crença. A diferença que ocorre – entre o conhecimento dos matemáticos e dos alunos – é nessas justificações quando examinamos conhecimentos enunciados a partir de um mesmo texto. Acrescente-se que ao nos referirmos à fala – enunciação mais argumento – temos, segundo Vygotsky, que: "o significado de uma palavra representa um amálgama tão estreito do pensamento e da linguagem, que fica difícil dizer que se trata de um fenômeno da fala ou de um fenômeno do pensamento" (1989).

IV Transdisciplinaridade, interdisciplinaridade e disciplinaridades

A proposta básica da transdisciplinaridade é a totalização – na linguagem da globalização – é o abandono das questões básicas do homem gregário. Constitui-se na realidade como o abandono das questões etnolinguísticas e místico-religiosas. Consideramos que uma resposta concreta a esta questão está na discussão sobre a disciplinaridade e, principalmente, na possibilidade de procedimentos interdisciplinares – no sentido único de partilhar os métodos e técnicas científicas.

Nesta busca, começamos por afirmar que epistemologicamente não definimos a que campos disciplinares diferentes, o *subjetivo* e o *objetivo*, pertence uma dada ciência. Portanto, consideramos que o conhecimento é um processo complexo, redutível à raça humana. Porém, estes conhecimentos, métodos e técnicas não são obtidos diretamente, uma vez que os significados são elaborados na mente do ser humano em função do seu esforço ativo de conhecer.

O conhecimento *subjetivo* dá-se a partir da aquisição de conhecimentos do mundo externo com a aquisição da fala. Considera pois que este é uma união da palavra e do pensamento. Por exemplo, o conhecimento matemático caracteriza-se por ser hierárquico e estratificado entre termos e conceitos. Porém este conhecimento tem na base da hierarquia os termos com implicações e significações empíricas diretas, tais como linha, figura, sólido e quantidade e outros que se apoiam nestes e são definidos pelos significados destes como forma, número e adição; até atingirmos os mais abstratos como função ou sistemas numéricos. Consideramos como pertinente aos procedimentos disciplinares, da Matemática, discutir com outras ciências – como a Biologia – até que ponto os métodos empíricos podem ser compartilhados. Desta forma, temos como uma questão central a explicação da origem do conhecimento abstrato vindo da experiência concreta e individual.

Portanto, o mesmo mecanismo que origina o conhecimento subjetivo, a partir do mundo físico, também explica os procedimentos abstratos – como os processos linguísticos, ou a linguagem, ou matemáticos, ou a abstração do concreto – e a elaboração social destes. Disto infere a importância da fala, da linguagem e da interação social para a construção de teorias ou representações pessoais no uso da linguagem compartilhada. A questão da origem do conhecimento não é fragmentária – no sentido individual do conhecimento – ou melhor, o subjetivo sempre precede a construção abstrata de qualquer teoria científica.

Desta forma, consideramos que o conhecimento objetivo é sustentado pelo conhecimento subjetivo dos membros e sociedade. Assim o conhecimento subjetivo é essencialmente privado, ao passo que, conhecimento objetivo é público. Desta forma, o subjetivo recria o objetivo, sem que a natureza destes seja redutível. Consideramos, portanto, que a verdade é sustentada pela crença e justificada por ela. A ciência assume pois a posição de crença consensual.

Outro ponto que surge, então, é o de *negociação social*. Este conceito além de ser considerado fundamental na formação dos conhecimentos subjetivo e objetivo também representa uma função-chave na justificação do conhecimento. A ciência (ou a teoria científica) abstrata tem na origem, pelo menos, a linguagem negociada entre os pares.

Tomando como paradigma pensadores como Foucault asseveramos que a cultura humana é o ponto de partida para constituir uma visão do conhecimento que é mais um componente de *prática discursiva*, a qual inclui linguagem, contexto social e relações sociais. Assim as divisões disciplinares, *atuais*, são mais ideológicas que científicas. Partimos, desta forma, da impossibilidade de um conhecimento existir solitariamente e, assim, as divisões da ciência têm origem distinta da exatidão ou da naturalidade. Aceitamos que uma *possível divisão* é originada nos procedimentos metodológicos e no objeto de cada ciência.

Assim, oferecemos uma visão da divisão científica com respeito aos grupos, segundo o grau de *status* dos participantes. Em primeira análise os *cientistas* constituem um grupo hierarquicamente ordenado pelas relações de poder. Desta forma, dividem-se em membros "fortes" (profissionais de pesquisa poderosa ou ativa) e membros "fracos" (professores). O conhecimento científico é legitimado através da aceitação dos membros "mais fortes" do grupo. O grupo de cientistas (biólogos ou matemáticos, por exemplo) resulta de um período extenso de treinamento seguido pela participação nas instituições de pesquisa, e, presumidamente, a adoção de valores da comunidade científica. Aqueles que ficam (na academia) aprendem, com êxito, parte do corpo oficial do conhecimento que é "socializado" na educação.

V Conclusões

Discutimos o desencantamento e as possibilidades de reencantamento do mundo. A partir da análise do subjetivo e do objetivo, consideramos que a proposta de uma *metateoria* do construtivismo social proporia uma reconciliação entre várias disciplinas como: Matemática, Biologia, Física, Química, Filosofia, História, Sociologia e Psicologia. Assim, esta proposta, do construtivismo social como meta teoria globalizada buscaria desenvolver a interdisciplinaridade englobando teorias "Exatas", "Experimentais" e "Humanas".

Encaminhamos, a partir deste ponto, nossas reflexões a partir da análise do texto e no ponto central destas destacamos: a fala, a prática discursiva e o contexto. A escolha não é *neutra* e busca dar relevância ao conceito de *negociação social* dos significados científicos ou não, objetivos ou subjetivos. Apontando, assim, a questão ideológica, na produção de significados.

Como o conhecimento, objetivo ou subjetivo, dá-se a partir da experiência no mundo da totalidade concreta das relações, é através da fala que vamos estabelecer as inter-relações do pensamento e das linguagens. Numa visão vygotskyana, o significado ocupa lugar central na teoria epistemológica, porque se torna o principal componente da palavra, e é justamente nesse significado que o pensamento e a fala se unem formulando, então, o pensamento verbal. São os significados que medeiam relações entre o indivíduo e o exterior a este, sofrendo constantes transformações porque são construídos ao longo da história dos seres humanos, baseados nas relações que o homem tem com a concretude. Segundo Vygotsky e seguidores – como Leontiev e Luria – o significado surge de uma *negociação* entre os membros do grupo social envolvido. Neste ponto temos a confluência do pensamento de Vygotsky (significados) e Foucault (práticas discursivas).

Como o grande desafio, nesta análise, torna-se o problema da *linguagem individual* temos Foucault (1990) que assegura que a cultura humana é o ponto de partida para que se realize uma *prática discursiva*, a partir de qualquer grupo social. Consequentemente, os cientistas e as ciências objetivas não estão isentos desta prática e, portanto, não estão isentos de ideologias e conhecimentos subjetivos, na formulação das teorias científicas.

Referências bibliográficas

CARRAHER, T. N., CARRAHER, D. W., SCHLIEMANN, A. *Na vida dez, na escola zero.* São Paulo: Cortês, 1988.

D'AMBRÓSIO, U. Culture, Cognition and Science Learning. In: INTER-AMERICAN SEMINAR ON SCIENCE EDUCATION. *Report...* Panamá: 1984.

______. Etnomatemática. São Paulo: Ática, 1990.

DAVIS, P. J., HERSH, R. *A experiência matemática.* Rio de Janeiro: Francisco Alves, 1985.

______. *O sonho de Descartes.* Rio de Janeiro: Francisco Alves, 1988.

ERNEST, P. *The Philosophy of Mathematics Education.* Hampshire: Falmer Press, 1991.

FOUCAULT, M. *A arqueologia do saber.* Rio de Janeiro: Forense-Universitária, 1987.

______. *Microfísica do poder.* Rio de Janeiro: Graal, 1990.

______. *As palavras e as coisas.* São Paulo: Martins Fontes, 1992.

HELLER, A. *O cotidiano e a História*. Rio de Janeiro: Paz e Terra, 1989.

KOSIK, K. *Dialética do concreto*. Rio de Janeiro: Paz e Terra, 1976.

LEONTIEV, A. *O desenvolvimento do psiquismo*. Lisboa: Livros Horizonte, 1978.

LINS, R. C. Epistemologia e Matemática. In: *BOLEMA*, n. esp., v.3, p.35-46, 1994.

OLIVEIRA, M. K. *Vygotsky*. São Paulo: Scipione, 1995a.

______. Pensar a Educação: Contribuições de Vygotsky. In: CASTORINA, J., FERREIRO, E., LERNER, D., OLIVEIRA, M. K. *Piaget – Vigotsky*: Novas contribuições para o debate. São Paulo: Ática, 1995b.

SAVIANI, D. *Escola e democracia*. São Paulo: Cortez Autores Associados. 1984.

SOUZA, A. C. C. de *Os sensos matemáticos*: Uma abordagem externalista da Matemática. Campinas, 1992. Tese (Doutorado) – FE-Unicamp.

VAN DER VEER, R., VALSINER, J. *Vygotsky*: uma síntese. São Paulo: Unimarco, Loyola. 1996.

VYGOTSKY, L. S. *A Formação social da mente*. São Paulo: Martins Fontes, 1989.

______. *Pensamento e linguagem*. São Paulo: Martins Fontes, 1989.

VYGOTSKY, L. S., LURIÁ, A. R., LEONTIEV, A. N. *Linguagem, desenvolvimento e aprendizagem*. São Paulo: Ícone, 1988.

PARTE III

ENSINO E APRENDIZAGEM NA EDUCAÇÃO MATEMÁTICA

9 O ENSINO E AS PROPOSTAS PEDAGÓGICAS

Maria Cecília de Oliveira Micotti[1]

A educação passa atualmente por um momento crucial. Nosso ensino é criticado, sobretudo pelo baixo desempenho dos alunos. Para isso contribuem as consequências do histórico descaso para com a educação e problemas sociais. A interação desses e outros fatores com os conflitos entre ideias pedagógicas diversas, que pontilham nos meios escolares, agrava as dificuldades do ensino, exigindo de professores e pesquisadores opções e ações. São comuns as críticas sobre a educação escolar que não promove o esperado acesso aos saberes que compõem o currículo de estudos.

Nos últimos anos, reformulações curriculares e novas propostas pedagógicas se fazem presentes nos meios escolares, e os responsáveis pelo ensino têm-se mostrado sensíveis a elas. Mas sua aplicação encontra várias dificuldades, além das habituais resistências à mudança. Neste contexto insere-se o ensino de matemática.

Este trabalho visa apresentar algumas reflexões, de uma professora de Didática, sobre o ensino diante de propostas de inovação pedagógica, considerando, sobretudo, aspectos das atuais circunstâncias que demandam estudos e pesquisas.

---

1 Professora Titular do Departamento de Educação do Instituto de Biociências – UNESP – Rio Claro – SP.
Professora do curso de Pós-graduação em Educação Matemática – IGCE – UNESP – Campus de Rio Claro – SP

O ensino

Educar é a principal função da escola, mas as variações do modo de ensinar determinam diferenças nos resultados obtidos. Até há pouco tempo, ensinar era sinônimo de transmitir informações, mas as ideias pedagógicas mudaram. Apesar disso, muitos profissionais da educação, ainda, veem com bons olhos o ensino tradicional. Eles elogiam o bom nível do trabalho escolar feito no passado e rejeitam as mudanças; duvidam da validade da atuação escolar e consideram os professores pouco exigentes.

Alguns educadores alegam que, antes, a escola era mais eficiente, porém elitista; ao tornar-se menos seletiva não conseguiu encontrar o caminho para cumprir realmente suas funções. Criticam as reformas, argumentando que são apenas de fachada; condenam os critérios de avaliação. Há os que não pensam assim ; consideram os velhos modos de trabalhar incompatíveis com o dinamismo e as exigências da vida atual. Mas, ainda hoje, há pais que não se importam em pagar altas mensalidades, tentando proporcionar aos filhos o antigo regime escolar.

As críticas sobre a qualidade do ensino colocam em dúvida o cumprimento da função social da escola. Um dos pressupostos para a realização do trabalho escolar é a expectativa de que os seus resultados extrapolem a sala de aula: sejam aplicados vida afora, em benefício do indivíduo em seus novos estudos ou atividades práticas, e, da sociedade, como base para o desenvolvimento científico e tecnológico do país. As possibilidades de aplicar o aprendido, tanto na solução de problemas da vida prática como em novos aprendizados ou pesquisas, dependem da modalidade de ensino desenvolvido.

A aplicação dos aprendizados em contextos diferentes daqueles em que foram adquiridos exige muito mais que a simples decoração ou a solução mecânica de exercícios: domínio de conceitos, flexibilidade de raciocínio, capacidade de análise e abstração. Essas capacidades são necessárias em todas as áreas de estudo, mas a falta delas, em matemática, chama a atenção.

Informação, conhecimento e saber

As diferenças entre informação, conhecimento e saber ajudam a compreender melhor as diversas concepções de ensino e aprendizagem e podem ajudar a identificar alguns problemas pedagógicos atuais.

A informação é um dado que se encontra no mundo objetivo, exterior ao indivíduo. Not (1993, p.35-6) afirma que no sentido amplo, chamamos *informação* todo dado inteligível, seja qual for sua natureza. Uma informação contém um suporte e uma semântica. A mesma semântica pode ser conduzida por suportes diferentes que percorrem um mesmo canal. Uma ideia pode ser apresentada por escrito ou por um gráfico e, nos dois casos, é utilizado o canal ótico. Mas, a mesma ideia pode também ser conduzida por suportes diferentes que percorrem canais diferentes; uma mesma informação pode ser expressa em um desenho (canal ótico) ou em um enunciado verbal (canal acústico). As informações penetram nos sistemas de tratamento – o corpo humano é um deles. O indivíduo as submete a uma série de ações e as transforma em conhecimento.

O conhecimento é o resultado de uma experiência pessoal com as informações. Ele é subjetivo, relaciona-se com as vivências e as atividades de cada pessoa, ao passo que o saber tem aspectos subjetivos (individuais) e sociais. É individual, e deste ponto de vista, é também conhecimento, envolve a apropriação de informação por um sujeito, é interpessoal – o saber individual é confrontado com os saberes dos outros.

O saber é construído em

> quadros metodológicos e pode ser visto como um objeto autônomo, por exemplo, o saber registrado nos livros; pode também tornar-se objeto de comunicação, ou seja, informação disponível para outros indivíduos. O saber é uma relação cognitiva, um produto e um resultado, é construído na história coletiva, a história do espírito humano e das atividades do homem, e é submetido aos processos coletivos de validação, capitalização e transmissão. (Charlot, 1997, p.70-3)

Informação, conhecimento e saber são distintos, apesar de serem inter-relacionados. Uma informação pode, objetivamente, estar presente no meio ambiente (ela é exterior à pessoa e pode ser estocada, isto é, gravada, registrada num computador, escrita em livros etc.), no entanto, se um indivíduo (o sujeito) não se der conta dela, para este indivíduo, ela não se transformará em conhecimento. O conhecimento é uma experiência interior – envolve a relação do sujeito com o objeto (de conhecimento); envolve também interpretação pessoal –, um mesmo discurso ou os dados de uma observação podem ser interpretados de modo diferente por diversas pessoas. Mas, para serem admitidas como saber pela coletividade, estas interpretações são submetidas, por outros, à análise rigorosa.

O saber compreende informação e conhecimento; nele prepondera o aspecto social. Não basta alguém interpretar as coisas a seu modo para que sua interpretação seja reconhecida como válida, para isso é preciso que outros abonem esse conhecimento ou essa interpretação – a comunidade científica, a sociedade.

Uma das principais funções da educação escolar é a de assegurar a propagação do saber. Cabe à escola propiciar aos alunos as relações com o saber ou saberes, a cultura (Develay, 1996, p.42). A cultura é distribuída na escola através das disciplinas escolares. Compete ao professor tomar as medidas necessárias para que os alunos se apropriem dos saberes correspondentes a diferentes disciplinas.

O ensino compreende informação, conhecimento e saber, mas a orientação pedagógica, seguida nas aulas, determina o tratamento que será dado a cada um desses elementos e às relações entre eles. A escola tradicional, por exemplo, privilegia as aulas expositivas – a apresentação de informações –, o que nem sempre assegura o acesso ao saber. As novas orientações pedagógicas acentuam a importância da construção do conhecimento, das elaborações pessoais dos estudantes para o acesso ao saber.

A confusão entre informação e conhecimento conduz à ideia de que basta a presença de um indivíduo no ambiente em que as informações são expostas para que haja aprendizagem. Essa crença influencia a rotina escolar, apesar da prática mostrar que a simples presença na sala de aula (ver as demonstrações feitas pelo professor ou ouvir as suas explicações) não assegura a ocorrência de aprendizagem. Há tempos, os professores manifestam consciência disso, como indicam alguns comentários comuns a respeito de provas: – "Vocês estiveram nas aulas, apenas de corpo presente, não tomaram conhecimento do assunto".

Se, em sala de aula, a interpretação ou as ideias dos alunos sobre o objeto de estudo forem acatadas como definitivas, o progresso dessas ideias e o desenvolvimento do raciocínio são prejudicados. Se cada aprendiz continuar com suas próprias ideias, sem desenvolvê-las, sem avançar no estudo das disciplinas que compreendem o modo como outros indivíduos estudaram e desenvolveram conceitos sobre o assunto, dificilmente, conseguirá desenvolver seus conhecimentos e elaborar seus modos de compreender o mundo em que vive.

Cabe ao ensino integrar informação, conhecimento e saber. Dificuldades relativas a essa integração comprometem o cumprimento de uma das principais funções da escola – a de promover a socialização do saber.

O ensino tradicional

Este ensino acentua a transmissão do saber já construído, estruturado pelo professor; a aprendizagem é vista como impressão, na mente dos alunos, das informações apresentadas nas aulas. O trabalho didático escolhe um trajeto "simples" – transferir para o aprendiz os elementos extraídos do saber criado e sistematizado, ao longo da história das ciências, fruto do trabalho de pesquisadores. As aulas consistem, sobretudo, em explanações sobre temas do programa; entende-se que basta o professor dominar a matéria que leciona para ensinar bem.

Como a escola é comprometida com o saber, a decoração de textos, ou partes de livros didáticos, a repetição de informações apresentadas nas aulas formam o mecanismo que camufla os insucessos na apropriação do saber. A memorização pode ocorrer sem compreensão. A falta de compreensão pode chegar a ponto de impedir que a informação tenha algum significado para o aluno e de comprometer sua transformação em conhecimento.

Segundo o senso comum, quem não aprende é porque não sabe raciocinar e quem aprende é muito inteligente. Esses mitos não deixam de ter algum fundamento, porque, na maioria das vezes, quem consegue "acompanhar" as aulas já dispõe dos instrumentos cognitivos, dos conceitos e das relações que compõem os conteúdos expostos. Mas, como fica a grande maioria que vai à escola para aprender o que não sabe? Isso, nem sempre é considerado.

As dificuldades ou os fracassos, em geral, são vistos como decorrentes de empecilhos, de algum modo, vinculados ao aluno – "falta de base" ou de condições para aprender, problemas familiares, deficiência mental ou cultural etc. Segundo Vinh Bang (1989, p.12), há ideias, quase crenças, difíceis de desfazer: o fracasso não provém do professor, quem transmite o conhecimento e teria ensinado mal, mas de quem recebe o conhecimento e aprendeu mal. Ideias como essas justificam e ajudam a manter o ensino tradicional.

As novas propostas pedagógicas

As ideias pedagógicas, que evoluíram muito no século XX com a contribuição das ciências humanas, sobretudo dos progressos das teorias de aprendizagem – do behaviorismo ao cognitivismo – e do desenvolvimento do construtivismo, realçam o papel ativo do aprendiz na construção do saber. A psicologia cognitiva vincula o conceito de aprendizagem ao de saber e relaciona a problemática da aprendizagem ao nível de funcionamento cognitivo e afetivo do aprendiz, mais que aos seus produtos e resultados. As pedagogias centradas na aprendizagem não se interessam apenas pela aquisição de conteúdos, mas também pelos processos que os aprendizes utilizam (Altet, 1997, p.6-7).

As atuais propostas pedagógicas, ao invés de transferência de conteúdos prontos, acentuam a interação do aluno com o objeto de estudo, a pesquisa, a construção dos conhecimentos para o acesso ao saber. As aulas são consideradas como situações de aprendizagem, de mediação; nestas são valorizados o trabalho dos alunos (pessoal e coletivo) na apropriação do conhecimento e a orientação do professor para o acesso ao saber.

No construtivismo, é relevante o significado que as atividades têm para o aprendiz. Para que um indivíduo consiga se apropriar do saber, este deve ter sentido para este indivíduo, corresponder aos seus interesses. A afetividade é considerada como o aspecto energético da atividade, da cognição.

Aprender uma disciplina é, segundo Develay (1996, p.10), encontrar seu sentido. É chegar a entender: quais são as questões que ela propõe a respeito do mundo; os seus métodos e teorias e como essa disciplina ajuda o ser humano a se compreender mais e a compreender melhor o meio em que vive. Sobre o assunto vale lembrar que, segundo Chervel (1990), até o século passado, a palavra disciplina era utilizada com referência à manutenção da ordem, não com o significado de "conteúdo de ensino". Após a Primeira Guerra Mundial, a palavra começou a ser utilizada com o sentido atual. Os conteúdos de ensino, como disciplinas, constituem uma maneira de disciplinar o espírito, com os métodos e as regras para abordar os diferentes domínios do conhecimento e das artes.

O processo de construção de significados, vinculados a uma disciplina, é complexo e demorado; isto, porém, não impossibilita sua ocorrência, coloca a necessidade de trabalho didático organizado de modo a atender ao ritmo de desenvolvimento dos aprendizes, voltado para a passagem do conhecimento individual em saber socializado.

A transformação do conhecimento subjetivo – é impregnado da visão particular (geralmente, enviesada) do sujeito que o desenvolve – em saber socializado não é simples. O saber, correspondente aos objetivos que norteiam o currículo escolar, exige procedimentos e linguagem apropriados. Cabe à escola trabalhar para atingir, nas diferentes disciplinas, os respectivos modelos de raciocínio, diferentes dos do senso comum ou da consciência ingênua.

Para construir o saber, o aprendiz aplica os seus conhecimentos e modos de pensar ao objeto de estudo; age, observa, seleciona os aspectos que mais chamam a sua atenção, estabelece relações entre os vários aspectos deste objeto e atribui significados a ele, chegando a uma interpretação própria. Este processo é complicado e a interpretação feita pode não ser a esperada pelo professor; como os "tropeços" fazem parte da construção do conhecimento, são acolhidos como naturais.

Os novos procedimentos didáticos envolvem mudanças na avaliação. Os erros deixam de indicar fracasso dos alunos, passam a constituir fontes de informação que o professor pode utilizar para perceber os percursos seguidos na interação com o objeto de estudo.

As aulas compõem-se de situações escolhidas com a participação dos alunos. Nestas, eles realizam atividades ou resolvem problemas (reais) para atingir objetivos. O fazer para, de fato, realizar intenções substitui a rotina do "fazer para aprender" ou de encontrar a solução para problemas imaginados pelos outros.

Diante do compromisso com o saber, as aulas compreendem atividades favoráveis à transformação da compreensão pessoal, isto é, da visão particular (até com traços afetivos) desenvolvida pelos alunos em saber sistematizado. Para que isso ocorra não basta o professor apresentar informações, nem deixar o aluno entregue a si próprio diante do objeto de estudo. O indivíduo sem interlocutores ou sem orientação progride muito devagar. Isto exige de quem ensina a realização de vários enfoques do objeto de estudo ou muitos olhares: olhar a matéria como saber (sistematizado, com seu modo de focalizar a realidade, sua linguagem e metodologia de pesquisa), olhar a matéria do ponto de vista do aprendiz, olhar a matéria do ponto de vista de quem deve ensinar... A aplicação dessas ideias implica uma reviravolta na educação.

A tarefa não é simples, exige o trabalho necessário para ajudar a transformar ideias infantis particulares ou do senso comum, algumas muito ingênuas, em saber. É grande a distância a ser superada, entre o conhecimento pessoal e as aquisições visadas pela escola; a superação desta distância compreende, além do enfoque adequado de questões afetivas, a compreensão das noções particulares, a linguagem e os instrumentos cognitivos utilizados pelos aprendizes. O trabalho escolar requer mais; requer a transformação do modo pelo qual o indivíduo realiza suas atividades. As vivências infantis compreendem atividades espontâneas e pessoais de exploração do ambiente e de objetos, jogos, movimentação etc., ao passo que as atividades escolares voltadas para a apropriação do saber comportam, entre outras exigências, a passagem da experiência imediata à reflexão e a sua expressão em linguagem oficial.

As aplicações

As novas propostas, ao acentuarem o valor das atividades do aprendiz na apropriação do saber, ao realçarem a importância do professor acolher e examinar a interpretação que o aluno faz do objeto de estudo, têm ocasionado sérias dificuldades na prática pedagógica. De um lado, visões tradicionais influenciam a leitura dessas propostas, dando a velhos procedimentos um verniz de mudança; de outro lado, a confusão entre conhecimento e saber conduz a distorções que comprometem o trabalho docente e o da própria escola.

A leitura empírica do construtivismo e a influência da orientação tradicional nas tentativas de inovar podem "transformar" procedimentos antigos em "novidades" pedagógicas. Isto acontece, quando é aplicado o método global para alfabetizar, ou até o método alfabético, utilizado na antiga Grécia. Uma distorção comum ocorre com a estruturação do ensino mediante projetos. Esta estruturação é interpretada como organização de aulas em torno de um eixo temático escolhido pelo professor ou pela equipe escolar. O ensino mediante projetos é diferente de aulas ministradas sobre aspectos de um mesmo tema. Envolve empreendimentos (de curta, média ou longa duração) escolhidos com a participação dos alunos e atividades feitas para valer, com a finalidade de viabilizar algo necessário para o projeto como um todo.

O projeto mobiliza os interesses dos alunos, ajuda a assegurar o significado do estudo para eles: não escrevem cartas apenas para aprenderem a escrever cartas, nem fazem cálculos porque o professor manda, mas porque essas atividades são imprescindíveis para atingir os objetivos de um projeto que a classe se propôs a realizar. A duração dos projetos pode ser, ou não, demorada, levar meses, ou, alguns dias. Envolve muitas atividades – a realização de uma grande festa escolar na semana da criança, por exemplo. Um projeto como esse requer, entre outras coisas, planejamento considerando tempo e espaço, previsão de despesas, comparações entre o que se tem em caixa e os valores das compras necessárias, a divisão de tarefas e de gastos, meios de angariar fundos, estudo sobre os procedimentos necessários para, por exemplo, ampliar uma receita de doce de oito para quarenta porções, escrever solicitando a colaboração de pessoas e entidades, de dentro e de fora da escola...

Outros problemas podem sobrevir às propostas de mudanças pedagógicas. Um problema comum refere-se à seleção de procedimentos didáticos que conciliem os modos particulares de cada aluno perceber o mundo e interpretar suas percepções com a apropriação desse saber. Nem sempre é fácil identificar o caminho a seguir para aproveitar os conhecimentos, os significados que o estudante utiliza para interpretar as novas informações, para organizar a percepção do saber. Não é fácil também propiciar a integração do que é trabalhado em aula com a sua visão pessoal de mundo, para diminuir o risco de que os conteúdos estudados fiquem sem sentido.

Tudo isso inquieta os professores e, muitas vezes, entrava as iniciativas de modificar a prática pedagógica.

As interpretações do construtivismo que colocam as interações pessoais com o objeto de estudo como um fim em si mesmo, não como transição para a apropriação do saber, podem conduzir a outros equívocos. Um desses equívocos é o de isentar o professor da responsabilidade de ensinar, transformando-o em mero espectador das peripécias do aluno em suas tentativas de compreender a matéria de estudo. O pretexto de não interferência na construção do conhecimento pode prejudicar a atuação da escola e fazer dela uma instituição onde há a permissão para deixar o aluno marcando passo, sem desenvolver seus conhecimentos.

Se o ensino tradicional for substituído por atividades feitas a esmo, sem a orientação adequada, a compreensão particular e subjetiva, conseguida pelo aluno, pode não chegar a se transformar em saber socializado. Pouco adianta abandonar a decoração das tabuadas, sem substituí-la por outras atividades que possibilitem o desenvolvimento de conceitos ou de relações conceituais importantes – adição, multiplicação e as suas relações com a subtração e a divisão, a compreensão do sistema decimal etc.

Mudanças superficiais ou incompletas podem trazer prejuízos educacionais, tanto como ocorre com o ensino tradicional. Este acentua a transmissão de informações isoladas, retiradas dos livros, mas incompreendidas; as mudanças a esmo podem reduzir o trabalho didático à compreensão particular e pessoal do aprendiz, sem ajudá-lo a superar, a desenvolver seu conhecimento de modo a possibilitar o acesso ao saber.

A prática isolada de procedimentos para assegurar a manifestação da compreensão pessoal sobre o objeto de estudo, sem maiores cuidados para o aperfeiçoamento desta compreensão, abrange apenas uma parte da aplicação das novas propostas pedagógicas. O enfoque pessoal, por si só, não garante ao sujeito o acesso ao saber.

As aulas expositivas e os chamados livros didáticos pretendem focalizar o saber, mas, geralmente, ficam sem sentido para os alunos; os conteúdos veiculados, via de regra, não se transformam em conhecimento devido, sobretudo, à falta de oportunidade para os aprendizes elaborarem e manifestarem sua compreensão sobre os mesmos. As tentativas de inovar, por sua vez, esbarram com dificuldades para superar o trabalho que privilegia o subjetivismo, limitado ao enfoque pessoal e muitas vezes egocêntrico, dado ao objeto de estudo pelo aprendiz, sem atingir os padrões do saber. Em ambos os casos, o acesso e a difusão do saber são prejudicados.

Cabe lembrar que os obstáculos à apropriação do saber, além de comprometerem a distribuição da herança social – a cultura – e a própria democracia, trazem outros prejuízos para a coletividade, para o desenvolvimento científico e tecnológico dos países onde isto acontece. Essas relações, geralmente, passam despercebidas no trabalho pedagógico.

O mundo e a vida mudaram. As mudanças exigem novas atuações da escola. Mas, se as mudanças didáticas, em geral, são complicadas, elas tornam-se mais complicadas no ensino de matemática em razão de vários fatores. Entre esses fatores sobressaem as dificuldades para a organização de situações de ensino/aprendizagem que deem conta de propiciar a ligação entre a complexidade do saber matemático e o pensamento ainda em desenvolvimento (da maioria) dos alunos.

O saber matemático

O enfoque do saber matemático, do ponto de vista *didático*, permite destacar algumas peculiaridades: seu caráter abstrato; a precisão dos conceitos; o rigor do raciocínio e a especificidade da linguagem. Estas peculiaridades, olhadas de fora, isto é, na perspectiva de quem vai ensinar ou aprender, ajudam a aquilatar dificuldades do ensino, ou pelo menos, a perceber alguns pontos que merecem a atenção dos interessados no assunto.

A abstração matemática favorece a generalização, amplia as possibilidades de aplicação deste saber e, geralmente, oferece dificuldades à compreensão dos aprendizes. Sobre as matemáticas Develay (1996, p.60) observa que – aritmética, álgebra, geometria, trigonometria, probabilidades – têm por objeto de estudo entes ideais, construídos pelos seres humanos. O número, a reta, as unidades, as incógnitas exemplificam esses entes ideais. O método privilegiado em matemática e em lógica – a demonstração – consiste no encadeamento de proposições, que mediante dedução decorrem umas das outras, e tem como ponto de partida axiomas indemonstráveis, admitidos como tais.

O caráter abstrato dos estudos matemáticos surpreende os principiantes nos primeiros contatos com um mundo de ideias e representações, desprovidas das particularidades das coisas materiais. Apesar de a matemática ser utilizada e estar presente na vida diária, exceto para quem já compartilha deste saber, as ideias e os procedimentos matemáticos parecem muito diferentes dos utilizados na experiência prática ou na vida diária.

A experiência prática não é diretamente retratada nos entes criados pela razão humana, cujas relações são logicamente definidas e expressas em equações. Aliás, essas relações também são estabelecidas segundo pressupostos e conceitos criados pelo raciocínio. Isto dificulta para muitos a percepção das relações entre o estudado na escola e o vivido fora da sala de aula.

É em matemática que os alunos entram em contato com sistemas de conceitos que permitem resolver problemas e fazer novas deduções; em que a coerência e a precisão do raciocínio conferem legitimidade às ideias e às conclusões obtidas, segundo a necessidade lógica, de premissas definidas (por outros).

O saber matemático compreende o domínio do sistema de representação e também das regras que regem ações abstratas. A leitura (compreensão) de escritas matemáticas requer o conhecimento do sistema de notação. Sem este conhecimento, torna-se difícil ligar as expressões simbólicas com os seus significados. Tais características exigem do ensino medidas específicas para que as informações veiculadas nas aulas se transformem em conhecimento. Para resolver uma equação, o indivíduo precisa saber, pelo menos, o significado dos símbolos utilizados, as relações implícitas e os passos ou os procedimentos adequados a cada situação; se desconhecer isso, ou parte disso, os resultados são prejudicados.

Enfim, o método dedutivo, as demonstrações, as relações conceituais logicamente definidas e a especificidade das representações simbólicas com seus significados precisos, diferenciam o saber matemático dos demais saberes. Essas peculiaridades e a sua importância na vida em sociedade propõem problemas ao ensino. Da solução desses problemas depende a democratização do saber matemático.

A apropriação do saber matemático

A compreensão dos saberes matemáticos expostos em aulas e escritos, até mesmo em livros didáticos, baseia-se em raciocínios cuja realização requer instrumentos cognitivos refinados. Entretanto, a disponibilidade destes instrumentos é vista como condição para o estudo. Quem não dispuser de capacidade de abstração suficiente, para acompanhar as informações apresentadas pelo professor e repetir os passos indicados para fazer os exercícios, não consegue aprender.

Há a alegação de que a dificuldade para mudar as aulas de matemática seria maior, em comparação com as de outras disciplinas, por exemplo, das que se dedicam aos estudos dos fenômenos naturais. Nestas, o professor pode recorrer a elementos do ambiente para completar suas explicações; pode propor a observação de fenômenos na natureza ou provocar a sua ocorrência, mediante experimentação. Ele pode solicitar a análise e a manipulação de coisas para que os alunos elaborem as relações entre causas e efeitos, percebam a relação entre o trabalho científico e os seus resultados. Como no trabalho matemático, a validade das ideias são demonstradas mediante raciocínios rigorosos, há até quem coloque em dúvida a possibilidade de inovar o ensino desta disciplina.

As reflexões sobre as possibilidades de mudança pedagógica com referência à matemática indicam a necessidade de repensar alguns pontos, por exemplo: a relação do aprendiz com a disciplina, a sua participação em sala de aula considerando-se os aspectos afetivos e cognitivos e o enfoque dado à matemática para que ela se torne objeto de conhecimento e saber – pessoal e interpessoal dos alunos.

A aplicação das propostas de inovação pedagógica compreende uma reviravolta do ensino e revisão de muitos mitos ou preconceitos. Como é o aluno quem revela as dificuldades, os pontos fracos do trabalho, não fazendo as coisas como o professor espera, via de regra, ele é apontado como o único responsável pelos fracassos do ensino. No entender de Vinh Bang (1989, p.12), destruir este mito é tomar consciência de que para realizar o ato pedagógico não basta possuir o conhecimento científico. O ato pedagógico implica, em primeiro lugar, conhecer aquele a quem se deseja transmitir o saber. A renovação do ensino não consiste, apenas, em mudança de atitude do professor diante do saber científico, mas, ainda e especialmente, diante do conhecimento do aluno: é preciso compreender como ele compreende, constrói e organiza o conhecimento.

Para entender o que se passa na cabeça de um aluno em relação a uma disciplina, o professor precisa observar como ele interage com o objeto de estudo em oportunidades de manifestação de suas ideias e opiniões. A conduta dos estudantes na escola reveste-se de muitos aspectos, os aspectos cognitivos não são os únicos em jogo, os aspectos afetivos interferem neste processo.

A relação dos alunos com as disciplinas, além de envolver os aspectos cognitivos, envolve aspectos afetivos; em casos extremos pode até ocorrer uma relação de amor e ódio, a ponto de o saber escolar poder ser confundido com quem o ensina (o professor) ou com o local onde é feita sua difusão. Mas, nessa relação interferem também as experiências anteriores com esse saber, inclusive as vividas na família e o desejo de saber (Develay, 1996, p.43).

Essas afirmações realçam um outro aspecto das propostas de inovação do ensino – a necessidade daquele que se propõe ensinar conhecer e compreender, além da matéria que leciona, o significado das atividades do aprendiz. No entender de Bkouche, Charlot & Rouche (1991, p.179), se, hoje, a aprendizagem das matemáticas é tão difícil, não é porque as matemáticas sejam abstratas, é porque esta aprendizagem não se apoia sobre a atividade intelectual do aluno, mas sobre a memorização e sobre a aplicação de saberes cujos sentidos não são verdadeiramente compreendidos. A solução para as atuais dificuldades não se encontra pelos lados do concreto/abstrato, que é apenas um álibi ideológico que discrimina, mas pelos lados de uma aprendizagem matemática fundamentada na atividade intelectual de quem aprende.

Fundamentar o ensino na atividade intelectual do aprendiz significa, entre outras coisas, respeitar as suas possibilidades de raciocínio e organizar situações que propiciem o aperfeiçoamento desse raciocínio; significa estabelecer relações entre conteúdo, método e processos cognitivos. Este procedimento requer do professor: o domínio da matéria de estudo; a realização do mapeamento conceitual do conteúdo (reconhecimento dos conceitos básicos de assunto em pauta e das relações que se estabelecem entre eles). Requer também a identificação das modalidades de recursos cognitivos e dos conceitos cujo domínio os alunos manifestam em suas atividades. Este exame permite organizar as situações de aprendizagem como mediação para o saber matemático.

Cabe ao professor planejar situações problemáticas (com sentido, isto é, que tenham significado para os estudantes) e escolher materiais que sirvam de apoio para o trabalho que eles realizarão nas aulas. Atividades que propiciem a sua manifestação sobre os dados disponíveis e possíveis soluções para os problemas que desencadeiem suas atividades intelectuais. Nas situações voltadas para a construção do saber matemático, o aluno é solicitado a pensar – fazer inferências sobre o que observa, a formular hipóteses –, não, necessariamente, a encontrar uma resposta correta. A efetiva participação dos alunos neste processo depende dos significados das situações propostas, dos vínculos entre elas e os conceitos que já dominam.

Segundo as novas propostas pedagógicas não cabe ao ensino antecipar resultados. Ao contrário da orientação tradicional que visa a resultados imediatos, essas propostas consideram a elaboração do conhecimento um processo dependente também do ritmo do aprendiz. Cabe ao trabalho didático integrar as relações entre o saber científico e o contexto pedagógico. O ensino, como parte do processo educacional, envolve intervenção coerente – o compromisso de considerar a perspectiva dos alunos, em sua interação com o objeto de estudo, não exclui o compromisso com o acesso ao saber.

Enfim, como as características do saber matemático independem das orientações seguidas no ensino, as ideias de construção, ao invés de transmissão, do conhecimento provocam indagações. É questionada a viabilidade de acesso a esse saber, se o aluno não dispuser de instrumentos cognitivos que possibilitem o acesso ao mesmo. Ocorre que as propostas de inovação acentuam o envolvimento do estudante em situações de aprendizagem adequadas à sua compreensão atual mas transformadoras dessa compreensão, mediante, por exemplo, conflitos cognitivos que possibilitem progressos em sua interação com o que está estudando. O rigor do raciocínio matemático e a especificidade de sua linguagem, habitualmente apontados como fatores de dificuldades de aprendizagem, recebem outra interpretação didática.

No entender de Bkouche, Charlot, Rouche (ibidem, p.180), em matemática o rigor do pensamento e a correção da linguagem constituem objetivos visados pelo ensino, não seu ponto de partida ou exigências que devam ser impostas desde o início do ensino. Isto não significa deixar o rigor de lado, mas que os cuidados devem incidir em sua elaboração pelos estudantes. O aluno deve aprender a ser rigoroso. Com orientação do professor, a necessidade e a importância da exatidão do raciocínio na comunicação e na argumentação sobre os resultados fazem parte do aprofundamento de conceitos e do desenvolvimento das atividades matemáticas.

Das reflexões sobre a atual situação do ensino, diante da tarefa de promover a socialização do saber, decorrem muitas questões:

- Em que consistem os significados que algumas atividades assumem para determinados alunos?
- Como se dá a apropriação do saber matemático?
- Que procedimentos didáticos se mostram mais adequados para promover o aperfeiçoamento da linguagem que os aprendizes utilizam para expressar suas ideias?
- Quais são as modalidades de raciocínio essenciais para o domínio de determinados assuntos? Que atividades didáticas podem facilitá-los?
- Como os professores interagem com as propostas de inovação do ensino?
- Em que consistem as dificuldades que os docentes encontram na mudança de procedimentos didáticos?
- Como o contexto escolar influencia o ensino de matemática?

Estas questões, que aliás podem se desdobrar em outras, são apenas algumas das muitas indagações decorrentes das reflexões sobre o ensino de matemática na atualidade.

Referências bibliográficas

ALTET, M. *Les pédagogies de l'apprentissage*. Paris: PUF, 1997.

BKOUCH, R., CHARLOT, B., ROUCHE, N. *Faire des mathematics*: le plaisir du sens. Paris: Armand Colin,1991.

CHARLOT, B. *Du rapport au savoir* – éléments pour une théorie. Paris: Economica, 1997.

CHERVEL, A. História das disciplinas escolares: reflexões sobre um campo de pesquisa. Trad. G. T. Louro. *Teoria & Educação*,2, p.177-229, 1990.

DEVELAY, M. *Donner du sens à l'école*. Paris: ESF, 1996.

NOT, L. *Ensinando a aprender*: elementos de psicologia geral. Trad. Carmem Slivia Guedes, Cláudia Signorini. São Paulo: Summus, 1993.

VINH BANG. Rénovation de l'enseignement scientifique et révolution de l'esprit scientifique. In: GIORDAN, A., HENRIQUES, A., VINH BANG. *Psychologie et didatique des sciences*. Bern: Peter Lang, 1989.

10 ESTRUTURAÇÃO DA SALA DE AULA: EFEITOS SOBRE O DESENVOLVIMENTO INTELECTUAL E SOBRE O ESTILO DE FUNCIONAMENTO COGNITIVO DOS ALUNOS

Dair Aily Franco de Camargo[1]

Introdução

O objetivo das duas pesquisas aqui relatadas foi de tentar esclarecer alguns dos mecanismos através dos quais o sistema de educação escolar pode influenciar o estilo de funcionamento intelectual do aluno e, a mais longo prazo, o seu desenvolvimento cognitivo.

Nosso referencial teórico foi o mesmo desenvolvido por Lautrey (1973, 1978, 1980) que, com base na teoria piagetiana, conseguiu operacionalizar as relações existentes entre práticas educativas familiares, estilos de funcionamento cognitivo e desenvolvimento intelectual. Com o presente trabalho pretendemos estender a hipótese de Lautrey (1980) – de que práticas educativas familiares ocupam um papel decisivo no funcionamento e nas estruturas da inteligência – para dentro da sala de aula.

Dentre as treze classes do Ciclo Básico Continuação (CBc) existentes nas duas escolas selecionadas para a nossa primeira pesquisa, uma única era regida por professora "democrática", duas, por professoras "autoritárias" (embora apresentando níveis diferentes de autoritarismo) e as dez restantes, por professoras "permissivas" (também apresentando níveis diversos de permissividade).

Os conceitos de professoras "democrática", "autoritária" e "permissiva", como utilizados no presente trabalho, serão dados oportunamente. Até

1 Professor Adjunto do Departamento de Educação do Instituto de Biociências – UNESP – Rio Claro – SP.

lá pode ser usado, sem nenhum prejuízo à compreensão desse trabalho, o conceito "intuitivo" para cada uma dessas expressões.

Selecionamos, para a primeira pesquisa, três classes de CBc porque nelas as crianças passam seis horas diárias do ano letivo.

Para a realização da segunda pesquisa selecionamos, dentre os alunos de 4as séries das mesmas escolas anteriores, aqueles que haviam sido por um período de um, dois e três anos, alunos da mesma professora "democrática" e, a seguir, comparamos seus escores com aqueles apresentados pelos alunos da outra professora "autoritária" e pelos alunos de outra professora "permissiva" (esta última tomada aleatoriamente).

Segundo opiniões difundidas, as práticas educativas têm influência sobre o desenvolvimento intelectual. Infelizmente, as coisas se complicam quando tentamos precisar quais práticas têm efeitos favoráveis e quais têm efeitos desfavoráveis sobre a inteligência da criança.

Seria uma tarefa impossível tentar detectar na infinidade de experiências vividas diariamente pela criança, aquelas que seriam as mais cruciais para a aquisição específica desta ou daquela estrutura operatória. Contudo, podemos apontar nelas algumas características gerais susceptíveis de desempenharem um papel relevante no desenvolvimento. A teoria psicogenética nos permite estabelecer hipóteses sobre a natureza desses ingredientes básicos, que podem ser comuns a várias situações vividas pela criança, inclusive em sua sala de aula, e que são capazes de influenciar o desenvolvimento.

Quadro teórico

A escolha da teoria piagetiana como inspiradora da hipótese da influência do ambiente (sala de aula) sobre o desenvolvimento da inteligência pode causar surpresas. Não é a psicogenética "acusada" frequentemente de subestimar o papel do ambiente no desenvolvimento? Tal objeção torna-se ainda mais válida se nos lembrarmos de que o "ambiente escolar" não interessou diretamente a Piaget, cujo objetivo foi sempre o de observar e descrever as interações entre sujeito e objeto na construção do conhecimento.

Na opinião de Lautrey (1980), tal objeção, a de subestimar o papel do ambiente, teria mais fundamento se dirigida aos trabalhos realizados por Piaget em sua fase inicial. Os últimos trabalhos realizados no Centro de Epistemologia Genética, em Genebra, aqueles sobre "causalidade", "contradição" e "tomada de consciência", introduzem, de maneira bem acentuada, o papel do ambiente no desenvolvimento. Consequentemente, o próprio modelo do processo de equilibração-conceito central da teoria – que se baseava numa concepção aleatória de encontros entre o sujeito e os objetos reais (Piaget, 1957) – foi reformulado para introduzir a interferência de fatores motores, de perturbações e resistências do objeto, sobre o desenvolvimento (Ibidem, 1975). Essa evolução teórica nos permite observar o papel do meio no desenvolvimento das estruturas intelectuais; mas, como o essencial nesta teoria, são as interações do sujeito com o mundo dos objetos, a observação das interações do sujeito com o mundo social pode tornar o seu uso duvidoso. Mas, na medida em que o objetivo da teoria é a descrição das leis gerais do desenvolvimento cognitivo, não há razão para supor que estas deixem de ter validade quando aplicadas ao estudo das interações entre sujeito e mundo social. O isomorfismo existente entre operação e cooperação, como conceituadas por Piaget, possibilita tal inferência.

A utilização da teoria piagetiana e do referencial desenvolvido por Lautrey (1980) a partir dela, teve em nossas pesquisas dois objetivos básicos:

1 evidenciar e descrever as características ambientais susceptíveis de estimularem o desenvolvimento.

2 transpor tais características gerais para o caso específico da sala de aula e de seus professores.

Estudos tentando identificar os fatores ambientais susceptíveis de acelerarem ou inibirem o desenvolvimento operatório têm suscitado um grande número de trabalhos interculturais (cf. Dasen, 1977 e 1980). Mas, segundo Lautrey, se existe uma resposta à essa questão dentro da teoria piagetiana, ela deve ser procurada entre os aspectos funcionais e não entre os estruturais do desenvolvimento.

Para Piaget, o sistema cognitivo constitui-se no mais aperfeiçoado "meio de regulação" que o indivíduo dispõe; as "construções" e "compensações" se constituem nos dois aspectos solidários de todo processo de adaptação, e o ambiente mais favorável ao desenvolvimento intelectual é aquele que se apresenta como fonte regular de perturbações cognitivas.

Mais que a presença de "perturbações" e "regularidades", parece ser a existência de um certo tipo de relação entre essas duas características aparentemente contraditórias, que se constitui no ingrediente básico do desenvolvimento cognitivo. Segundo Piaget (1975), um objeto para ser assimilável deve apresentar certas características, e a primeira delas é a regularidade (se estas desaparecessem, o meio não apresentaria propriedades estáveis e, neste caso, os esquemas do sujeito não conseguiriam assimilar os acontecimentos), a segunda, a organização dos estímulos perturbadores, particularmente quanto à sua frequência.

A dúvida que nos colocamos foi: será que em certas salas de aula as atividades rotineiras de professoras e alunos se apresentam aleatoriamente, sem qualquer regularidade? Se existirem classes com tais características diríamos, de antemão, que elas são inadequadas ao desenvolvimento intelectual de seus alunos.

Admitindo que as "perturbações" e as "regularidades" podem estar presentes ou ausentes numa dada classe, poderemos definir quatro tipos teóricos de ambientes, do ponto de vista de seus efeitos sobre o desenvolvimento:

1 No primeiro tipo, os acontecimentos que ocorrem são por definição, imprevisíveis, colocam o aluno em situações de desequilíbrio mas, como a esses acontecimentos perturbadores falta regularidade, eles não cedem lugar a uma nova construção cognitiva susceptível de compensar tais desequilíbrios (esse primeiro tipo se constitui num ambiente fracamente estruturado).

2 No segundo tipo, a relação que une um evento A a um avento B é do tipo simples, direta, não modulada por nenhum outro acontecimento exterior à própria relação considerada. Este ambiente é facilmente previsível e sem surpresas, pois uma vez conhecida a relação AB, se A acontece, B infalivelmente também ocorrerá. Este tipo de meio apresenta as regularidades necessárias às construções cognitivas e, de fato, cede lugar à tais construções, mas muito rapidamente deixa de apresentar novidades provocadoras de desequilíbrios. A raridade de situações perturbadoras oferece possibilidades limitadas de construções cognitivas (esse segundo tipo se constitui num ambiente fortemente estruturado).

3 Já neste tipo, a relação entre os eventos A e B é modulada por outro acontecimento C externo à relação considerada e, a integração de C supõe uma extensão e uma diferenciação do esquema inicial, isto é, uma nova construção cognitiva (esse terceiro tipo se constitui num ambiente medianamente estruturado).

4 Finalmente, no quarto tipo, não há regularidades nem perturbações; corresponde à ausência de estimulação para o aluno (esse quarto tipo se constitui num ambiente vazio, difícil mesmo de imaginar, daí ser desconsiderado no presente estudo).

Em resumo podemos dizer que o ambiente mais favorável ao desenvolvimento cognitivo é o que apresenta duas características:

a) é fonte constante de perturbações, isto é, de resistências aos esquemas de assimilação do sujeito;

b) oferece contudo as condições necessárias às reequilibrações, isto é, às novas construções cognitivas.

A hipótese que colocamos é que, por permitir e suscitar mais frequentemente novas construções cognitivas, o terceiro tipo de estruturação é o mais propício ao desenvolvimento intelectual.

Observando quotidianamente salas de aula por um período de dois meses, pudemos notar certas regularidades nas "regras disciplinares" e nas "atividades rotineiras" propostas pelos professores. Foram essas as duas variáveis que nos serviram de critérios para classificar as salas de aula segundo os três tipos de estruturação apresentados.

Como justificar a escolha dessas variáveis para os nossos estudos?

Entendemos por "disciplina" a construção, pelo aluno, do autocontrole no sentido de desenvolvimento da responsabilidade social e, por "natureza das atividades rotineiras" realizadas em classe, as de caráter acadêmico e que são conduzidas individualmente ou em cooperação com os colegas.

Segundo Kamii & Devries (s. d.), que também se fundamentaram na teoria psicogenética, o desenvolvimento socioafetivo deve ser priorizado sobre o cognitivo nas séries iniciais de escolaridade. Neste sentido as duas autoras salientam dois princípios básicos para o ensino:

1 o desenvolvimento da autonomia intelectual encorajado através do abrandamento da coerção nas regras disciplinares da professora;

2 a interação entre colegas encorajada pela cooperação (em pares ou pequenos grupos) possibilitada através de tarefas realizadas em classe, propostas pela professora.

Tentaremos, através de exemplos de atividades (e particularizando aquela referente ao "uso do banheiro pelos alunos em horários de aulas"), situar o trabalho das três professoras do CBc em relação às três grandes formas de estruturação do meio físico:

1 *Estruturação fraca* (**classe regida por professora permissiva**)

Nenhuma regra existe que permite à criança saber se poderá ou não sair da classe para usar o banheiro. Em alguns dias lhe é permitido sair sem que seja preciso sequer solicitar a autorização da professora; em outros, não lhe é permitido nem mesmo levantar o braço para solicitar tal autorização. Tudo depende do "humor" da professora.

Quanto à disciplina, a professora não consegue qualquer controle sobre o comportamento dos alunos. Ela tenta não ser punitiva e acata, sempre que possível, seus desejos e sugestões. As crianças frequentemente levantam-se das carteiras para olhar através das janelas que dão para a rua ou, então, para "espiar" a tarefa no caderno do colega. Falam alto e ao mesmo tempo. Quando a professora propõe uma atividade "indesejada" reclamam em altos tons: "ah! Isso agora não tia, deixa pra amanhã; agora a gente quer escutar uma estória". A professora não consegue centralizar as decisões apesar das tentativas. Os alunos devem trabalhar sozinhos. A obediência é pouca, o que torna o trabalho em classe desordenado e barulhento. As decisões são tomadas aleatoriamente por alunos e professora.

2 *Estruturação mediana* (**classe regida por professora democrática**)

A princípio, a autorização para uso do banheiro só deve ser solicitada em caso de absoluta necessidade, mas tal regra é modulada por outras atividades da criança ou da classe como um todo. Por exemplo, se o aluno já terminou a tarefa ou se não há mais que três crianças fora da classe usando o banheiro, poderá fazê-lo.

Os alunos colaboram com a professora numa série de atividades de caráter disciplinar ou acadêmico. A disciplina em classe não tem nada que lembre aquela do caso já apresentado. A professora consegue "controlar" o comportamento do aluno quando isso se faz necessário.

Geralmente a professora ou um outro aluno da classe faz a tarefa na lousa e os demais alunos corrigem seus próprios cadernos ou revezam-se com os colegas para esta correção. Nas aulas de Língua Portuguesa as redações são feitas em pequenos grupos. Cada aluno "tutora" um colega que apresenta mais dificuldade ou que não consegue realizar uma tarefa, uma vez terminada a sua própria tarefa. As decisões são tomadas pela professora, mas a classe colabora numa série grande de atividades. Os trabalhos independentes dos alunos são valorizados.

3 *Estruturação forte* (**classe regida por professora autoritária**)

Uma vez fixada uma regra, ela valerá para todo o ano letivo e para todas as crianças. Os alunos não podem sair em horário de aula para usar o banheiro. Tal regra não tem exceção, por isso as crianças deverão ir ao banheiro antes de entrar em classe ou no horário do recreio.

Todo o "controle" é feito pela professora, seja em termos disciplinares ou acadêmicos. A professora "modela" (no sentido Skinneriano do termo) através de *cópias* o comportamento do aluno e valoriza sobremaneira a obediência.

A professora não permite que os alunos levantem o braço para tirar qualquer dúvida ("se vocês pensarem antes não precisarão perguntar", dizia ela). Até a sequência de atividades em classe já era conhecida e realizada pelos alunos em completo silêncio; quando terminavam uma tarefa levantavam-se e depositavam seus cadernos, empilhados de cima para baixo, sobre a mesa da mestra, voltavam às suas carteiras e iniciavam a nova atividade. Frequentemente a professora saía da classe e eles continuavam trabalhando no mesmo "clima", como se ela estivesse presente. A professora centraliza todas as decisões; cabe ao aluno obedecer, fazer silêncio e trabalhar sozinho.

Gostaríamos de dizer que tal esquema teórico é suficientemente geral e nos permite analisar a quase totalidade dos acontecimentos que guiam as ações dos alunos em sala de aula: apontar o lápis, pedir a ajuda do colega para tirar uma dúvida etc. podem ser analisadas da mesma maneira. Em nossas observações estávamos interessados apenas nas regras gerais dos comportamentos emitidas pelas professoras, sem nos prendermos na análise do conteúdo específico a que elas se referiam.

Qualquer acontecimento dentro da classe, na medida em que introduz uma forma ou outra de regularidade, participa da influência do ambiente sobre o desenvolvimento cognitivo do aluno. Mas o papel formador de tais desequilíbrios e de tais ultrapassagens é função não só das características ambientais, mas, também, do estilo cognitivo do aluno e de seus recursos intelectuais para perceber as circunstâncias que modulam cada relação do meio; um ambiente pode não ser percebido como aleatório por uma criança em razão de seu estilo cognitivo ou de suas insuficiências estruturais.

As pesquisas

Pesquisa 1 – Procedimento experimental

Nosso procedimento consistiu, em primeiro lugar, em identificar as três professoras que fariam parte do estudo. Isso ocorreu após um período de dois meses de observação nas classes de CBc nas escolas A e B a serem trabalhadas. Uma vez identificadas as três professoras (uma da escola A e duas da escola B), nosso trabalho consistiu em avaliar, no último mês do ano letivo, as 88 crianças nas três variáveis pertinentes: aspectos funcionais dos processos cognitivos, aspectos estruturais dos processos cognitivos e desempenho escolar.[2] Como a avaliação dos aspectos funcionais envolveu uma tarefa experimental pouco conhecida, ela será inicialmente apresentada em detalhes.

2 Segundo as diretoras das escolas A e B, a distribuição dos alunos pelas classes era feita de maneira aleatória, de tal modo que "se você fizer um levantamento, em toda classe vai encontrar alunos ótimos, alunos regulares e alunos péssimos".

a) Avaliação dos aspectos funcionais dos processos cognitivos

Para se avaliar tais aspectos, utilizou-se a tarefa "deslocamento da plaqueta" (cf. Piaget, 1972) que nos permite verificar experimentalmente o estilo de funcionamento cognitivo do aluno numa situação de desequilíbrio intelectual. Interessou-nos mais o índice global de *performance* do aluno que a descrição detalhada do processo em jogo.

Em seus estudos sobre causalidade, realizados em Genebra, os colaboradores de Piaget apresentavam às crianças uma plaqueta de metal retangular (7cm X 3cm) com um pequeno entalhe em sua parte inferior direita. Perguntava-se a criança o que aconteceria com a plaqueta se ela a empurrasse, com a ajuda de um lápis colocado neste entalhe, em direção a um alvo estabelecido.

Antes que a criança efetuasse qualquer ação pedia-se a ela para adivinhar e desenhar o caminho a ser seguido pela plaqueta com seu impulso, até atingir o alvo. Tratava-se, num primeiro momento, de materializar para a criança, a sua estratégia inicial para poder observar em seguida, se ela aceitava modificá-la diante das resistências do objeto.

Três tipos de respostas foram observados:

1 Uma previsão centrada na própria ação da criança (a plaqueta seguirá o movimento de translação imprimido pela criança).

2 Uma previsão que se traduz num início de descentração da criança com relação ao objeto (a plaqueta efetuará uma rotação sobre si mesma).

3 Uma previsão na qual a criança coordena suas ações com as reações do objeto (a plaqueta efetuará uma translação e uma rotação).

No trabalho de Lautrey (1980), tiveram menos resistência para modificar seus esquemas iniciais de ação, crianças provenientes de lares flexíveis ou medianamente estruturados.

b) Avaliação dos aspectos estruturais dos processos cognitivos

As 88 crianças do CBc foram avaliadas também quanto aos aspectos estruturais do desenvolvimento. Para isso foram utilizadas as seguintes "provas": "inclusão em classes", envolvendo frutas como material, e "quantificação das probabilidades" envolvidas numa situação de sorteio. Tais tarefas foram utilizadas por seu poder discriminatório para crianças da faixa etária estudada. Como essas provas são bastante divulgadas, não entraremos em detalhes sobre suas respectivas aplicações (cf. Inhelder, B. et al., 1977 e Lautrey, 1980).

c) Avaliação do desempenho escolar

Tal desempenho foi avaliado em termos de notas (entre zero e dez) obtidas em tarefas planejadas juntamente com as professoras das respectivas classes e envolvia: erros de ortografia apresentados numa série de palavras retiradas dos livros ou cartilhas utilizadas; leitura em voz alta de um pequeno texto também selecionado dentre ou utilizados pelas classes de CBc; interpretação de um texto que devia ser lido individualmente, em voz baixa pelo aluno para, em seguida, responder às questões anexadas ao texto; composição escrita sobre uma série de seis quadrinhos mimeografados e que conjuntamente compunham uma estória; e contas envolvendo as operações já ensinadas pelas professoras nas classes respectivas (o desempenho escolar implicou, portanto, a realização de tarefas relativas ao ler-escrever-contar, básicas nas séries iniciais de escolaridade).

Os dados obtidos encontram-se na Tabela 1

Tabela 1 – Escores médios e percentuais dos 88 alunos do CBc nas 8 variáveis

Variáveis	Professora W Autoritária N = 29	Professora C Permissiva N = 27	Professora M Democrática N = 32
Erros de ortografia	14,35	6,14	12,03
Leitura	7,51	8,40	7,83
Interpretação de texto	5,34	7,94	7,89
Composição	4,23	6,62	4,98
Cálculos matemáticos	5,84	8,71	8,64
Inclusão em classes	79%	78%	72%
Quantificação das probabilidades	55%	56%	34%
Deslocamento da plaqueta	14%	30%	51%

Pesquisa 2 – Procedimento experimental

Como não constatamos na primeira pesquisa efeitos da estruturação da sala de aula sobre o desempenho cognitivo, levantamos provisoriamente a possibilidade de explicar tal resultado em função do tempo insuficiente (1 ano letivo!) para modificações estruturais nos alunos. Nossa segunda pesquisa só se tornou possível porque encontramos, numa das escolas em estudo, a professora democrática da primeira pesquisa lecionando, na ocasião, na 4ª série do 1º grau. Convém lembrar que tal prática é comum entre as professoras das séries iniciais do 1º grau, isto é, a série a elas atribuídas pode variar nos anos que se sucedem. Por causa desta prática tivemos a oportunidade de encontrar, entre os alunos da 4ª série, crianças que haviam sido alunos dessa mesma professora durante 1, 2 e 3 anos sucessivos. Se nos apresentava, portanto, uma excelente oportunidade para verificar se a permanência com a mesma professora democrática, por um período mais longo de tempo, interferia de maneira mais acentuada no estilo de funcionamento cognitivo, e se, por sua vez, isso se refletiria no seu desempenho cognitivo.

Nosso procedimento consistiu, então, em identificar aqueles que haviam sido 1, 2 ou 3 anos alunos da professora democrática e avaliá-los quanto às variáveis estilo cognitivo e desempenho operatório.

As tarefas utilizadas foram "quantificação das probabilidades", "conservação de volume" e "deslocamento da plaqueta".

A seguir, comparamos esses resultados com os escores dos alunos de duas outras professoras: uma delas permissiva, com as mesmas características da professora da primeira pesquisa, e outra que apresentava uma particularidade: era a única professora, nas duas escolas, que fazia uso das Atividades Matemáticas (AM), material elaborado pela SE e CENP do Estado de São Paulo, apoiado em alguns preceitos básicos para o ensino da Matemática: atividade, interesse do aluno, domínio de conteúdo, adequação às características do educando etc. (cf. SE, SP, v.1 e 2, 1991).

Como através das AM as atividades desenvolvidas pelos alunos eram em número muito maior que as observadas em classes convencionais, e como o conceito de atividade é central dentro do nosso quadro teórico, resolvemos observar seus efeitos sobre as variáveis em estudo.

Convém ainda esclarecer que diante dos dados da primeira pesquisa referentes ao desempenho escolar significativamente melhor apresentado por alunos provenientes da classe fortemente estruturada (regido por professora autoritária), deixamos de lado tal variável na segunda pesquisa. Tal resultado nos pareceu irrefutável pela própria natureza das avaliações escolares: cobrança de informações memorizadas. Pareceu-nos óbvio que a professora autoritária, por suas próprias características, consegue melhor dar conta dessa tarefa.

Nosso procedimento consistiu basicamente em avaliar os 5 grupos de alunos, das 3 professoras nas 3 variáveis em estudo. Os dados obtidos encontram-se na Tabela 2.

Tabela 2 – Escores percentuais dos 85 alunos de 4ª série, nas 3 variáveis

Variáveis	Profª M 1 ano Democrática n = 17	Profª M 2 anos Democrática n = 15	Profª M 3 anos Democrática n = 18	Profª N – Permissiva n = 19	Profª S (A.M.) Autoritária n = 16
Quantificação das probabilidades	57%	60%	67%	58%	68%
Conservação de volume	11%	31%	29%	5%	25%
Estilo cognitivo	58%	50%	83%	42%	56%

Resultados

Os resultados gerais obtidos indicam que:

Pesquisa 1

O desempenho escolar do aluno (ler-escrever-contar) do CBc é significativamente melhor para aqueles provenientes da classe fortemente estruturada, regida por professora autoritária.

O desempenho cognitivo, em seus aspectos estruturais, independe da estruturação dada à sala de aula pelas respectivas professoras, quando se considera o período de um ano letivo.

Alunos provenientes da classe fracamente estruturada revelaram-se "piores" em todos os aspectos estudados. No entanto, "professoras permissivas" dominam maciçamente em nossas escolas conforme pudemos constatar.

O estilo de funcionamento cognitivo (aspecto funcional do desenvolvimento), na situação experimental de desequilíbrio, é significativamente mais "eficiente" para os alunos provenientes da classe medianamente estruturada, regida por professora democrática.

Pesquisa 2

Um período de tempo maior frequentado pelos alunos, em classe regida por professora democrática, influi significativamente no seu desempenho cognitivo.

Os "piores" resultados continuam sendo os apresentados pelos alunos provenientes da classe regida por professora permissiva.

A professora autoritária, que no caso dos alunos da 4ª série, fazia uso das Atividades Matemáticas, consegue junto a seus alunos e com os trabalhos desenvolvidos, resultados que se aproximam daqueles apresentados pelos alunos da classe medianamente estruturada, contudo, tais resultados não se refletiram nos aspectos funcionais do desenvolvimento.

Discussão e conclusões

Como interpretar nossos resultados à luz do quadro teórico utilizado para planejar as presentes pesquisas? E que contribuição tais resultados poderão trazer à atuação do professor em sala de aula?

Nossos resultados gerais indicam que:

1 Em termos de desempenho escolar, saem-se melhor os alunos provenientes de classes fortemente estruturadas, regidas por professoras autoritárias. Tal resultado nos pareceu perfeitamente natural, dentro do que deve ser esperado, se nos lembrarmos do que é valorizado nas avaliações escolares: conhecimentos ou informações memorizadas de Matemática, de Língua Portuguesa, de Ciências. O professor autoritário é mais exigente, força mais o aluno nas cobranças e execução de tarefas, é mais diretivo. O comentário feito pelos alunos que "nós não gostamos de professora boazinha" (permissiva) pode ser justificado em termos de insegurança que tal tipo de docente provoca nas crianças: nunca sabem exatamente o que esperar dela, qual será seu comportamento nesta ou naquela circunstância, hoje ou amanhã. Tornam-se medrosos sem saber exatamente como devem agir, e esses sentimentos são particularmente danosos para crianças que iniciam sua escolaridade regular. No entanto, conforme pudemos observar, professoras permissivas dominam no cenário de nossas escolas em suas quatro séries iniciais.

2 O desempenho escolar melhor apresentado por crianças provenientes de classes autoritárias não é acompanhado por uma respectiva melhora no desempenho cognitivo. Isto significa que tirar boas notas, neste caso, não é uma decorrência da construção de novas estruturas intelectuais. O desempenho cognitivo apresentado pelos três grupos de alunos independe da estruturação dada à sala de aula, quando se considera o período de um ano letivo.

Este resultado também pode ser dito natural, esperado. Sabemos que a natureza das tarefas escolares é radicalmente diversa daquela implícita nas tarefas piagetianas que diagnosticam as estruturas operatórias. Enquanto as primeiras implicam memorização, as últimas implicam mais o uso do raciocínio ou do pensamento lógico. Estudo feito por nós (Camargo, 1990) comprova que não há qualquer correlação significativa entre escores de desempenho escolar e desempenho operatório.

Em nível estrutural poderíamos concluir, portanto, que os três tipos de estruturação não acarretam diferenças entre os alunos quando se considera um ano letivo.

3 Em nível de funcionamento, entretanto, pudemos constatar que o estilo de funcionamento cognitivo, numa situação experimental de desequilíbrio intelectual, é "mais eficiente" para os alunos provenientes da classe medianamente estruturada, regida por professora democrática.

O conhecimento psicológico dos mecanismos, através dos quais as desigualdades em sala de aula se refletem no estilo de funcionamento intelectual do aluno, pode ajudar a guiar a ação do professor na tentativa de atenuar as consequências de desigualdades prévias, sejam elas sociais, ambientais etc.

Nossa conclusão é que existe entre as crianças da amostra, diferenças mais ligadas ao estilo de funcionamento cognitivo do que às suas possibilidades estruturais.

De fato, o aluno que se encontra mais frequentemente em presença de fatores desequilibradores e os leva em conta, consegue melhorar sua atuação e conservar disso, parece, um "traço estável" susceptível de aumentar sua permeabilidade às perturbações do meio. Levar em conta acontecimentos perturbadores supõe a intervenção de um "processo de facilitação" que pode ser um "facilitador de origem interna" distinto das características estruturais. A familiaridade da criança com situações em que ela deve levar em conta acontecimentos periféricos às situações vividas, pode explicar tal "permeabilidade" às perturbações e os consequentes processos de assimilação-acomodação.

4 Um período maior de tempo em classes regidas por professoras democráticas influi tanto no desempenho cognitivo como no funcio-

namento intelectual dos alunos. Observando a Tabela 2, vemos que os "ganhos" nas duas variáveis foram 10% e 18% respectivamente para "quantificação das probabilidades" e "conservação de volume"; também quanto ao aspecto funcional observa-se um "ganho" de 25%. Influência semelhante pode ser observada, também, com os alunos da professora autoritária em função da realização das Atividades Matemáticas em sala de aula, contudo, nestes casos, as diferenças estruturais não foram acompanhadas de respectivas diferenças funcionais, isto é, melhora o desempenho cognitivo dos alunos, mas suas reações diante de uma situação de conflito permanecem mais próximas daquelas apresentadas pelos alunos da professora permissiva.

Mas que ganhos cognitivos poderemos esperar em decorrência da estruturação da sala de aula? Se é verdade que o funcionamento cognitivo é modelado quotidianamente e desde o nascimento pelas condições de existência do indivíduo, que peso pode ter seis horas diárias de um ano letivo?

Por qual razão 51% dos alunos do CBc da professora democrática, contra 14% dos da permissiva e 30% dos da autoritária, conseguem realizar satisfatoriamente o problema de conduzir a plaqueta ao alvo? Como explicar que 83% dos alunos, da 4ª série, da professora democrática, contra 42% dos da permissiva e 56% dos da autoritária conseguem reestruturar a situação e resolverem o problema proposto?

Quais as ações, dessa "professora democrática", responsáveis por tal atitude dos alunos diante de uma dificuldade?

Pelo que pudemos observar, essa explicação só pode ser dada em termos de "liberdade" e das "atividades" realizadas pelas crianças (sozinhas, em duplas ou em grupos) sob a supervisão da professora. O aluno é constantemente desafiado a agir: agir para corrigir o caderno de um colega, agir para atribuir uma nota a si próprio, agir para explicar ou tirar a dúvida de um colega etc. É enorme sua satisfação quando, após terminar e receber o visto da professora no caderno, ele caminha pela classe para ver quem necessita de ajuda. É com alegria que ele se senta, ou mesmo, se põe de joelhos ao lado do colega para ajudá-lo num exercício. Se entendermos por disciplina a construção do autocontrole na liberdade e na direção da responsabilidade social, creio ser isso que a professora democrática consegue de seus alunos, através de seu trabalho, de sua liberdade, de suas atividades. Eles adquirem autoconfiança, autonomia intelectual e ficam mais "corajosos" na hora de tentar novos caminhos para resolverem um problema.

E quanto à professora permissiva? O que faz com que seus alunos apresentem os piores resultados em todos os aspectos estudados?

A dificuldade encontrada por essas crianças na situação experimental era flagrante: alguns não queriam mesmo arriscar a solução do problema; outros faziam uma única tentativa e punham o lápis sobre a mesa dizendo: "não dá para fazer o que a senhora pede", "a plaqueta gira e não sai do lugar"; outros ainda, diante da rotação da plaqueta pensavam em "truque" e chegavam mesmo a olhar debaixo da mesa para se certificarem de que não havia "imã" obrigando a plaqueta a girar. A falta de curiosidade, o medo, a impotência diante do problema eram visíveis.

Tudo isso pode ser explicado, pelo menos em parte, em termos do tipo de trabalho desenvolvido por eles em sala de aula: os alunos não sentem um "pulso forte" direcionando-os para um lugar seguro, perdem--se em meio ao tumulto da classe e os gritos da professora. São inseguros e desmotivados. Fazer uma tarefa não é importante, uma vez que eles podem copiá-la do colega ao lado.

Fazendo um paralelo com o ambiente familiar, como estudado por Lautrey, filhos de pais condescendentes podem fazer qualquer coisa sem muita preocupação: bater o carro, chegar tarde em casa, esparramar objetos pessoais pelo quarto etc.. A "indulgência" do pai e a "compreensão" da mãe os eximem de qualquer sentimento de culpa ou responsabilidade.

Finalmente, o que dizer dos alunos da professora autoritária? Se tal autoritarismo consegue deles um bom desempenho escolar (função do tipo de exigências da escola), o mesmo não acontece com o desempenho operatório, se considerado um curto período de tempo. Com relação ao funcionamento cognitivo, eles situam-se a meio caminho entre os alunos das professoras permissiva e democrática.

Em nossas observações pudemos verificar que o "comportamento exemplar" apresentado por eles na presença da mestra não se mantinha no caso de uma eventual substituição da professora. Esta simplesmente não conseguia trabalhar com a classe, tamanha indisciplina.

A meu ver, isso ilustra que a "aparente" responsabilidade das crianças não se mantinha longe do domínio da professora autoritária. No entanto, segundo ela, "esta classe trabalha bem e sozinha; não precisa da professora". A coerção e a heteronomia moral impedem o desenvolvimento da disciplina no sentido da autonomia intelectual e responsabilidade social.

É o que acontece também com os filhos de pais autoritários, segundo Lautrey. Eles sabem que diante das exigências dos pais não há argumentos. Adotam uma atitude de conformismo, de resignação, de obediência aparente. Não tentam novos argumentos, novas estratégias. Se os pais exigem que eles cheguem em casa antes das onze horas da noite, não lhes cabe questionar, discutir; apenas obedecer. Não há exceções, não há novidades ou surpresas, logo, não há necessidade de tentar novas construções cognitivas na busca de novas soluções, novos acordos.

Nossos dados nos fazem pensar na hipótese de que possíveis diferenças em nível estrutural, entre alunos frequentadores de classes diferentemente estruturadas, poderão ser esperadas, a longo prazo, como decorrência de diferenças construídas no estilo de funcionamento cognitivo. Nesse sentido, a ação mais recomendável da professora, para provocar a construção de novas estruturas, não é a de agir diretamente sobre elas através de situações organizadas de ensino-aprendizagem, mas, o de tentar intervir no próprio mecanismo de funcionamento dessas estruturas, através da liberdade e da atividade cooperativa responsável.

Referências bibliográficas

CAMARGO, D. A. F. de. Desempenho operatório e desempenho escolar. *Cad. Pesquisa*, v.74, p.47-57, 1990.

DASEN, P. *Piagetian Psychology: cross-cultural contributions*. New York: Gardner Press Inc, 1977.

______. Différences individuelles et différences culturelles. *Bul. de Psych.*, v.33, n.345, p.675-84, 1980.

INHELDER, B., BOVET, M., SINCLAIR, H. *Aprendizagem e estruturas do conhecimento*. São Paulo: Saraiva, 1977.

KAMII, C., DEVRIES, R. *A teoria de Piaget e a educação pré-escolar*. Lisboa: Socicultur, s.d.

LAUTREY, J. *Classe sociale, milieu familiar, intelligence*. Paris: PUF, 1980.

______. Environnement familial et développment intelectuel. *Orientation Scolaire et professionnelle*, v.2, n.3, p.227-43, 1973.

______. Structuration de l'environnement familial et développment cognitif. *Cahier de Psych.*, v.21, p.99-110, 1978.

PIAGET, J. *L'équilibration des structures cognitives, problème central du développement*. Paris: PUF, 1975.

______. *La direction des mobiles hors des chocs et des poussées*. Paris: PUF, 1972.

______. Logique et équilibre dans les comportements du sujet. In: *Logique et Équilibre*. Études d'Epistémologie Génétique. Paris: PUF, 1957.

SÃO PAULO (Estado). Secretaria da Educação. Coordenadoria de Estudos e Normas Pedagógicas. *Atividades Matemáticas: ciclo básico*. 5.ed. São Paulo: SE/CENP, 1991. v.1 e 2.

11 ISTO E AQUILO: JOGO E "ENSINAGEM" MATEMÁTICA

Paulo Sérgio Emerique[1]

Ou isto ou aquilo

Ou se tem chuva e não se tem sol
ou se tem sol e não se tem chuva!
Ou se calça a luva e não se põe o anel,
Ou se põe o anel e não se calça a luva!
Quem sobe nos ares não fica no chão,
Quem fica no chão não sobe nos ares.
É uma grande pena que não se possa
Estar ao mesmo tempo nos dois lugares!
Ou guardo o dinheiro e não compro do doce
Ou compro o doce e gasto o dinheiro.
Ou isto ou aquilo; ou isto ou aquilo...
E vivo escolhendo o dia inteiro!
Não sei se brinco, não sei se estudo,
se saio correndo ou fico tranquilo.
Mas não consegui entender ainda
Qual é melhor: se é isto ou aquilo.

(Meireles, 1977, p.57).

Jogando com as palavras (como bem fazem os poetas), Cecília Meireles versifica a partir de uma forma de pensar que poderíamos nomear

1 Docente do Departamento de Educação e do Programa de Pós-Graduação em Educação Matemática – UNESP – Rio Claro – SP.

de dicotômica ("ou isto ou aquilo"), apontando para os aparentemente opostos, numa perspectiva compartimentalizada, obviamente ideológica, tão comum à nossa cultura.

Assim, com critérios fixados *a priori*, nossa educação ensinou-nos a ver como antagônicos o que poderíamos perceber como complementares: adulto x criança, masculino x feminino, trabalho x lazer, sério x lúdico, brincar x estudar...

Mesmo a sabedoria infantil sabe que a dicotomia pode ser superada: "sol e chuva, casamento de viúva/chuva e sol, casamento de espanhol". E muitos professores buscam descobrir estratégias para que seus alunos não estejam "ao mesmo tempo em dois lugares", na sala de aula e com a atenção em outros espaços ou momentos!

Assim, nos propomos refletir aqui a partir de uma visão holística e transdisciplinar que supere, como propõe D'Ambrósio (1993), as distorções decorrentes do pensar compartimentalizado, para apontar algumas contribuições de uma Psicologia do Jogo para a Educação Matemática.

Como ponto de partida, poderíamos criar o neologismo *ensinagem* para indicar serem indissociáveis os processos de ensino e aprendizagem, como aponta Bicudo (1993): na Educação Matemática não se separa aquele que aprende daquele que ensina.

Como já apontamos em outro estudo (Emerique, 1993), separar o processo de ensino do processo de aprendizagem pode levar a distorções de percepção como, na avaliação, atribuir os resultados satisfatórios ao primeiro e os fracassos ao segundo.

Pressupondo o lúdico como uma alternativa eficiente para a motivação e "ensinagem" de vários conteúdos e disciplinas, propusemos à UNESP o projeto JOGAPREND, que temos apresentado em curso vivencial e palestras, baseado em pesquisa (em andamento) sobre a possibilidade de, através de um jogo (de construção) com regras, desenvolver a noção da unidade ganhar-perder presente em várias situações de vida, também na escolar, questionando o propósito capitalista de "levar vantagem em tudo".

Essa capacidade que o jogo tem para reunir as antíteses, representando um elemento pelo seu contrário, permite que nele se associem a regra e o arbitrário, o secreto e o partilhado, o incerto e o codificado, em ambivalência, já que, como lembrou Wasserman (1982), na linguagem do jogo, a contradição não existe.

No entanto, devemos confirmar, de início, indicações de vários autores (Bomtempo, 1986; Carrasco, 1992; Brazil, 1998, dentre outros) apontando uma acentuada resistência dos professores quanto a inovações, em defesa da manutenção das práticas pedagógicas tradicionais.

Camargo (1998) chega a afirmar que, na atualidade, "poucas noções são vítimas de tanto preconceito como o lúdico" (p.16), mas D'Ambrósio (1993) lembra que jogos intelectuais, "jogos de abstração, jogos de palavras, de inferências e silogismos ... que pouco tinham a ver com a realidade" (p.82) já eram parte da atividade (que os homens desejavam imitar) dos deuses do Olimpo.

Huizinga, em Homo Ludens (1980), defende a ideia de que o jogo puro e simples constitui as bases da civilização: "Num sentido puramente formal poderíamos considerar toda a sociedade como um jogo, sem deixar de ter presente que este jogo é o princípio vital de toda a civilização. A conclusão é de que sem o espírito lúdico a civilização é impossível" (p.28).

Schwartz (1998) considera que

> a noção de jogo aplicado à educação desenvolveu-se com lentidão e penetrou, tardiamente, no universo escolar, sendo sistematizada com atraso. No entanto, introduziu transformações decisivas ... materializando a ideia de aprender divertindo-se, devido à sua fertilidade pedagógica essencial. (p.66)

No entanto, há de se alertar para o caráter complexo e contraditório do lúdico, sempre inserido num contexto social e cultural, ou seja, uma manifestação histórica, que sofre modificações ao longo do tempo.

Na obra acima citada, Huizinga define jogo como

> uma atividade ou ocupação voluntária, exercida dentro de determinados limites de tempo e espaço, segundo regras livremente consentidas, mas absolutamente obrigatórias, dotado de um fim em si mesmo, acompanhado de um sentimento de tensão e de alegria e de uma consciência de ser diferente da vida cotidiana. (p.33)

Assim, segundo Pinto (1998), "precisamos ficar atentos ao fato de que muitos, em nome do lúdico, tentam mascarar as contradições e embelezar as asperezas da vida" (p.24), pois, além da diversão, da alegria ou contentamento que podem acompanhá-lo, o jogo é uma atividade cercada de incertezas e dúvidas, envolvendo riscos quanto ao seu desenvolvimento e resultados.

Também para Knappe (1998), o jogo

> implica necessariamente a ação, o inter-relacionamento e a improvisação a partir da espontaneidade, a curiosidade e a aceitação do risco, dentro de um processo espiralado contínuo de desestruturação/estruturação. Jogo, assim entendido, não é só próprio dos primeiros anos de vida, como de todo o processo de crescimento e aprendizado vital em qualquer fase da vida. (p.33-4)

Outra contradição aparente, apontada por Passos (1994), é a relação lúdico-ciência:

> A ciência clássica adotou um tipo de racionalidade baseada apenas na razão técnica, na objetividade e na imparcialidade, contrária à simbologia lúdica centrada na construção de ilusões, manutenção do acaso e do aleatório. Para essa ciência a simbologia do desconhecido é incompatível com o ideal almejado de definições, comparações e numerações. (p.47)

Entretanto, afirma a mesma autora, a ciência é movida pela criação e pela imaginação, elementos fundamentais para se encontrar novas ideias e soluções.

Nessa direção, Santa Roza (1993) lembra o pensamento kantiano de que "o conhecimento está veiculado à imaginação", e Elkonin (1980) reproduz as palavras que Vygosty lhe enviou: "... que a imaginação nasce do jogo o expusemos como algo absolutamente certo, convincente e central por seu significado: antes do jogo não há imaginação" (p.17).

Quanto à relevância do novo, voltamos a D'Ambrósio (1995): "Estamos agora vivendo um Novo Renascimento... que alguns chamam a Nova Era... com profundas implicações... Não se chega ao novo sem um novo pensar..." (p. 26-7).

Considerando o vínculo que abrange o pensar, o sentir e o agir, acreditamos que ao educador está posto o desafio de imaginar novas metodologias e pesquisar estratégias alternativas para uma *ensinagem* mais abrangente, envolvente, participativa, multidisciplinar e inserida na realidade, vendo, no lúdico, uma possibilidade de construir essa ponte entre o real e o imaginário, pois "sua função é a de representar a realidade" (Santa Roza, 1993, p.25).

Nessa função, o jogo se equivale à linguagem, pois ambos representam a realidade e a transpõem, como sua ficção, e é pela atividade lúdica que se torna possível o uso dos signos e, então, a constituição da semiótica; assim, o jogo gera o signo cujo valor é dado pela sociedade.

Assim como Friedmann (1996), cremos que a utilização do lúdico não é prioritária nem exclui outros caminhos metodológicos. No entanto, exige do professor uma postura de permitir-se, de abrir mão do controle autoritário, de "reconhecer-se digno de uma trégua que suspende por algum tempo as sujeições, obrigações, necessidades e disciplinas habituais... pois o antidever é, nesse ponto, a própria essência do jogo... o adulto joga desde que se permita não mais dever o que vai começar a fazer" (Leif & Brunelle, 1978, p.19-22).

Nesse sentido, penso que a dimensão de risco, de busca, do prazer da surpresa e da curiosidade satisfeita envolvem tanto o brincar da criança quanto o trabalho do cientista e do pesquisador, numa "aventura... (que) vai proporcionando um jogo que convida, constantemente... a rever... a produzir... a iniciar..." (Fazenda, 1992, p.133).

Nessa aventura de pesquisar, temos tentado recuperar o lúdico no mundo adulto, sensibilizando e conscientizando professores para vivenciarem um novo papel, o de facilitadores do jogo no ambiente escolar (Emerique,1981, 1989; Souza & Emerique, 1995).

Esta tarefa não tem se revelado de fácil consecução, sobretudo porque somos, desde os primeiros anos de vida, imersos numa cultura antilúdica que exige: "deixe de brincadeira!", que afirma: "brincadeira tem hora!", que culmina com a fala dos professores: "vamos parar de brincar que vai começar a aula!".

No entanto, em nossos cursos de capacitação, temos encontrado muitos docentes que reconhecem uma *carência lúdica*, uma vontade de dinamizar suas aulas e envolver seus alunos numa aprendizagem mais significativa, por meio da utilização de técnicas alternativas à aula expositiva, alegando que "pior que dá-la é só recebê-la".

Como escreve Wasserman (1982):

> Por isso muita gente quer jogar, porque quer outro meio de expressão além da expressão verbal, porque não consegue encontrar ou transmitir através da expressão verbal o que verdadeiramente se passa dentro dela ... sempre há algo de nós que segue falando no jogo. (p.36-7)

Apesar de muitas escolas continuarem "encarando o comportamento lúdico, a criatividade e a espontaneidade como fatores alheios a seu contexto" (Schwartz, 1998, p.73), percebe-se outras que "(quem diria?) hoje se preocupam com o ensino lúdico, o ensino baseado no prazer" (Camargo, 1998, p.18).

A inadequação dos métodos unicamente expositivos, que reduzem os papéis de professor e de aluno a meros transmissores e receptores de conteúdos, foram apontados por importantes contribuições (Piaget, Bruner, Wallon, Vygotisky e outros) e pesquisas baseadas em teorias psicológicas, redundando em propostas que sugeriam o uso de diversos recursos e a participação ativa dos alunos, como lembra Moura (1997): "... colocar o aluno diante de situações de jogo pode ser uma boa estratégia para aproximá-lo dos conteúdos culturais a serem veiculados na escola, além de poder estar promovendo o desenvolvimento de novas estruturas cognitivas" (p.80).

Segundo Macedo (in Alencar, 1992), há três pontos sempre presentes em qualquer jogo: 1. um objetivo ou uma situação-problema, 2. um resultado, em função desse objetivo e 3. um conjunto de regras determinando os limites dentro dos quais os aspectos 1. e 2. serão considerados. Conclui, então, afirmando que o contexto de "luta", contra alguém ou alguma coisa, com suas táticas e estratégias, é o que encanta ou atemoriza àquele que joga.

Esse mesmo autor, partindo das premissas piagetianas, resume os ganhos decorrentes do jogo, dos pontos de vista:

- afetivo: como regular o ciúme, a inveja e a frustração, adiar o prazer imediato, subordinar-se a regras, abrir-se para o outro, para o imprevisível;
- social: a necessidade da linguagem, de códigos, da cooperação, da solidariedade, das relações interpessoais;
- cognitivo: necessidade e possibilidade de construção de novos conhecimentos e procedimentos, de descobrir erros e de imaginar formas de superá-los, dentre outros desafios.

Considerando que "o jogo com regras é a atividade lúdica do ser socializado" (Piaget, 1971, p.182), verifica-se na socialização da criança uma "descentração" que coincide com a idade comumente aceita para ser a das aquisições escolares iniciais.

Na visão piagetiana, "a regra é uma regularidade imposta pelo grupo, e de tal sorte que sua violação representa uma falta" (p.148).

No entanto, na medida em que o antidever é a própria essência do jogo, a regra se mostra evolutiva, mutante, na medida em que o jogo é a negação da regra e é assim que se inventam novos jogos.

Então, a liberdade, a criatividade e o pensamento divergente caminham junto com o jogo (se não visto como uma tarefa ou obrigação), o que lhe confere um valor ético, dado o processo decisório que se caracteriza por decisões quanto a alternativas, condutas e estratégias a serem escolhidas pelo jogador.

Assim, se os professores utilizassem o jogo como uma atividade voluntária, à qual não se pode obrigar ninguém, e considerassem o lúdico como um recurso associado à motivação, talvez o exercício ou a tarefa se tornassem mais desafiantes, provocadores de curiosidade, e o *dever de casa* fosse percebido como um *prazer de casa*, permitindo maior envolvimento e compromisso com o desafio do conhecimento da realidade, de si mesmo e do outro, facilitando o aprender a aprender.

Nesse sentido, mesmo sem desconsiderar as ligações do jogo com o acaso, com a incerteza e com o conflituoso, vários autores confirmam suas dimensões de alegria, de arrebatamento, de *não querer*, de desejo, de fantasia e gozo, desejáveis também no trabalho do educador (Souza, 1995, Brotto, 1997, dentre outros).

Sabemos que todo jogo se dá num espaço definido previamente, é circunscrito pelo tempo e sua ordem é dada pelas regras, cuja necessidade é inquestionável para possibilitar a interação lúdica. No entanto, no ambiente escolar, quem elabora as normas?

Se a norma é imposta pelo professor (heteronomia), ela constrange e desmotiva o aluno, que não se sente responsável por seu cumprimento; se o professor é muito permissivo e não "co-opera" (opera junto) na elaboração de um contrato de trabalho, num pacto quanto ao processo de "ensinagem", deixando-o só a critério do aluno, o ambiente pode tornar-se de anomia, com ausência de padrões desejáveis e indefinição de papéis.

Segundo Kamii & De Clark (1988), como muitos professores são frutos de uma educação autoritária, parece-lhes mais natural e necessário atuar de maneira heteronômica, usando mais poder do que seria necessário e fazendo com que os alunos obedeçam.

Por isso, alertam: "se alguém determina o que o outro deve fazer, a troca genuína cede lugar ao autoritarismo que produz atos mecânicos isolados" (p.43).

Para ser útil no processo educacional e estimular a autonomia, na perspectiva de Kamii & Devries (1991), um jogo deveria: 1. propor alguma coisa interessante e desafiadora para os alunos resolverem; 2. permitir que eles possam se autoavaliar; e 3. possibilitar que todos participem ativamente do começo ao fim.

A autoavaliação solicitaria do aluno seu posicionamento quanto à possibilidade de ter errado e, nessa situação, seria melhor perguntar aos demais se todos concordam com o resultado, do que simplesmente corrigir a resposta.

Macedo (in Alencar, 1992) considera que a análise dos erros e das estratégias constitui uma excelente oportunidade de o aluno considerar os meios que utiliza ao jogar.

Revendo as contribuições teóricas relevantes para o surgimento de propostas que incorporaram a utilização de materiais diversos e a participação ativa do aluno, Moura (1997) ressalta as concepções sociointeracionistas, que partem do pressuposto de que

> a criança aprende e desenvolve suas estruturas cognitivas ao lidar com o jogo com regras ... o jogo promove o desenvolvimento, porque está impregnado

> de aprendizagem ... os sujeitos, ao jogar, passam a lidar com regras que lhes permitem a compreensão do conjunto de conhecimentos veiculados socialmente. (p.80)

Machado (in Oliveira, 1995) conclui que a elaboração dos conceitos irá depender da diversidade quantitativa e qualitativa das experiências interacionais que a criança vivenciará nos espaços institucionais em que se encontrar, e completa: "os conhecimentos advindos de uma interação lúdica, com toda a gama de aspectos afetivos e cognitivos que os caracterizam, têm um valor especial ... de ... mais genuínos" (p.43). Nessa perspectiva, o jogo seria visto como conhecimento feito e se fazendo.

Na formação e capacitação de docentes facilitadores do jogo, tem-se mostrado essencial trabalharmos com a postura dos professores ante o lúdico, pois a maneira como se joga "significa nada menos que a maneira como estamos no mundo" (Brotto, 1997). Como alerta Carrasco (1992): "Se o professor não gosta de jogar, não deve propor o jogo aos alunos" (p.164).

Como já apontamos, essa resistência está relacionada a uma postura antilúdica, no mais das vezes. Leif & Brunelle (1978) lembram que mesmo um pedagogo tão inovador como Freinet pôde excluir o jogo de qualquer estratégia educativa "séria" por ter aceito a oposição entre o jogo e o trabalho.

Em vista do caráter gratuito do jogo, outra resistência parece decorrer da noção dominante no mundo moderno de que tudo tem que ser justificado pela utilidade e aceito pelos padrões morais instituídos (entre os quais, de que tempo é dinheiro e não deve ser gasto), como aponta Bruhns (1988).

Santa Roza (1993) reconhece que também alguns psicanalistas "negligenciam o brincar, deixam-no de lado, relegado a um plano secundário, de importância menor. Suportam as atividades lúdicas ... apenas porque não têm outra alternativa"; poder-se-ia olhar, também, para o jogo dentro do jogo e, ao se dizer "isto é só um jogo!", pretender-se evitar a realidade (também psíquica). No entanto, conclui esta autora: "O jogo se baseia na manipulação de imagens, sua função é representar a realidade" (p.20).

Em outra abrangente revisão das teorias de jogo, Takvar (1988) nos lembra que, para Freud, o oposto do jogo não é o que é sério, mas o que é real. Nele, assim como no sonho, esconde-se um precioso e importante conteúdo, o latente. Nessa concepção, o que se deseja é a *re-leitura*, a interpretação, a transformação da realidade, e não a fuga do real, do conflituoso.

Considerada a função ambivalente do jogo (que associa a norma e sua negação, o interdito e o autorizado, o sucesso e o fracasso, o ganhar e o perder, o real e o fictício), conclui-se que não basta permitir ou dar o direito ao lúdico, sendo preciso despertar e manter o desejo de brincar, pois a atividade humana resulta da motivação proposta pela atividade e pela realidade onde a pessoa está inserida.

No ensino e aprendizagem de Matemática, nos últimos anos, as referências ao jogo têm sido constantes e crescentes. Segundo Moura (1997), a análise desta tendência, ainda pouco difundida e aceita, é relevante para que possamos assumir conscientemente nosso papel de educadores. Para ele, "o jogo aparece, deste modo, dentro de um amplo cenário que procura apresentar a educação, em particular a Educação Matemática, em bases cada vez mais científicas" (p.76).

Algumas dissertações, teses e artigos, ligados ao Programa de Pós-Graduação em Educação Matemática da UNESP, em Rio Claro (SP), parecem confirmar essa tendência e preocupação quanto à utilização do jogo no espaço escolar.

Assim, a partir dos pressupostos sociointeracionistas, Leite (1994) defende a brincadeira como coisa séria: "na brincadeira está presente o sócio-histórico, o cultural da criança e, para trabalhar com isto, assim como com a etnomatemática, é necessário falar da interação das crianças" (p.86), pois "o conhecer resulta do poder realizar (inter)ações imagináveis durante a brincadeira" (p.85), concluindo: "O brinquedo constitui um processo de evolução ininterrupto de construção de significados e conceitos" (p.95).

Na dissertação na qual analisou jogo *versus* realidade, Carrasco (1992) identificou pontos comuns entre o raciocínio utilizado nos jogos e raciocínio útil na produção de matemática. Segundo ela, proporcionar prazer e diversão, representar um desafio e provocar o pensamento reflexivo do aluno seriam razões suficientes para defender o jogo na educação, sem a pretensão de que a educação se reduza a um jogo. A seu ver, seria tão importante "entrar no jogo" quanto "entrar na realidade", alertando: "o homem que faz de sua vida um jogo, não penetra na sua dimensão mais ampla de ser histórico" (p.164).

Neeleman (1991) considera que a matemática, assim como os jogos, a criança só aprende *re-inventando-a*, recriando-a, o que pode tornar-se possível retomando o lúdico na sala de aula.

Pressupondo que o jogo constitui uma relação interpessoal caracterizada por objetivos, regras e papéis estipulados, gostaria de complementar estas considerações relacionando-o às contribuições da Psicanálise à Educação Matemática, apresentadas em tese recentemente defendida por Cabral (1998).

De início, ela considera necessário reconhecer e explicar a maneira como o aluno se posiciona diante de uma atividade de matemática, entendida como provocadora de demanda, afirmando: "na aprendizagem matemática, mais do que uma modificação de conceitos ou de estrutura cognitiva, está em jogo o posicionamento do aluno" (p.xi).

A seu ver, na perspectiva do ensino tradicional, a posição da maioria dos alunos é a de esperar, do professor, a solução; o professor, então, é colocado na, ou assume a posição complementar de saber tudo, é o mestre que tudo controla. Seu objetivo, então, "é transmitir conhecimentos de modo mais claro possível, para não induzir a equívocos o aluno" (p.17).

Nesse desejo, o professor evita errar e quer que o aluno não erre, o que parece ser impossível. O aluno é, então, trabalhado e moldado à imagem do professor, para chegar, pelo mesmo caminho, à posição em que este se acha.

Cabral afirma, então: "Talvez o menos angustiante, tanto para o professor quanto para o aluno, seja oferecer condições para que este enfrente seus 'erros'" (p.19), reconhecendo: "É preciso desencadear outras estratégias..." (p.107).

Nesse ponto, pergunto: dentre essas condições desejáveis, não estariam as estratégias lúdicas, para colocar em questão *o que está em jogo* e possibilitar um enfrentamento das falhas do processo de *ensinagem*?

Como ingredientes desse *jogo do ensino tradicional,* como o rotularíamos, Cabral visualiza a rotina, a burocracia, a repetição da doutrinação científica, entre outros.

Tendo em vista *"a importância que a inversão de papéis tem para a aprendizagem"* (Knappe, 1998), parece-me que é nessa direção que Cabral (1998) conclui:

> O aluno, ser falante, deve ocupar a posição central no processo, a ponto de poder ser declarado: a regra do processo de aprendizagem está do lado do aluno. Da mesma maneira, é possível dizer que: Do lado do professor está a ética da aprendizagem; é preciso aprender a ouvir e fazer o aluno falar. (p.210)
>
> Por seu lado, o professor também se modifica ao longo do processo. À medida que o trabalho do aluno for levado por ele mesmo, o professor não passa de um suporte. (p.201)

Assim como vejo no jogo (e na terapia), Cabral reconhece que a fala significa o instrumento de elaboração de um saber inconsciente, lembrando Lacan. Assim como no lúdico, na sala de aula também "é preciso abordar a fantasia, em seu aspecto imaginário, para compreender a relação entre o indivíduo e as imagens que ele estabelece com o mundo, com as pessoas, com os objetos" (p.117).

Considerando, então, as abordagens do lúdico apresentados pelos autores citados neste capítulo e nossas próprias percepções a partir das experiências que temos tido com essa temática, analisando a alternativa de uma "ensinagem" pelo jogo, parece-nos possível admitir que:

- *Homem* é um ser capaz de agir voluntariamente sobre o mundo e sua atividade resulta da *motivação*, gerada por seus desejos, interesses e necessidades, tão importantes quanto qualquer outra razão; a *realidade* é a fonte de seu *conhecimento*, que se manifesta de maneira holística, total; esse conhecimento da realidade não é possível sem a experimentação e a pesquisa com liberdade, sem a situação-problema enfrentada com independência, sem o distanciamento do real, sem a *imaginação*, que faz a ponte entre o pensamento, o sentimento e a linguagem, sem a *interação* com o outro e pelo outro;
- *jogo* é uma situação privilegiada *afetiva, social* e *cognitivamente*; não pode ser imposto nem dele se exigir resultados; no entanto, é ordem e cria ordem, pois aponta para os limites a serem aceitos ou superados; pode diminuir resistências, pois rompe com a rigidez, com o autoritarismo, o controle e o mando, democratizando as relações; não se confunde com fetiches metodológicos, fórmulas mágicas ou modismo; exige uma postura consciente e uma abertura para o risco, a ambivalência e o incerto; ao mesmo tempo, pode tornar reais o prazer da descoberta, o encantamento que seduz, a entrega ao novo;
- a *Educação Matemática* começa a interagir com outros campos e a aceitar contribuições de outras áreas do conhecimento; mesmo lentamente, reconhece que muito do conhecimento matemático foi adquirido de forma desinteressante e se mostra, agora, pouco útil e desvinculado da realidade social e do contexto cultural; também, que a interação social é indispensável para o desenvolvimento da lógica; que o professor deve levar o aluno a um outro posicionamento, sem conformá-lo à sua própria imagem nem impor um saber supostamente verdadeiro; que, sem suprimir o conflito, a dúvida, a decepção ou as dificuldades, deve acolhê-las e confrontar o aluno com a polêmica, o mistério, a possibilidade do erro e a impossibilidade de eliminá-lo do processo de ensino-aprendizagem.

Cabe lembrar, como faz Cabral (1998), que para Freud há três profissões impossíveis: curar, educar e governar. Talvez, a nosso ver, porque precisam encarar o desejo, que não se pode ignorar e com o qual não se brinca!

Então, concluem Leif & Brunelle (1978): "não é suficiente dar às crianças o direito ao jogo, é preciso despertar e manter nelas o desejo do jogo" (p.122).

Reconhecendo que "o jogo está tão gravemente ameaçado pela atual sociedade que cabe à escola protegê-lo", alertam: "Pode-se temer agora que a escola em breve se torne o único e último lugar onde o adolescente, assim como a criança, ainda possa jogar" (p.11).

Pessoalmente, considero mais grave ainda a perspectiva de que a escola venha a ser *um dos últimos lugares* a valorizar e a utilizar o lúdico (o jogar e o brincar) como recurso privilegiado para a motivação e o comprometimento com o processo de "ensinagem".

Referências bibliográficas

BICUDO, M. A. V. O Significado da Filosofia da Educação Matemática na Formação do Professor de Matemática. ENCONTRO NACIONAL DE EDUCAÇÃO MATEMÁTICA, V, 1995, Aracaju. *Anais*... Aracaju, 1995. p.233-9

BOMTEMPO, E. (Org.) *Psicologia do brinquedo*: aspectos teóricos e metodológicos 1.ed. São Paulo: Nova Stella, Edusp, 1986. 204p.

BROTTO, F. O. *Jogos cooperativos*: se o importante é competir, o fundamental é cooperar. 1.ed. Santos: RE-Novada, 1997. 171p.

BRAZIL, B. R. *A prática de Ensino de Matemática*: alternativas e desafios na formação do professor. Rio Claro, 1998. 138p. Dissertação (Mestrado em Educação Matemática) – Universidade Estadual Paulista.

BRUHNS, H. T. Lazer, Cultura e tecnologia: discussões envolvendo aspectos da globalização. *Licere*, v.1, n.1, p.77-94, 1998.

CABRAL, T. C. B. *Contribuições da Psicanálise à Educação Matemática*: a lógica da intervenção nos processos de aprendizagem. São Paulo, 1998, 233p. Tese (Doutorado em Educação) – Universidade de São Paulo.

CAMARGO, L. O. de L. *Educação para o lazer*. 1.ed. São Paulo: Editora Moderna, 1998. 160p.

CARRASCO, L. H. *Jogo versus realidade*: implicações em Educação Matemática. Rio Claro, 1992. 302 p. Dissertação (Mestrado em Educação Matemática) – Universidade Estadual Paulista.

D'AMBRÓSIO, U. A transdisciplinaridade como acesso a uma história Holística. In: WEIL, P., D'AMBRÓSIO, U., CREMA, R. *Rumo à nova transdisciplinaridade*: sistemas abertos de conhecimento. São Paulo: Summus, 1993. p.75-124.

______. Uma nova Educação Matemática para Novos Tempos. In: ENCONTRO NACIONAL DE EDUCAÇÃO MATEMÁTICA, V, 1995, Aracaju. *Anais*... Aracaju, 1995. p.25-35.

ELKONIN, D. B. *Psicologia de juego*. 1.ed. Madrid: Visor Libros, 1980. 288p.

EMERIQUE, P. S. *Estruturas grupais e suas implicações numa situação de jogo com regras*. São Paulo, 1981. 114p. Dissertação (Mestrado em Psicologia Escolar) – Instituto de Psicologia, Universidade de São Paulo.

______. *ASSISTIR – IMITAR – BRINCAR*: um estudo sobre a influência da televisão no comportamento de crianças pré-escolares. São Paulo, 1989. 190p. Tese (Mestrado em Psicologia Escolar) – Instituto de Psicologia, Universidade de São Paulo.

______. Alguns aspectos do processo de avaliação, na percepção de professores de Matemática e seus alunos. *Bolema*, ano 8, n.9, p.35-46, 1993.

FAZENDA, I. (Org.) *Novos enfoques da pesquisa educacional*. 1.ed. São Paulo: Cortez, 1992. 135p.

FRIEDMANN, A. *Brincar: crescer e aprender* – O resgate do jogo infantil. 1.ed. São Paulo: Moderna, 1996. 128p.

KNAPPE, P. P. *Mais do que um jogo*: teoria e prática do jogo em psicoterapia. 1.ed. São Paulo: Ágora, 1998 .194p.

HUIZINGA, J. *Homo Ludens*. São Paulo: Perspectiva, 1980. 243p.

KAMII, C., DE CLARK, G. *Reinventando a aritmética*: implicações da teoria de Piaget. 2.ed. Campinas: Papirus, 1988. 308p.

KAMII, C., DEVRIES, R. *Jogos em grupo*. São Paulo: Trajetória Cultural, 1991.

LEIF, J., BRUNELLE, L. *O jogo pelo jogo*. Rio de Janeiro: Zahar, 1978. 179p.

LEITE, A. R. I. P. *A brincadeira é coisa séria*: estudos em torno da brincadeira, da aprendizagem e da matemática. Rio Claro, 1994, 144p. Dissertação (Mestrado em Educação Matemática) – Universidade Estadual Paulista.

MACEDO, L. de. Por uma psicopedagogia construtivista. In: ALENCAR, E. M. S. S. de. *Novas contribuições da psicologia aos processos de ensino e aprendizagem*. São Paulo: Cortez, 1992. p.119-40.

MACHADO, M. L. A. Educação infantil e sociointeracionismo. In: OLIVEIRA, Z. M. R. (Org.) *Educação infantil: muitos olhares*. São Paulo: Cortez, 1995. p.25-50.

MEIRELES, C. *Ou isto ou aquilo*. 2.ed. Rio de Janeiro: Civilização Brasileira, 1977. 85p.

MOURA, M. A séria busca no jogo: do lúdico na matemática. In: KISHIMOTO, T. T. M. (Org.) *Jogo, brinquedo, brincadeira e educação*. São Paulo: Cortez, 1997. p.73-88.

PASSOS, K. C. M. *O lúdico essencial e o lúdico instrumental* – o jogo na aula de educação física escolar. Rio de Janeiro. 1994. Dissertação (Mestrado em Educação Física) – Universidade Gama Filho.

PIAGET, J. *A formação do símbolo na criança*. Rio de Janeiro: Zahar, 1971. 370p.

PINTO, L. M. S. M. Lazer: concepções e significados. *Licere*, v.1, n.1, 1998, p.18-27.

SANTA ROZA, E. *Quando brincar é dizer*: a experiência psicanalítica na infância. Rio de Janeiro: Relume-Dumará, 1993. 151p.

SCHWARTZ, G. M. O processo educacional em jogo: Algumas reflexões sobre a sublimação do lúdico. *Licere*, v.1., n.1, p.66-76, 1998.

SOUZA, A. C. C. et al. Novas Diretrizes para Licenciatura em Matemática. *Temas & Debates*, SBEM, ano VII, n.7, 1995.

SOUZA, A . C. C. de, EMERIQUE, P. S. Educação Matemática, jogos e abstração reflexiva. *Bolema*, ano 10, n.11, p.77-86, 1995.

TAKVAR, M. Play and theories of play: a review of the literature. *Early Child development and care*, v.39, p.221-44, 1988.

WASSERMAN, M. Pensando en Jugar. *Revista Argentina de Psicologia*, ano XIII, n.33, p.9-40, 1982.

12 ENSINO-APRENDIZAGEM DE MATEMÁTICA ATRAVÉS DA RESOLUÇÃO DE PROBLEMAS

Lourdes de la Rosa Onuchic[1]

Problemas na história

Problemas de matemática têm ocupado um lugar central no currículo de matemática escolar desde a Antiguidade. Registros de problemas matemáticos são encontrados na história antiga egípcia, chinesa e grega, e são, ainda, encontrados problemas em livros-texto de matemática dos séculos XIX e XX. Segundo Stanic & Kilpatrick (1990, p.4), o principal ponto a ser considerado, nos exemplos por eles colocados, é que neles é assumida uma visão muito limitada da aprendizagem de resolução de problemas.

Até muito recentemente, ensinar a resolver problemas significava apresentar situações-problema e, talvez, incluir um exemplo com uma solução técnica específica. Um exemplo é o problema, apresentado no livro-texto de William J. Milne (1897) *A Mental Arithmetic* – "Quanto custará arar 32 acres de terra se por um acre pagaremos $3,75?". Na solução apresentada vê-se que $3,75 = 3/8 $10,00 e que, se se admitisse o custo $10,00/acre, os 32 acres custariam $320,00. Mas, como 1 acre custava 3/8 $10,00, então, 32 acres custariam 3/8 $320,00 e, portanto, $120,00. Depois desse problema ter sido colocado e resolvido vem, no texto, uma lista com outros dez problemas que podem ser resolvidos segundo o mesmo modelo de solução adotado para o primeiro. No texto de G. A. Wentworth (1900) – *New School Algebra* – o seguinte problema é proposto: "A e B

1 ICMSC – USP – São Carlos – SP – UNESP – Rio Claro – SP.

juntos podem fazer um trabalho em 3 dias, A e C em 4 dias e B e C em 4 dias e meio. Quanto tempo gastará cada um deles para fazer sozinho esse mesmo trabalho?". A solução é apresentada num trabalho algébrico e os valores de A, B e C são obtidos. Depois da solução, segue uma lista de problemas do mesmo tipo, que podem ser resolvidos com a mesma ideia, fixado o caminho adotado para se chegar à solução.

Felix Klein, em 1892, interessou-se pelo professor que deveria trabalhar matemática com seus alunos, nas escolas. Começou a escrever monografias em que trabalhava a matemática elementar de um ponto de vista avançado e, nelas, deixava aos professores a responsabilidade de desenvolver caminhos por ele sugeridos. Em Klein já se sentia a preocupação com um ensino de matemática envolvendo a necessidade de professores melhor preparados.

Será que as coisas mudaram ao longo do tempo? Não é assim que, na maioria das escolas, ainda hoje, se trabalha resolução de problemas? Há, atualmente, educadores matemáticos preocupados com um ensino-aprendizagem de melhor qualidade? Resolução de Problemas se apresenta como um bom caminho para isso?

Reformas no ensino de matemática durante o século XX

Ao passar de uma sociedade rural, onde "poucos precisavam conhecer matemática", para uma sociedade industrial onde mais gente "precisava aprender matemática" em razão da necessidade de técnicos especializados, daí para uma sociedade de informação onde a maioria das pessoas "precisa saber matemática" e, agora, caminhando para uma sociedade do conhecimento que exige de todos "saber muita matemática", é natural que o homem se tenha interessado em promover mudanças na forma de como se ensina e como se aprende matemática.

Assim, discussões no campo da Educação Matemática no Brasil e no mundo mostram a necessidade de se adequar o trabalho escolar às novas tendências que, se acreditava, poderiam levar a melhores formas de se ensinar e se aprender matemática. Segundo os Parâmetros Curriculares Nacionais (PCN): Matemática (1998, p.19), "os movimentos de reorientação curricular ocorridos no Brasil, a partir dos anos 20, não tiveram força suficiente para mudar a prática docente dos professores para eliminar o caráter elitista desse ensino, bem como melhorar sua qualidade. Em nosso país o ensino de matemática ainda é marcado pelos altos índices de retenção, pela formalização precoce de conceitos, pela excessiva preocupação com o treino de habilidades e mecanização de processos sem compreensão".

Numa análise dos movimentos de reforma do ensino de matemática, no século XX, podem ser identificados como:

O ensino de matemática por repetição

No início do século XX o ensino de matemática foi caracterizado por um trabalho apoiado na repetição, no qual o recurso à memorização dos fatos básicos (tabuadas) era considerado muito importante. O professor falava, o aluno recebia a informação, escrevia, memorizava e repetia. Repetia exercícios feitos em sala de aula e treinava em casa. Media-se o conhecimento do aluno, recebido através de repetição, com a aplicação de testes em que, se ele repetisse bem o que o professor havia feito, concluía-se que sabia. É bem verdade que alguns desses alunos chegavam a compreender o que faziam. Conseguiam "pensar" sobre o que trabalhavam e isso os fazia especiais. A maioria, contudo, se esquecia do que havia memorizado em pouco tempo. Nessa época, o currículo ainda não estava bem definido, embora houvesse um caminho de trabalho: aritmética, álgebra e geometria.

O ensino de matemática com compreensão

Anos depois, dentro de outra orientação, os alunos deviam aprender matemática com compreensão. Esta reforma descartava a anterior. As tabuadas e seus treinos eram condenados. O aluno devia "entender" o que fazia. Mas, o professor falava, o aluno escutava e repetia, não participava da construção de seu conhecimento. O professor não havia sido preparado para seguir e trabalhar as ideias novas que queriam implementar. O trabalho se resumia a um treinamento de técnicas operatórias que seriam utilizadas na resolução de problemas-padrão ou para aprender algum conteúdo novo.

Nesta época começou-se a falar em resolver problemas como um meio de se aprender matemática. Segundo Andrade (1998, p.7-8):

> A primeira vez em que a resolução de problemas é tratada como um tema de interesse para professores e alunos, nos níveis superiores, foi a partir do livro *How to solve it*, de Polya, cuja primeira edição data de 1945. Antes desse período, entretanto, houve algumas experiências e alguns estudos enfatizando os produtos da resolução de problemas. As experiências mais remotas e significativas podem ser creditadas a Dewey, entre 1896 e 1904. Nessas experiências, as crianças estudavam através de projetos que reproduziam as situações socioeconômicas (estudo/resolução de problemas de interesse

da comunidade). Dewey sugeria que essa orientação pedagógica, centrada em projetos, pudesse contribuir para o desenvolvimento do espírito crítico das crianças, capacitando-as a colaborar para o desenvolvimento de uma sociedade democrática (Fiorentini, 1994, p.188).

Segundo Gazire (1989, p.71-73), os estudos sobre resolução de problemas realizados até o final da década de 1950, nos Estados Unidos, em sua maioria indicavam que a criança, para desenvolver sua capacidade de resolução de problemas, deveria exercitar-se ostensivamente na solução de uma grande quantidade de problemas. Bloom e Broder, ainda na década de 1950, questionavam as pesquisas, até então desenvolvidas sobre solução de problemas, pela ênfase que vinha sendo dada aos produtos das soluções em vez de valorizar os processos implícitos da resolução criativa de problemas. Estes pesquisadores, para melhor captarem as estratégias de resolução, estudaram os processos de resolução utilizados pelos estudantes bem-sucedidos. Para que isso fosse possível, os alunos deveriam pensar em voz alta durante o processo. Com base em suas pesquisas, defenderiam que o ensino de resolução de problemas deveria centrar-se no ensino de estratégias para resolver problemas, pois acreditavam que os hábitos de resolução de problemas poderiam ser alterados ou aprimorados por uma adequada formação e prática (Ibidem, p.74).

Em 1948, o trabalho desenvolvido por Herbert F. Spitzer, em aritmética básica, nos Estados Unidos, se apoiava numa aprendizagem com compreensão, sempre a partir de situações-problema e, em 1964, no Brasil, o Professor Luis Alberto S. Brasil defendia um ensino de matemática a partir de um problema gerador de novos conceitos e novos conteúdos. Em 1950 foi estruturado um currículo como uma sequência de tópicos organizados, separados em séries, desligados da matemática de fora da escola.

A Matemática Moderna

Nas décadas de 1960-1970, o ensino de matemática no Brasil e em outros países do mundo foi influenciado por um movimento de renovação conhecido como Matemática Moderna. Esta reforma também deixava de lado as reformas anteriores. Apresentava uma matemática estruturada, apoiada em estruturas lógica, algébrica, topológica e de ordem e enfatizava a teoria dos conjuntos. Realçava muitas propriedades, tinha preocupações excessivas com abstrações matemáticas e apresentava uma linguagem matemática universal, concisa e precisa. Entretanto, acentuava o ensino de símbolos e uma terminologia complexa que comprometia o aprendizado.

Nesta reforma o professor falava, porém muitas vezes não seguro daquilo que dizia. O aluno não percebia a ligação que todas aquelas propriedades enunciadas tinham a ver com a matemática dos problemas e, principalmente, com a matemática usada fora da escola. Embora procurasse usá-las em exercícios de aplicação, repetindo o que havia sido feito em classe e dizendo o nome daqueles novos símbolos matemáticos que lhes eram apresentados, com frequência não conseguia lhes dar significado. Esse ensino passou a ter preocupações excessivas com formalização, distanciando-se das questões práticas.

Estaria essa reforma voltada para a formação de um cidadão consciente, útil à sociedade em que vivia? Buscava ela ensinar matemática de modo a preparar os alunos para um mundo de trabalho que exigia mais conhecimento matemático?

A Resolução de Problemas

A importância dada à Resolução de Problemas é recente e somente nas últimas décadas é que os educadores matemáticos passaram a aceitar a ideia de que o desenvolvimento da capacidade de se resolver problemas merecia mais atenção. A caracterização de Educação Matemática, em termos de Resolução de Problemas, reflete uma tendência de reação a caracterizações passadas como um conjunto de fatos, domínio de procedimentos algorítmicos ou um conhecimento a ser obtido por rotina ou por exercício mental. Hoje, a tendência é caracterizar esse trabalho considerando os estudantes como participantes ativos, os problemas como instrumentos precisos e bem definidos e a atividade na resolução de problemas como uma coordenação complexa simultânea de vários níveis de atividade. O ensino de Resolução de Problemas, enquanto campo de pesquisa em Educação Matemática, começou a ser investigado de forma sistemática sob a influência de Polya, nos Estados Unidos, nos anos 60. Segundo Andrade (1998)

> em nível mundial, as investigações sistemáticas sobre Resolução de Problemas e suas implicações curriculares têm início na década de 1970. Embora grande parte da literatura hoje conhecida em Resolução de Problemas tenha sido desenvolvida a partir dos anos 70, os trabalhos de George Polya datam de 1944. A partir do final da década de 1960, a metodologia de investigação, utilizando sessões de resolução de problemas em grupo e com os alunos se manifestando em voz alta, se tornou prática comum. O período de 1962 a 1972 marcou a transição de uma metodologia de investigação de natureza quantitativa para uma qualitativa.

> De um modo geral, os estudos em Resolução de Problemas preocuparam-se inicialmente, período anterior a 60, com o desempenho bem-sucedido da obtenção da solução de problemas. Não houve preocupação com o processo. Para desenvolver sua capacidade em resolução de problemas, a criança deveria exercitar-se exaustivamente na solução de uma grande quantidade de problemas do mesmo tipo. O ensino de resolução de problemas limitava-se ao ensino da busca de solução, tipo treino, num esquema cognitivo estímulo-resposta. Posteriormente, período 60-80, a preocupação voltou-se para o processo envolvido na resolução do problema e, assim, centrando o ensino no uso de diferentes estratégias. (p.7-8)

No fim dos anos 70, a Resolução de Problemas ganhou espaço no mundo inteiro. Começou o movimento a favor do ensino de resolução de problemas. Em 1980 é editada, nos Estados Unidos, uma publicação do NCTM – National Council of Teachers of Mathematics – *An Agenda for Action*: Recommendations for School Mathematics of the 1980's, que chamava todos os interessados, pessoas e grupos, para juntos, num esforço cooperativo maciço, buscar uma melhor educação matemática para todos. A primeira dessas recomendações dizia que "resolver problemas deve ser o foco da matemática escolar para os anos 80" e destacava que "o desenvolvimento da habilidade em resolução de problemas deveria dirigir os esforços dos educadores matemáticos por toda essa década e que o desempenho em saber resolver problemas mediria a eficiência de um domínio, pessoal e nacional, da competência matemática". O documento ainda dizia que resolução de problemas abrange uma grande quantidade de rotinas e lugares comuns, assim como funções não rotineiras consideradas essenciais na vida diária dos cidadãos. Dizia, também, que é preciso preparar os indivíduos para tratar com problemas especiais com que irão se deparar em suas próprias carreiras. Resolução de Problemas envolve aplicar a matemática ao mundo real, atender a teoria e a prática de ciências atuais e emergentes e resolver questões que ampliam as fronteiras das próprias ciências matemáticas. Não se deveria interpretar esta recomendação entendendo a matemática a ser ensinada somente em função da matemática necessária para se resolver um dado problema, num dado momento. Uma unidade estrutural e as inter-relações do todo não deveriam ser sacrificadas.

A verdadeira força da resolução de problemas requer um amplo repertório de conhecimento, não se restringindo às particularidades técnicas e aos conceitos, mas estendendo-se às relações entre eles e aos princípios fundamentais que os unifica. O problema não pode ser tratado como um caso isolado. A matemática precisa ser ensinada como matemática e não como um acessório subordinado a seus campos de aplicação. Isso pede uma atenção continuada à sua natureza interna e a seus princípios organizados, assim como a seus usos e aplicações.

As ações recomendadas por esse documento enfatizavam que:

- o currículo matemático deveria ser organizado ao redor de resolução de problemas;
- a definição e a linguagem de resolução de problemas em matemática deveria ser desenvolvida e expandida de modo a incluir uma ampla gama de estratégias, processos e modos de apresentação que encerrassem o pleno potencial de aplicações matemáticas;
- os professores de matemática deveriam criar ambientes de sala de aula onde a resolução de problemas pudesse prosperar;
- materiais curriculares adequados ao ensino de resolução de problemas deveriam ser desenvolvidos para todos os níveis de escolaridade;
- os programas de matemática dos anos 80 deveriam envolver os estudantes com resolução de problemas, apresentando aplicações em todos os níveis;
- pesquisadores e agências de fomento à pesquisa deveriam priorizar, nos anos 80, investigações em resolução de problemas.

Nesse documento, também se enfatiza a compreensão da relevância de aspectos sociais, antropológicos e linguísticos, além dos cognitivos, na aprendizagem da matemática, imprimindo assim novos rumos às discussões curriculares. Os programas de matemática deveriam tirar vantagem da força das calculadoras e computadores nos diferentes níveis de escolaridade.

Andrade (1998), afirma que

> nessa década a ATM (Association of Teachers of Mathematics), entidade inglesa, estabeleceu que a habilidade em resolução de problemas fosse o centro do ensino de matemática e que deveria substituir a aritmética elementar como tema principal nas classes elementares. Na metade da década de 1980, Resolução de Problemas passa a ocupar a atenção de quase todos os congressos de nível internacional. É nessa década que o Brasil, de fato, começa a trabalhar sobre Resolução de Problemas. Fiorentini (1994, p.189) disse que "Os estudos relativos ao ensino de resolução de problemas só seriam iniciados, de modo mais efetivo, a partir da segunda metade da década de 80. Esses estudos restringem-se, quase que absolutamente, a trabalhos traduzidos em dissertações de Mestrado e teses de Doutorado". (p.9)

No final da década de 1980, a Resolução de Problemas como uma arte e como um objetivo é questionada por pesquisadores do mundo inteiro. Os Parâmetros Curriculares Nacionais chamaram a atenção para o documento "Uma Agenda para a Ação" dizendo que suas ideias influenciaram as reformas ocorridas em todo o mundo e que muitos pontos de convergência foram constatados nas propostas levantadas no período 1980/1995.

As discussões sobre Resolução de Problemas e os esforços feitos para desenvolver currículos e materiais instrucionais, tanto para professores como para alunos, têm sido convenientes e úteis. A noção de que Resolução de Problemas devesse desempenhar um papel importante no currículo teve aceitação bem difundida.

Durante a década de 1980, muitos recursos em resolução de problemas foram desenvolvidos, visando ao trabalho em sala de aula, na forma de coleções de problemas, listas de estratégias, sugestões de atividades e orientações para avaliar o desempenho em resolução de problemas. Muito desse material passou a ajudar os professores a fazerem da resolução de problemas o ponto central de seu trabalho. Entretanto, não deu o tipo de coerência e a direção necessária a um bom resultado porque havia pouca concordância na forma pela qual este objetivo era encarado. Essa falta de concordância ocorreu, possivelmente, pelas grandes diferenças existentes entre as concepções que pessoas e grupos tinham sobre o significado de "resolução de problemas ser o foco da matemática escolar".

É importante dizer que os estudos da década de 1980 deram grande atenção ao processo de resolução de problemas, não se limitando à busca da solução. Mesmo assim, o processo continuou preso à busca da solução do problema.

Schroeder & Lester (1989, p.31-4) apresentam três modos diferentes de abordar Resolução de Problemas, que podem nos ajudar a refletir sobre essas diferenças: ensinar sobre resolução de problemas, ensinar a resolver problemas e ensinar matemática através da resolução de problemas. O professor que ensina sobre resolução de problemas procura ressaltar o modelo de resolução de problemas de Polya ou alguma variação dele. Este modelo descreve um conjunto de quatro fases interdependentes no processo de resolver problemas matemáticos: compreender o problema, criar um plano, levar avante esse plano e olhar de volta o problema original. Ao ensinar a resolver problemas, o professor se concentra na maneira como a matemática é ensinada e o que dela pode ser aplicada na solução de problemas rotineiros e não rotineiros. Embora a aquisição de conhecimento matemático seja importante, a proposta essencial para aprender matemática é ser capaz de usá-la. Em consequência disso, dá-se aos alunos muitos exemplos de conceitos e de estruturas matemáticas sobre aquilo que estão estudando e muitas oportunidades de aplicar essa matemática ao resolver problemas.

Acabando a década de 1980 com todas essas recomendações de ação, pesquisadores passaram a questionar o ensino e o efeito de estratégias e modelos. Começam a discutir as perspectivas didático-pedagógicas da resolução de problemas. Por Andrade (1998, p.12), a Resolução de Problemas passa a ser pensada como uma metodologia de ensino, como um ponto de partida e um meio de se ensinar matemática. O problema é olhado como um elemento que pode disparar um processo de construção do conhecimento. Sob esse enfoque, problemas são propostos ou formulados de modo a contribuir para a formação dos conceitos antes mesmo de sua apresentação em linguagem matemática formal. O foco está na ação por parte do aluno. A Resolução de Problemas como uma metodologia de ensino passa a ser o lema das pesquisas e estudos de Resolução de Problemas para os anos 90.

Ao se ensinar matemática através da resolução de problemas, os problemas são importantes não somente como um propósito de se aprender matemática mas, também, como um primeiro passo para se fazer isso. O ensino-aprendizagem de um tópico matemático começa com uma situação-problema que expressa aspectos-chave desse tópico e são desenvolvidas técnicas matemáticas como respostas razoáveis para problemas razoáveis. Um objetivo de se aprender matemática é o de poder transformar certos problemas não rotineiros em rotineiros. O aprendizado, deste modo, pode ser visto como um movimento do concreto (um problema do mundo real que serve como exemplo do conceito ou da técnica operatória) para o abstrato (uma representação simbólica de uma classe de problemas e técnicas para operar com esses símbolos).

Observamos que, embora na teoria as três concepções de ensinar resolução de problemas matemáticos possam ser separadas, na prática elas se superpõem e acontecem em várias combinações e sequências.

Schroeder & Lester (1989, p.34) dizem que Ensino de Matemática através de Resolução de Problemas não tem sido adotada, quer implicitamente quer explicitamente, por muitos professores, autores de livros e promotores de currículos, mas constitui-se numa abordagem que merece ser considerada, desenvolvida e avaliada. Sem dúvida, ensinar matemática através da resolução de problemas é a abordagem mais consistente com as recomendações do NCTM e dos PCN, pois conceitos e habilidades matemáticas são aprendidos no contexto de resolução de problemas. O desenvolvimento de processos de pensamento de alto nível deve ser promovido através de experiências em resolução de problemas, e o trabalho de ensino de matemática deve acontecer numa atmosfera de investigação orientada em resolução de problemas.

O ponto central de nosso interesse em trabalhar o ensino-aprendizagem de matemática através da resolução de problemas baseia-se na crença de que a razão mais importante para esse tipo de ensino é a de ajudar os alunos a compreender os conceitos, os processos e as técnicas operatórias necessárias dentro do trabalho feito em cada unidade temática.

Em nossa visão a compreensão de matemática, por parte dos alunos, envolve a ideia de que entender é essencialmente relacionar. Esta posição baseia-se na observação de que a compreensão aumenta quando: o aluno é capaz de relacionar uma determinada ideia matemática a um grande número ou a uma variedade de contextos; o aluno consegue relacionar um dado problema a um grande número de ideias matemáticas implícitas nele; o aluno consegue construir relações entre as várias ideias matemáticas contidas num problema. As indicações de que um estudante entende, interpreta mal ou não entende ideias matemáticas específicas surgem, com frequência, quando ele resolve um problema. Acreditamos que, ao invés de fazer da resolução de problemas o foco do ensino da matemática, professores, autores de livros, promotores de currículos e avaliadores de aprendizagem deveriam fazer da compreensão seu ponto central e seu objetivo. Fazendo isso, eles mudariam a visão estreita de que matemática é apenas uma ferramenta para resolver problemas, para uma visão mais ampla de que matemática é um caminho de pensar e um organizador de experiências. Com isso não pretendemos tirar a ênfase dada à resolução de problemas, mas sentir que o papel da resolução de problemas no currículo passaria de uma atividade limitada para engajar os alunos, depois da aquisição de certos conceitos e determinadas técnicas, para ser tanto um meio de adquirir novo conhecimento como um processo no qual pode ser aplicado aquilo que previamente havia sido construído.

É importante ter a visão de que compreender deve ser o principal objetivo do ensino, apoiados na crença de que o aprendizado de matemática, pelos alunos, é mais forte quando é autogerado do que quando lhes é imposto por um professor ou por um livro-texto. Quando os professores ensinam matemática através da resolução de problemas, eles estão dando a seus alunos um meio poderoso e muito importante de desenvolver sua própria compreensão. À medida que a compreensão dos alunos se torna mais profunda e mais rica, sua habilidade em usar matemática para resolver problemas aumenta consideravelmente.

O ensino de matemática através da Resolução de Problemas no Brasil

Yves de la Taille (1997) escreveu que o problema central da educação no Brasil é o de sua qualidade. Também diz que os Parâmetros Curriculares Nacionais são uma proposta cujo objetivo é nortear o trabalho dos educadores e que sua elaboração foi inspirada em experiências pedagógicas desenvolvidas em várias regiões do país.

A atualidade dos PCN é evidente pois eles traduzem a necessidade de se achar um denominador comum para a educação brasileira. Em torno deles deverá acontecer uma profícua reflexão sobre os objetivos da educação e de sua qualidade. Os PCN preconizam que a educação deve ser pensada como um trabalho de preparação do aluno para a vida como um todo. A tendência atual é pensar a escola como um lugar onde se preparam meninos e meninas para assumir sua parcela de responsabilidade pelo mundo, para conhecer seus direitos para poder participar da construção de uma sociedade melhor.

E a Matemática onde entra nisso tudo?

De acordo com os PCN a Matemática é componente importante na construção da cidadania, na medida em que a sociedade se utiliza, cada vez mais, de conhecimentos científicos e recursos tecnológicos, dos quais os cidadãos devem se apropriar (Taille, 1997). Os PCN visam à construção de um referencial que oriente a prática escolar de forma a contribuir para que toda criança e jovem brasileiros tenham acesso a um conhecimento matemático que lhes possibilite, de fato, sua inserção no mundo do trabalho, das relações sociais e da cultura. Como decorrência, poderão nortear a formação inicial e continuada de professores pois, à medida que os fundamentos do currículo se tornam claros, ficam implícitos o tipo de formação que se pretende para o professor e a orientação à produção de livros e de outros materiais didáticos, contribuindo dessa forma para a configuração de uma política voltada à melhoria do ensino. Os PCN indicam a Resolução de Problemas como ponto de partida de atividades matemáticas e discutem caminhos para fazer matemática na sala de aula, destacando a importância da História da Matemática e da Tecnologia de Comunicação.

Os objetivos gerais da área de Matemática, nos PCN, buscam contemplar todas as linhas que devem ser trabalhadas no ensino de matemática. Esses objetivos têm como propósito fazer com que os alunos possam pensar matematicamente, levantar ideias matemáticas, estabelecer relações entre elas, saber se comunicar ao falar sobre elas, desenvolver formas de raciocínio, estabelecer conexões entre temas matemáticos e outras áreas, poder construir conhecimentos matemáticos e desenvolver a capacidade de resolver problemas, explorá-los, generalizá-los e até propor novos problemas a partir deles.

Esses objetivos implicam que os estudantes deveriam ser expostos a numerosas e variadas experiências inter-relacionadas que os encorajassem a valorizar a iniciativa em matemática, a desenvolver hábitos matemáticos da mente e a entender e apreciar o papel da Matemática nos afazeres humanos; que eles fossem levados a explorar, a adivinhar e, até mesmo, a cometer erros de modo que, através dessas atividades, ganhassem confiança em sua capacidade de resolver problemas simples ou complexos; que lessem, escrevessem e discutissem matemática; que conjecturassem, testassem e construíssem argumentos sobre a validade de uma conjectura.

Os estudos e as pesquisas em Resolução de Problemas sofreram influências de teorias construtivistas que, em anos recentes, tiveram considerável aceitação na Educação Matemática. Na perspectiva construtivista, o aluno deve ser engajado ativamente na construção de seu próprio conhecimento. Construtivismo e teorias de processamento de informação são as teorias mais usadas para se tirar implicações sobre o modo de pensar dos alunos. Estas teorias incorporam a ideia de que os estudantes não são recipientes vazios a serem preenchidos com pedaços não relacionados de informação, mas que, antes, devem ser vistos como seres pensantes capazes de interpretar e de se lembrar de fatos baseados em seu conhecimento e em suas experiências passadas.

Para Polya (1965), "resolver problemas" era o tema mais importante para se fazer matemática, e "ensinar o aluno a pensar" era sua importância primeira. Um tema que fundamenta a investigação e a resolução de problemas em matemática é "como pensar". Polya insistia que se tomasse muito cuidado nos esforços feitos para se ensinar a "como pensar" e que, na resolução de problemas, não se transformasse em ensinar "o que pensar" ou "o que fazer".

Sabemos que são características de um ensino de matemática construtivista: construir sobre um conhecimento prévio; enfatizar sobre o pensar; dar tempo para pensar; esperar por explicações ou justificativas para as respostas ou pelo modo de pensar; fazer perguntas e saber ouvir; reconhecer que matemática é "parte invenção" e "parte convenção"; trabalhar os conceitos e procedimentos matemáticos em termos de resolução de problemas.

Na abordagem de Resolução de Problemas como uma metodologia de ensino, o aluno tanto aprende matemática resolvendo problemas como aprende matemática para resolver problemas. O ensino de resolução de problemas não é mais um processo isolado. Nessa metodologia o ensino é fruto de um processo mais amplo, um ensino que se faz por meio da resolução de problemas. Numa sala de aula onde o trabalho é feito com a abordagem de ensino de matemática através da resolução de problemas, busca-se usar tudo o que havia de bom nas reformas anteriores: repetição, compreensão, o uso da linguagem matemática da teoria dos conjuntos, resolver problemas e, às vezes, até a forma de ensino tradicional.

De acordo com os PCN, entre os obstáculos que o Brasil tem enfrentado em relação ao ensino de matemática, encontram-se a falta de uma formação profissional qualificada, as restrições ligadas às condições de trabalho, a ausência de políticas educacionais efetivas e interpretações equivocadas de concepções pedagógicas.

Um problema sério enfrentado por uma reforma de ensino como a pretendida reside na formação dos professores e em seu trabalho de sala de aula. Como nós, há um grande número de educadores matemáticos preocupados com "quem deve ensinar bem matemática", com "quem deve aprender bem matemática" e com "o que se deve fazer para atingir esses objetivos".

Como levar os professores de matemática a incluírem numerosas experiências com Resolução de Problemas, em suas salas de aula, de modo que seus alunos possam aprender matemática com compreensão e de forma significativa? Resolver problemas é um bom caminho para se ensinar matemática. Entretanto, os problemas não têm desempenhado bem seu papel no ensino, pois, na melhor das hipóteses, são utilizados apenas como uma forma de aplicação de conhecimentos anteriormente adquiridos pelos alunos. Quem deve trabalhar todas essas ideias? Quem deve ser responsável por essa mudança que se pretende para a sala de aula de matemática? Quem deve promover um ensino-aprendizagem capaz de formar um cidadão participativo, reflexivo e autônomo, útil à sociedade quando deixar a escola?

Apesar da ênfase dada à Resolução de Problemas na década de 1980, dos avanços e mudanças ocorridos e do crescente apoio que está sendo dado à Resolução de Problemas na década de 1990, como uma metodologia de ensino, ainda há muitos problemas a vencer.

Nenhuma intervenção no processo de aprendizagem pode fazer mais diferença do que um professor bem formado, inteligente e hábil. Investir na qualidade de ensino é o que mais importa. A preparação do professor tem um efeito direto na realização dos alunos, pois ninguém despende tanto tempo ou tem tanta influência sobre os alunos quanto os próprios professores.

Sabemos, como afirmam os PCN, que há professores que, individualmente ou em grupos, têm iniciativa para buscar novos conhecimentos e assumir uma atitude de constante reflexão que os leve a desenvolver práticas pedagógicas mais eficientes. Do mesmo modo, sabemos que há universidades, secretarias de educação e outras instituições que têm produzido materiais de apoio para a prática do professor. No entanto, essas iniciativas ainda não conseguem atingir o conjunto de professores e, por isso, não chegam a alterar o quadro desfavorável que caracteriza o ensino de matemática no Brasil. A formação dos professores, tanto a inicial quanto a continuada, pouco tem contribuído para qualificá-los para o exercício da docência. Não tendo condições para aprimorar sua formação e não dispondo de outros recursos para desenvolver as práticas de sala de aula, os professores se apoiam quase que exclusivamente nos livros didáticos que, muitas vezes, são de qualidade insatisfatória.

Em sua maioria, as pesquisas em Resolução de Problemas sempre foram desenvolvidas em ambientes laboratoriais. Poucos estudos têm sido desenvolvidos em sala de aula. Pesquisas e práticas em Resolução de Problemas quase não têm abordado questões de natureza sociopolítico-cultural em seus estudos, atendo-se apenas a questões de natureza cognitiva.

A proposta dos PCN está de acordo com a maior parte da literatura atual e inovadora da Educação Matemática. Entretanto, há pouca discussão quanto à sua operacionalização em sala de aula. É necessário apresentar o desenvolvimento de alguns conteúdos matemáticos segundo os princípios estabelecidos nos PCN e apresentar relatos de experiência e episódios da sala de aula de matemática, apontando o movimento de ida e vinda entre teoria e prática. Os PCN não devem ser assumidos como um pacote pedagógico, mas como orientações curriculares feitas e refeitas na prática escolar. Nisso vale ressaltar que o sucesso da operacionalização de uma proposta depende, em grande parte, dos professores que irão implementá-la nas salas de aula e de como serão formados esses profissionais nessa perspectiva de trabalho.

Uma pergunta que nos tem sido feita por professores, com frequência, em cursos, encontros e conferências sobre Educação Matemática, é "como operacionalizar as recomendações e orientações dadas pelos PCN?". A angústia de muitos professores é que, com a implantação dos PCN em suas escolas, eles não saibam como trabalhar, entender as razões da mudança e se envolver nessa linha proposta a partir do conhecimento e das crenças que trazem sobre matemática e sobre ensino-aprendizagem em matemática.

Putnan et al. (1992) descrevem um trabalho feito com quatro professores e dizem que os quatro casos estudados ilustram as complexas inter-relações entre a prática da sala de aula dos professores e o que eles conhecem e acreditam sobre matemática e como ela pode ser melhor ensinada e aprendida... Acreditamos que aquilo que os professores conhecem e acreditam orienta o modo como eles preparam suas aulas, interpretam os livros-texto e interagem com os alunos. Conhecimento e crenças também funcionam como importantes lentes ou filtros pelos quais os professores compreendem e agem sobre as várias mensagens de reforma que recebem para mudar o modo como ensinam... Esses casos sugerem claramente que ensinar matemática com compreensão não pode se reduzir a usar o livro-texto adequado, a fazer os alunos trabalharem em grupos e a usar manipulativos ou trabalhar atividades ligadas a situações do mundo real. Todas essas atividades servem como recursos para um bom ensino de matemática. Todas são importantes. É a forma como os professores usam esses recursos que molda o ambiente de aprendizagem dos alunos. Um livro-texto, não importa quão completo e bem projetado ele seja, nunca pode orientar completamente o ensino, mesmo que o professor o siga ao pé da letra. Uma atividade do mundo real pode se tornar um contexto rico para pensar, discutir e resolver problemas de matemática ou pode apenas se tornar um modo de se praticar um algoritmo. O ensino de matemática que os estudantes experimentam desenvolve-se pelo modo como professores e alunos interagem, com o professor assumindo o papel de líder na formação do ambiente de aprendizagem. (p.213-4)

Resolução de problemas na UNESP – Rio Claro

O trabalho do Professor Luiz Roberto Dante (1988) presta importante contribuição à Resolução de Problemas. Seus estudos, desenvolvidos em Rio Claro, incluem sua Tese de Livre Docência *Criatividade e resolução de problemas na prática educativa matemática*, e as Dissertações de Mestrado de Eliane Gazire (1989), Miriam G. P. da Silva (1990) e Odisnei A. P. Gustineli (1991).

Desde 1989 tenho trabalhado na UNESP – Rio Claro como Professor Colaborador e Orientador de Mestrados e Doutorados no Curso de Pós-Graduação em Educação Matemática. Minha linha de pesquisa, inicialmente Ensino-Aprendizagem e Formação de Professores, assumiu a Resolução de Problemas como uma metodologia de ensino da matemática. Criamos um Grupo de Estudos em Resolução de Problemas, junto ao GPA da UNESP – Rio Claro, que manteve reuniões semanais em 1996 e 1997. Trabalhamos, dentro de nossa linha de pesquisa, em Congressos Nacionais e Internacionais, Encontros de Educação Matemática regionais, estaduais e nacionais. Conferências foram proferidas e cursos foram ministrados no Brasil, sendo a maioria no Estado de São Paulo. Um Projeto, junto ao Departamento de Metodologia de Ensino da UFSCar (Universidade Federal de São Carlos – São Carlos, SP), dentro de um Projeto de Educação Continuada da Secretaria Estadual de Educação, SP, foi desenvolvido em três cidades em 1997 e 1998.

No Brasil, boa parte dos estudos da década de 1990, em Dissertações e Teses, foram desenvolvidos para a sala de aula e em sala de aula. As seguintes Dissertações de Mestrado foram concluídas sob nossa orientação, na UNESP – Rio Claro:

VALDIR RODRIGUES (1992) – *Resolução de Problemas como estratégia para incentivar e desenvolver a criatividade dos alunos na prática educativa matemática.*

Com sua pesquisa buscou caminhos alternativos de criar condições de trabalho, na sala de aula de matemática, para que a criatividade emergisse e se desenvolvesse através da resolução de problemas que exigiam o pensamento produtivo do aluno.

LUCIENE SOUTO BOTTA (1997) – *Números racionais e raciocínio proporcional*: Considerações sobre ensino-aprendizagem.

Este trabalho enfatiza a necessidade de se trabalhar os conceitos de número racional e de proporcionalidade através da Resolução de Problemas, visando a uma melhor compreensão dos estudantes.

SILVANIO DE ANDRADE (1998) – *Ensino-aprendizagem de Matemática via resolução, exploração, codificação e descodificação de problemas.*

Este trabalho apresenta uma proposta de ensino-aprendizagem de matemática em que a Resolução de Problemas, além de ser assumida como uma metodologia de ensino, é tratada à luz de uma perspectiva de educação progressista e pensada globalmente. Neste estudo, resolução de problemas não é olhada somente no nível de processos e conceitos mas, também, no nível de questões de natureza sociopolítico-cultural, de educação em geral e de educação matemática em particular, em que a sala de aula é observada em seus múltiplos aspectos.

LÍVIA LOPES AZEVEDO (1998) – *Uma proposta de mudança, na Licenciatura em Matemática do ICLMA, apoiada na Metodologia de Ensino de Matemática via Resolução de Problemas.*

Para verificar a viabilidade dessa proposta foi elaborado um projeto de trabalho sobre logaritmos, apoiado no ensino de matemática via Resolução de Problemas, desenvolvido com uma turma de alunos desse Instituto. A partir da análise dessa aplicação foi criada a Proposta que tem como objetivo melhorar a qualidade dos profissionais formados nessa instituição de ensino.

FLAVIA SUELI FABIANI (1998) – *Números complexos via Resolução de Problemas.*

Esta dissertação teve como objetivo principal apresentar uma proposta de trabalho para a sala de aula visando ao ensino-aprendizagem dos números complexos com compreensão e significado, no Ensino Médio. Essa proposta foi elaborada segundo a metodologia de ensino da matemática via Resolução de Problemas utilizando, também, como recursos, a História da Matemática e a Calculadora Gráfica.

O Projeto desenvolvido com professores, durante os anos 1997 e 1998, chamado "Ensinando Matemática através da Resolução de Problemas" constituiu-se num caminho para se ensinar matemática e não apenas para se ensinar a resolver problemas. Estabelecemos que problema é tudo aquilo que não se sabe fazer mas que se está interessado em resolver, que o problema passa a ser um ponto de partida e que, através da resolução do problema, os professores devem fazer conexões entre os diferentes ramos da matemática, gerando novos conceitos e novos conteúdos.

Para desenvolver esse projeto foi preciso trabalhar sobre o conhecimento matemático dos professores e sobre as crenças que traziam de matemática e de ensino-aprendizagem de matemática. Não foi um trabalho fácil fazer com que os professores aceitassem mudar sua forma de trabalho em sala de aula. O que ficou evidente para todos, contudo, é que um ensino apoiado inteiramente em técnicas operatórias, repetitivas e sem significado não deveria ser o caminho escolhido.

Colocando o foco em Resolução de Problemas, defendemos que: o ponto de partida das atividades matemáticas não é a definição mas o problema; que o problema não é um exercício no qual o aluno aplica, de forma quase mecânica, uma fórmula ou uma determinada técnica operatória; que aproximações sucessivas ao conceito criado são construídas para resolver um certo tipo de problemas e que, num outro momento, o aluno utiliza o que já aprendeu para resolver outros problemas; que o aluno não constrói um conceito em resposta a um problema, mas constrói um campo de conceitos que tomam sentido num campo de problemas; que a Resolução de Problemas não é uma atividade para ser desenvolvida em paralelo ou como aplicação da aprendizagem, mas como orientação para a aprendizagem.

A atividade matemática escolar não se resume a olhar para coisas prontas e definitivas mas para a construção e a apropriação, pelo aluno, de um conhecimento do qual se servirá para compreender e transformar a realidade. Atendendo a solicitações e com a participação dos professores, procuramos esquematizar uma aula na qual um objeto matemático fosse trabalhado, visando a um ensino-aprendizagem acompanhado de compreensão e significado, através da resolução de problemas. Apoiados na literatura consultada e aproveitando experiências anteriores, chegamos a uma proposta básica:

- Formar grupos – entregar uma atividade

Lembrar que, no mundo real, aprender é muitas vezes um processo compartilhado e que o progresso em direção a um objetivo vem através de esforços combinados de muita gente. É preciso que os estudantes experimentem este processo cooperativo e que se lhes dê a oportunidade de aprender uns com os outros. Sentimos que muito da aprendizagem em sala de aula será feita no contexto de pequenos grupos.

- O papel do professor

Dentro desse trabalho, o papel do professor muda de comunicador de conhecimento para o de observador, organizador, consultor, mediador, interventor, controlador e incentivador da aprendizagem. O professor lança questões desafiadoras e ajuda os alunos a se apoiarem, uns nos outros, para atravessar as dificuldades. O professor faz a intermediação, leva os alunos a pensar, espera que eles pensem, dá tempo para isso, acompanha suas explorações e resolve, quando necessário, problemas secundários.

- Resultados na lousa

Com o trabalho dos alunos terminado, o professor anotaria na lousa os resultados obtidos pelos diferentes grupos. Anota resultados certos, errados e aqueles feitos por diferentes caminhos.

- Plenária

Chama os alunos todos, de todos os grupos, para uma assembleia plena. Como todos trabalharam sobre o problema dado, estão ansiosos quanto a seus resultados. Procuram defender seus pontos de vista e participam.

- Análise dos resultados

Nesta fase, os pontos de dificuldade encontrados pelos alunos são novamente trabalhados. Surgem, outra vez, problemas secundários que, se não resolvidos, poderão impedir que se leve o trabalho a frente. O aspecto exploração é bastante importante nesta análise.

• Consenso

A partir da análise feita, com a devida retirada das dúvidas, busca-se um consenso sobre o resultado pretendido.

• Formalização

Num trabalho conjunto de professor e alunos, com o professor dirigindo o trabalho, é feita uma síntese do que se objetivava aprender a partir do problema dado. São colocadas as devidas definições, identificadas as propriedades e feitas as demonstrações. É importante destacar, nesse momento, o que de matemática nova se construiu, usando as novas terminologias próprias ao assunto.

Observamos que, como recursos auxiliares, nesse trabalho, podem ser utilizados materiais didáticos, calculadoras, jogos, assim como papel, tampinhas e outras coisas.

Em conclusão, esperamos que o impacto dessas abordagens pedagógicas se reflitam no trecho clássico de George Polya (Universidade Stanford, 1º de agosto de 1944):

> Uma grande descoberta resolve um grande problema, mas há sempre uma pitada de descoberta na resolução de qualquer problema. O problema pode ser modesto, mas se ele desafiar a curiosidade e puser em jogo as faculdades inventivas, quem o resolver por seus próprios meios, experimentará a tensão e gozará o triunfo da descoberta. Experiências tais, numa idade suscetível, poderão gerar o gosto pelo trabalho mental e deixar, por toda a vida, a sua marca na mente e no caráter.

Referências bibliográficas

ANDRADE, S. *Ensino-Aprendizagem de Matemática via resolução, exploração, codificação e descodificação de problemas*. Rio Claro, 1998. Dissertação (Mestrado) – Universidade Estadual Paulista.

FIORENTINI, D. *Rumos da pesquisa brasileira em Educação Matemática*: o caso da produção científica em cursos de Pós-Graduação. Campinas, 1994. Tese (Doutorado) – Faculdade de Educação – Unicamp.

GAZIRE, E. S. *Resolução de Problemas*: perspectivas em Educação Matemática. Rio Claro, 1989. Dissertação (Mestrado) – Universidade Estadual Paulista.

MINISTÉRIO de Educação e do Desporto, Secretaria de Educação Fundamental. “Parâmetros Curriculares Nacionais (PCN) – Matemática – Terceiro e quarto ciclos do Ensino Fundamental” – Brasília, 1998.

NATIONAL Council of Teachers of Mathematics. An Agenda for Action: Recommendations for School Mathematics of the 1980's. Reston, VA–USA, 1980.

POLYA, G. *Mathematical Discovery*: On Understanding, Learning and Teaching Problem Solving. New York: John Willey & Sons, 1965. v.2.

POLYA, G. *A arte de resolver problemas*. Primeira reimpressão. Tradução e adaptação de Heitor Lisboa de Araújo. Rio de Janeiro: Interciências, 1986.

PUTNAN, R. T., HEATON, R. M., PRAWAT, R. S., REMILLARD, J. Teaching Mathematics for Understanding: Discussing case studies of four fifth-grade teachers. *The Elementary School Journal*. The University of Chicago, v.93, n.2, 1992.

SCHROEDER, T. L., LESTER Jr., F. K. Developing Understanding in Mathematics via Problem Solving. TRAFTON, P. R., SHULTE, A. P. (Ed.) *New Directions for Elementary School Mathematics*. National Council of Teachers of Mathematics, 1989. (Year Book).

STANIC, G. M. A., KILPATRICK, J. Historical Perspectives on Problem Solving in the Mathematics Curriculum. CHARLES, R. I., SILVER, E. A. (Ed.) *The Teaching and Assessing of Mathematical Problem Solving*. Reston, VA: National Council of Teachers of Mathematics. 1990. p.1-22.

TAILLE, Y. Educação. Mais – *Folha de S.Paulo*, 13.4.1997.

PARTE IV

FORMAÇÃO DE PROFESSORES DE MATEMÁTICA

13 PESQUISA-AÇÃO PARA FORMAÇÃO DE PROFESSORES: LEITURA SINTOMAL DE RELATÓRIOS

Roberto Ribeiro Baldino[1]

O Grupo de Pesquisa-Ação em Educação Matemática – GPA

Levando em conta a preocupação geral com a Educação Matemática no mundo todo e os investimentos feitos nessa área, uma conclusão se torna inevitável: o ensino da matemática é uma atividade humana assombrada pelo fracasso. Na esperança de exorcizar o fracasso as pesquisas apostam na mudança: mudança da escola, da sala de aula, mudança do aluno, mudança do professor... No International Group for the Psychology of Mathematics Education (PME22), toda a discussão de um painel foi dedicada ao tema da mudança. Essa palavra tem sido usada com alto grau de polissemia. Mudança pode significar a obtenção de um ambiente de aprendizagem culturalmente sensitivo, (Khisty, 1998. p.101), pode significar otimização de currículos (Jaworski, 1998; Pence, 1995), introdução de novas tecnologias (Crawford, 1997), mudança das normas da sala de aula (Cobb & Yackel, 1995; Tomazos, 1997) ou introdução de métodos de resolução de problemas (Azevedo, 1998). Também pode significar mudança dos conhecimentos, das práticas (Simon & Tzur, 1997) ou das crenças (Becker & Pence, 1996) dos professores. Mudança também pode significar concentração em questões de preconceitos raciais ou de opressão das mulheres (Breen, 1998) ou, simplesmente, uma tentativa de melhora do ensino e aprendizagem (Konrad et al., 1998).

1 Voluntário da UNESP.

Porém o aparelho escolar parece atravessar mais ou menos incólume todo esse esforço de mudança: a maioria dos alunos continua fracassando na aprendizagem e a maioria dos professores continua fracassando no ensino. O sucesso continua reservado a poucos. A eficácia da pesquisa em Educação Matemática como sustentáculo da mudança tem sido questionada. A própria formatação das teses e dissertações dificulta o manuseio dos volumes e impede que sejam usados em sala de aula: ficam empoeirados nas prateleiras.

Entretanto, se subitamente as intenções de mudança tivessem êxito, nada assegura que os padrões de excelência não seriam simultaneamente elevados, de modo que o fracasso permaneceria. Cabe então fazer a hipótese de que tanto o discurso quanto o esforço por mudança sejam apenas um álibi para a permanência do fracasso, este, sim, necessário para que apareça, como justa contrapartida, o sucesso de poucos. Diante dessa hipótese torna-se natural inverter o objetivo da pesquisa em Educação Matemática: em vez de continuar fazendo apologia da mudança e recolhendo o fracasso como produto, pode-se pensar em *começar por produzir a mudança* e *verificar se, e por quais meios, a apologia do fracasso surge como resposta*.

Fundar a pesquisa na ação transformadora em sala de aula determina, de imediato, a adoção da metodologia da pesquisa-ação (Thiollent, 1987; Barbier, 1985; Cohen & Manion, 1994, cap.9; Carr & Kemmis, 1986, cap.7). Em setembro de 1993, essas reflexões nos[2] conduziram a fundar um Grupo de Pesquisa-Ação em Educação Matemática – GPA – logo depois registrado no CNPq sob o número 8.UNESP.026. Estabelecemos a seguinte pergunta-ação diretriz:

- Plano prático: como reduzir o quadro geral de fracasso do ensino da Matemática?
- Plano teórico: qual o papel das rotinas de sala de aula na permanência desse fracasso?

Decidimos que nos reuniríamos aos sábados de 9 às 12 horas, o que temos feito desde então. Para participar dessas reuniões convidamos todos, alunos de graduação, de pós-graduação, professores da UNESP e das redes pública e particular, enfim, todos quantos tenham alguma afinidade com o tema da pergunta-ação. No início de cada semestre, segundo os interesses dos presentes, determinamos quais grupos estarão em atividade e quais seus projetos específicos de pesquisa. Cada um desses subgrupos

2 Junto com Antônio Carlos Carrera de Souza.

reúne-se pelo menos uma vez por semana, alguns aos sábados de 9 às 11 horas, outros durante a semana, sempre com a presença de um dos dois coordenadores. Sistematicamente, de 11 às 12 horas esses grupos, ou seus representantes, relatam o andamento da pesquisa e recebem sugestões dos demais presentes. Essa reunião plenária é o foro da pesquisa-ação (Thiollent, 1987), pivô do GPA.

Alguns subgrupos encerram as atividades em um semestre, outros têm estado em atividade durante quatro anos. Objetiva-se que a pesquisa seja divulgada através de teses, dissertações, artigos em periódicos especializados, apresentação de trabalhos em congressos etc. Por exemplo, o subgrupo de números inteiros teve início em 1994, gerou uma dissertação, um artigo no PME19, outro no PME22, artigos na *Graó* (Barcelona), *na Revista da SBEM* e na *Recherches en Didactique des Mathématiques*, além de vários minicursos, resumos e divulgações em congressos. Mais de vinte pessoas participaram desse subgrupo, nem todas como autores. Já outro subgrupo, sobre educação de adultos, encerrou as atividades depois de um semestre de trabalho, quando as participantes concluíram que "qualquer coisa que publicarmos e que não seja um elogio ao Telecurso 2000, implicará nossas demissões".

Todos os subgrupos produzem ou visam a produzir alguma intervenção direta sobre condicionantes pedagógicos de salas de aula. Em muitos casos é sobre sua própria sala de aula que o participante intervém, a partir das reflexões que faz no subgrupo e na plenária. Forma-se, então, a figura do professor-pesquisador, como agente que se encarrega de conduzir o ensino, colher e analisar e relatar dados. Ele toma sua própria prática como objeto de pesquisa. O professor-pesquisador exerce sua atividade a partir da margem de liberdade que tem como professor. Não precisa anunciar a pesquisa nem pedir permissão à direção, nem é preciso que a Universidade se responsabilize por determinar em qual sala de aula ele fará experiências, quando se trata de aluno-professor. Faz o que se espera que faça em sala de aula, porém com alguma inflexão: o que faz não coincide exatamente com o que se espera que faça. Diverge, porém não a ponto de desencadear sua demissão ou reações além das que possa lidar a partir da correlação de forças de que dispõe. Essa técnica de inserção da pesquisa-ação na sala de aula a partir da margem natural de liberdade do professor denominamos *intervenção diferencial*.

Recentemente, concluímos que a linha a qual se filiam as pesquisas decorrentes do desdobramento dos processos de ação-reflexão resultantes das decisões, anteriormente relatadas, deve ser denominada *análise e intervenção sobre os condicionantes pedagógicos da sala de aula* e deve enfocar os seguintes aspectos: rotinas e condicionantes do fracasso; condicionantes de promoção, seleção e exclusão; efeitos condicionantes da organização do conhecimento e da prática científica da matemática; efeitos condicionantes das posições epistemológicas; avaliação e livro-texto como condicionantes pedagógicos; condicionantes do engajamento do sujeito em situações didáticas: discurso, poder e desejo; efeitos de aprendizagem; aprendizagem simbólica e aprendizagem real; condicionantes pedagógicos do ensino tradicional vigente; condicionantes familiais; metodologias alternativas: poder e correlação de forças no aparelho escolar; reações à mudança dos condicionantes pedagógicos: intervenção diferencial autorregulada do professor-pesquisador, contrato didático e contrato de trabalho; ética dos condicionantes pedagógicos; memória, acervo e história dos condicionantes pedagógicos.

O problema da formação dos professores e o compromisso de mudança

Considerando as centenas de programas de formação de professores de matemática existentes, parece que, não só o ensino e a aprendizagem, mas, também, todos os esforços para produzir um compromisso de mudança entre os egressos fracassam. O que ocorre com o aluno-professor no dia seguinte? Se a disciplina de prática de ensino o acompanha até a sala de aula, pode-se relatar algum grau de sucesso (Shane, 1997). Entretanto, logo que cessam os efeitos da Licenciatura, ou mesmo antes disso, há dramática evidência de que as concepções e práticas dos professores são rapidamente absorvidas pela ideologia escolar tradicional e a mudança é anulada (Borko et al., 1992; Ensor, 1998; Schmidt & Duncan, 1998).

Em que medida as licenciaturas em matemática conseguem impor compromissos de mudança aos formandos? Se "os programas de formação de professores responderem aos apelos de mudança mais rapidamente do que as salas de aula, a perspectiva dos futuros professores sobre suas experiências de campo ficam incompatíveis com as expectativas desenvolvidas ao longo das disciplinas da licenciatura" (Van Zoest, 1998, p.354). Ao aluno, importa passar (Vinner, 1997). Porém, em que medida as obrigações de um sistema baseado em créditos e aprovações podem impor compromisso emancipatórios sobre os sujeitos humanos que constituem sua produção?

Um marco recente na bibliografia sobre formação de professores, não só de matemática mas, também, de ciências, é constituído pelos artigos de Carrera de Souza et al. (1991 e 1995). Discute-se ali a distinção entre licenciatura e bacharelado, propõe-se uma caracterização do formando a ser obtida através da licenciatura, fornecem-se diretrizes para integração das formações profissional e acadêmica do professor através da pesquisa e chega-se a caracterizar a Educação Matemática como a prática científica de um objeto formal: *as falas matemáticas*. O primeiro desses artigos enfatiza três qualidades que os alunos-professores devem desenvolver: *independência, liberdade* e *compromisso*. A independência é a liberdade de escolher conteúdos e métodos e tem como condições a competência científica e o compromisso político.

> Entendemos que esse profissional deva ser formado de tal modo que possa ser independente, tendo condições para escolher o tema que irá trabalhar com seus alunos e a forma pela qual irá trabalhá-lo, isto é, a metodologia. ... A competência ... não se reduz ao domínio cognitivo, mas exige também a compreensão das ideias básicas que o sustentam ... O compromisso é entendido como inconformismo como o quadro geral de fracasso do ensino da Matemática em suas múltiplas dimensões. (Carrera de Souza et al.,1991, p.90)

Portanto, para obter um compromisso de mudança será necessário articular no mesmo *espaço de discurso*, a pesquisa em Educação Matemática, as licenciaturas e as salas de aula de matemática. Agir a partir e sobre as falas matemáticas, torna-se, então, a condição do compromisso de mudança. Os alunos são, então, considerados, não por suas habilidades, seus conhecimentos, seus desempenhos, mas, sim, *pelo que dizem*. O compromisso só pode ser decorrência da *identidade do sujeito* enquanto ser social-falante, portanto humano. Valendo-se da análise de um filme (*Blade Runner*) Zizek (1993) produziu evidência de que nossa identidade depende de nossas *memórias*:

Histórias são preciosas, indispensáveis. Todos tem que ter sua história, sua narrativa. Você não sabe quem é enquanto você não dispuser de uma versão imaginária de si próprio. Você quase não existe sem ela (*Time*, citada por Zizek, 1993, apud Brown, 1998).

Brown (1998) pergunta como nós desenvolvemos o sentimento de identidade através das memórias que nos são caras? Sua resposta é que essas memórias "são construídas através de nossa compreensão particular da trajetória de vida que seguimos com o passar do tempo" (p.2), em particular, ele se refere à "tarefa específica de fixar pedaços da experiência vivida pelos professores ao refletirem, enquanto pesquisadores, sobre suas experiências" (p.2). Ele finalmente sugere que os alunos-professores devem encontrar um espaço onde suas histórias pessoais possam ser contadas, de modo que suas práticas de sala de aula possam ser reavaliadas e finalmente moldadas como parte integrante de suas novas identidades pessoais de professores.

> O relato das experiências e problemas pesquisados no estágio supervisionado da Licenciatura passa, desta forma, a constituir-se num relato de pesquisa e não no relato burocrático de aulas a que se assistiu e de regências. O peso desta constatação é melhor percebido se, ao final do curso, os licenciandos apresentarem seus relatórios constando de pesquisas de intervenção na realidade institucional a partir de problemas observados e analisados, neles incluindo alternativas às práticas docentes usuais e os discursos que as fundamentam. Nesse momento, a contribuição das licenciaturas para alterar as práticas pedagógicas vigentes terá horizonte mais amplo que formar futuros professores, pois formará grupos de pesquisa com problemáticas didáticas específicas. (Carrera de Souza et al., 1995, p.58)

Nesta direção vão também outros trabalhos mais recentes

> Uma dificuldade central na tentativa de compreender a prática de qualquer professor é revelada quando se reconhece a diferença entre o funcionamento do professor na sala de aula (a interação dinâmica entre professor e alunos) e a prática de falar sobre, de avaliar, de refletir sobre a prática do professor: isto significa *dar ao ensino uma forma simbólica no discurso*. A dificuldade de empreender o reconhecimento da diferença entre a prática do ensino e a reflexão posterior sobre essa prática é que o reconhecimento já está "dentro da linguagem". Então podemos dizer que existe um *espaço primário* de ensino e um *espaço secundário*, embora necessário, de reflexão: um contexto de ação que envolve a linguagem e um contexto discursivo no qual o professor dá a seu ensino uma forma-de-linguagem, simbólica e estável. No espaço da reflexão a ação prévia de ensino torna-se um texto. (Atkinson & Moore, 1998a).

Ao não prover esse espaço de construção de identidades pessoais através da análise crítica do discurso do aluno-professor, ao impor a vigilância do docente da disciplina de prática de ensino sobre a experiência didática do aluno, inclusive atribuindo-lhe nota, o que a maioria das licenciaturas consegue é que o aluno-professor produza um discurso para passar em prática de ensino, outro para sobreviver na escola, descomprometendo-se com ambos. Um discurso para cada ocasião. Isso nada tem a ver com desfaçatez ou esperteza, mas, sim, com o típico comportamento do ser humano. Segundo Lacan pode-se dizer que um ser é propriamente humano se ele(a) não segue o que honestamente promete a si próprio(a). Tal desencontro é o que ele chama *desejo*. Não se pode deixar de lembrar o conto de Machado de Assis em que a menina se apaixona pelo marinheiro e promete esperar por ele. Quando ele regressa de sua viagem de seis meses a encontra casada com outro: "– Mas você jurou que esperava por mim, protesta o marujo desolado. – Jurei, sim, mas por favor, entenda, quando eu jurei era verdade".

Trabalhar a questão do desejo no espaço do discurso exige conceituação própria. A marcha na direção da centralidade do discurso leva ao quadro teórico da psicanálise, introduzido de forma pioneira na Educação Matemática por Cabral (1998). Enfocar a Educação Matemática do ponto de vista da psicanálise não significa "distinguir algumas perguntas bem específicas e oportunas para concentrar o pensamento dos estudantes sobre suas próprias vidas e seus preconceitos (perguntas, por exemplo, relativas ao ambiente do lar na infância, a acontecimentos importantes na formação, a motivação e submissão na escola e a autoavaliação profissional)" (Atkinson & Moore, 1998b, p.179).

Um tal caminho pressupõe que o sujeito possa olhar objetivamente para si próprio e decidir o que deve mudar ou conservar em suas concepções; ignora, portanto, todo o quadro teórico lacaniano a respeito do desejo.

> Os professores estenderam os horizontes a respeito de sobre o que eles queriam que os alunos pensassem e "discutissem", de modo a incluir, não apenas, "reflexões-em-ação" ... levando a estratégias mais adequadas – ou simplesmente a mais estratégias – de ensino e condução da sala de aula, mas também a incluir os modos pelos quais experiências pregressas afetaram seu comportamento atual, percepções e noções do ego de modos que pudessem ... "ajudar a esclarecer o modo individual pelo qual uma vida pessoal pode ser permeada pelos (planos) social e prático". (Atkinson & Moore, 1988b, p.179)

Se o desejo do professor estiver em que o aluno desenvolva estratégias de ensino "mais adequadas" a armadilha será reconhecida imediatamente pelo aluno que fechará o postigo pelo qual se poderão introduzir os elementos de mudança. A questão é mais complicada: o desejo tem de estar em desenvolver e manter um certo *espaço de discurso* (em nosso caso o GPA) onde possam ser acolhidos e rejeitados os discursos individuais e em relação ao qual os sujeitos possam desenvolver sentimentos de pertença (ou rejeição).

O espaço de discurso

O aluno-professor, como todo sujeito falante, inserido na ordem simbólica, necessariamente comenta, expõe, *simboliza* sua experiência inicial de sala de aula através de um discurso dirigido a amigos, colegas e professores que denominaremos *discurso reflexionante*. Como todo sujeito falante, o aluno-professor também espera ouvir daqueles a quem fala alguma confirmação do que fez, segundo comunica em seu discurso. Se esse discurso é bem acolhido pelos ouvintes, o aluno-professor tenderá a crer que o que fez está certo, e que por aí se integrará ao grupo social do ouvinte. Se seu discurso sofre contra-argumentações e fica impedido de circular, o aluno-professor terá de negociar sua integração ao grupo, mudando o discurso, mudando a prática, mudando o grupo ou afastando-se dele e procurando integrar-se a outros grupos, com afinidade a seu discurso. Nossa aposta é que a prática, justificada pelo discurso reflexionante bem acolhido, estabiliza-se e incorpora-se à maneira de agir do futuro professor.

Normalmente, o aluno-professor que ingressa como professor numa universidade dirige o discurso reflexionante sobre sua sala de aula a seus colegas mais antigos, professores, que, como ele, também dirigiram seus discursos a seus colegas quando ali ingressaram. É esse grupo de colegas que determina a acolhida do discurso reflexionante do novo professor. É nesse grupo que ele precisa ingressar, ser aceito; não pode afastar-se dele. Então o aluno-professor tende a adaptar o discurso e, com ele, a prática de sala de aula em função do grupo. A inexistência de espaço de discurso próprio para essa discussão confere estabilidade ao grupo falante. O recém-chegado é que tem de se adaptar. Perpetuam-se, por aí, as visões dos cientistas sobre o ensino e várias rotinas de sala de aula que terminam realimentando o fracasso do ensino da matemática. É daí que vem a rejeição da escola a mudanças.

Já os alunos-professores que vão lecionar matemática ou ciências em primeiro ou segundo graus passam, em geral, por licenciaturas do tipo "três mais um": três anos de disciplinas científicas seguidos por um ano de disciplinas ditas pedagógicas. Em alguns casos certas disciplinas pedagógicas são antecipadas para os primeiros anos, o que já é um avanço. Porém, mesmo nesses casos, as disciplinas de conteúdo são atribuídas a cientistas da área específica e ministradas por metodologias tradicionais. Em qualquer caso, o licenciando fica desprovido da experiência de ter cursado disciplinas de conteúdo específico por metodologias alternativas ao ensino tradicional vigente.

Os professores das disciplinas de didática e prática de ensino são oficialmente encarregados de acolher o discurso reflexionante acerca dos estágios que os alunos-professores fazem em sala de aula, quando estágios existem e são relatados. A acolhida ou rejeição desse discurso pelos ouvintes oficiais não significa, para os alunos-professores, integrar-se ou afastar-se de um grupo de falantes. Quando essas disciplinas não promovem espaços de discurso como o GPA, o que predomina é o poder que o ouvinte oficial tem der permitir ou barrar o acesso do aluno-professor à aprovação e à nota. Surgem discursos como estes: "Não vamos pôr isso em nosso relatório para não abaixar nossa nota". O discurso escamoteia a prática. O discurso reflexionante do aluno-professor será então acolhido ou rejeitado por seus colegas e por seus professores anteriores, das disciplinas científicas ou pela própria escola, quando ali voltar como professor. Serão a esses dois grupos de falantes que o aluno-professor procurará integrar-se. Novamente, a visão dos cientistas sobre o ensino incorpora-se ao discurso e a práxis do futuro professor é transportada para a escola.

A disciplina de Prática de Ensino da Licenciatura em Matemática da UNESP, Rio Claro, funciona vinculada ao GPA. Este tem identidade que está se constituindo há mais de quatro anos a partir de um projeto inicial e de uma questão diretriz a respeito do fracasso do ensino de matemática e das rotinas de sala de aula que o sustentam. Os alunos-professores cujos relatos agora analisamos, vieram e permanecem nesse grupo voluntariamente, sem qualquer vínculo institucional. O discurso reflexionante de sua intervenção em sala de aula foi feito por escrito e verbalmente. Os relatórios e as narrativas foram lidos nos subgrupos *Ensino de Física para o Ensino Médio* e *Violência na escola* e submetidos, resumidamente às assembleias gerais.

A interpretação desses relatórios e narrativas tiveram por objetivo informar aos alunos-professores, o grau de acolhimento de seus discursos reflexionantes enquanto interpretados por um dos coordenadores do GPA. Porém, como os alunos-professores integram o GPA, *eles participam da acolhida de seus próprios discursos*. Com isso, por um lado, têm oportunidade de rever, modificar, aprofundar esses discursos e, consequentemente, rever suas práticas e seus valores; por outro, participar da constituição da identidade do próprio GPA enquanto grupo de falantes.

O quadro teórico de Lacan

Tratando-se de intervir sobre discursos que simbolizam práticas de sala de aula, optamos pelo quadro teórico da *dialética do Sujeito e do Outro* segundo Lacan. Os conceitos em jogo são: Sujeito falante, pequeno outro, grande Outro, punção, significante, ponto de basta, identificação simbólica, e pertença. Discorreremos sobre eles para poupar o leitor de consultar a vasta bibliografia existente.

O Sujeito e o Outro

O sujeito falante se dirige a alguém em uma língua comum. Não só suas palavras e frases são significantes. Também a maneira que as pronuncia, os gestos, a maneira de vestir, o sotaque, tudo é passível de receber um significado por parte do ouvinte. Para atribuir um significado ao que o falante lhe diz, o ouvinte dispõe de recursos: o dicionário, as regras de gramática, as leis, a moda, o hábito, enfim, numa palavra, a cultura. É à cultura que o falante se dirige através do ouvinte. A vicissitude do falante é não poder garantir de antemão o significado que o ouvinte vai atribuir ao que está dizendo. O falante sempre corre o risco de não ser entendido como gostaria por parte do ouvinte. O falante não é dono do significado do que diz. Tem que se submeter ao campo do Outro. Por isso Lacan denota o sujeito falante por S (leia "esse barrado").

Por outro lado, o sujeito nunca consegue dizer tudo o que quer; sempre fica faltando um pedaço que o ouvinte, por mais que se esforce, não consegue alcançar. Nenhum ouvinte dispõe do significante da verdade íntima do sujeito. Por isso, é a própria cultura que se apresenta falhada para o sujeito. Na cultura, falta seu retrato fiel. Ele é apenas um nome, uma cédula de identidade, é só aquele que mora ali, que é amigo do fulano, que é filho de beltrano, aquele que... O ouvinte, a pessoa ou grupo a quem o falante se dirige, Lacan denomina pequeno-outro e denota *a* (pequeno-a). À cultura, entendida como o conjunto de recursos de que o ouvinte dispõe para atribuir significado ao que ouve, Lacan denomina o grande Outro e denota por A (do Latim, "alter"). Como a cultura não dispõe do que seria o significante da verdade total deste particular sujeito falante, ou seja, do significante de tudo o que ele ainda não disse e jamais conseguirá dizer, segue que aquilo que o ouvinte devolve ao falante como resposta, nunca é o que o falante gostaria de ouvir. O Outro tem, pois, uma falha constitutiva. Lacan denota o Outro por A (leia "a barrado").

Há um ponto que o conceito lacaniano de fala contraria frontalmente a noção corrente de fala. Segundo o senso comum, o sujeito fala quando lhe passa uma corrente de ar pela garganta de modo que sons são emitidos, articulados em sílabas e palavras de uma certa língua. O surdo-mudo fala por gestos ou tenta imitar a emissão de sons. Diz-se que fala mal. Para Lacan essas condições não bastam para caracterizar a fala. Além delas, é preciso que o sujeito fale para alguém que lhe devolva a significação do que disse. Falar é arriscar-se ao desentendimento. Não é necessário que o sujeito mova os lábios. Sempre em função do que foi dito antes, um gesto pode significar um convite ou uma ofensa, um sorriso pode significar anuência ou ironia, um olhar pode significar simpatia ou desprezo. Quando o sujeito ocasionalmente fala para alguém que se ausentou sem lhe avisar ou para um boneco que ele tomara por uma pessoa viva, essas são falas dirigidas ao grande Outro que recebem um vazio como resposta. O sujeito arriscou-se, submeteu-se ao desencontro e este lhe assomou sob forma de uma surpresa peculiar. Para Lacan, nesse caso, o sujeito falou; o senso comum diz que ele estava "falando sozinho". Lacan não incluiria sob o conceito de fala outras situações em que o senso comum diria que o sujeito está "falando sozinho". Por exemplo, o senso comum diz que o sujeito fala quando está monologando, como na "fala egocêntrica" de Piaget, ou mesmo quando "fala" para agradar o cachorro ou dar-lhe uma instrução. No quadro lacaniano, a fala egocêntrica é pensamento verbal, está no registro imaginário; a fala ao cachorro depende só da musicalidade da língua, é da ordem do real, isto é, do gozo.

Portanto, quando $ se dirige a A através de *a*, há sempre um *desencontro*. Não se trata, então de comunicação. Estamos já bem longe das ideias de emissor, receptor, código, ruído que constituem as teorias da comunicação. No máximo, quando o sujeito e o ouvinte gostam de seu desencontro, podemos dizer que eles se comunicaram. Nesse quadro teórico também se torna impossível falar em ouvintes internos. Dizer que o sujeito fala consigo mesmo é um contrassenso, a menos que se trate da alucinação psicótica: diálogo do sujeito com sua própria verdade. Em uma palavra, para o senso comum, a fala é um *texto*, um *enunciado*. Para Lacan é uma *enunciação*, um risco que o sujeito corre e que o constitui como sujeito humano. A fala é sempre um desencontro e foi esse desencontro que fez do macaco um homem. O desencontro, Lacan denota por um losango ◊ (leia "punção"). Então, a fórmula que condensa toda a *dialética do Sujeito* e *do Outro* $ ◊ A.

O discurso reflexionante dos alunos-professores foi dirigido ao A através de ouvintes pequeno-a que já estavam rotulados por significantes. Esses rótulos são principalmente o GPA, a academia, e a escola. A significação do que disseram em seus relatos lhes foi devolvida pela análise de suas falas e relatórios. Através dessa análise um coordenador assumiu a posição de falante e os alunos-professores lhe devolveram a significação do que disse, tudo em um espaço de discurso próprio, o GPA. É isso que constitui a *pesquisa-ação*.

O significante

O senso comum diria que o significante é aquilo que representa o sujeito falante perante outro sujeito. Na conceituação lacaniana não é assim. Por exemplo, quando os alunos-professores redigem seus relatórios, eles estão se dirigindo ao GPA. É daí que esperam obter acolhida de seus discursos. Se eles escrevem "intervenção em sala de aula" ou "explicação ao aluno", eles estão se fazendo representar por esses significantes perante ouvintes a-pequeno que já têm um rótulo: "GPA". É da plenária do GPA que virá a acolhida do que escrevem. Então, "intervenção" e "explicação" representam o sujeito falante perante o significante "GPA". É a partir deste espaço de discurso que "intervenção" recebe uma acolhida favorável e "explicação" uma acolhida desfavorável. Porém, no momento da apresentação da pesquisa, por exemplo no Simpósio de Iniciação Científica, os alunos-professores estarão se fazendo representar por esses mesmos significantes perante este outro significante: "academia". A partir do significante "academia" a situação se inverte: "explicação" será acolhido com naturalidade e simpatia, "intervenção" com estranheza e desconfiança. Por isso, o *significante é aquilo que representa o sujeito perante outro significante*, não perante outro sujeito.

Ponto de basta e significante mestre

Quando o falante começa seu discurso, o ouvinte ainda não sabe que significado atribuir a suas primeiras palavras. É preciso que o falante continue, até que, em um certo momento o ouvinte diga (ou pense): – Ah! Agora entendi. Só então as primeiras palavras do falante tomam sentido.

Por exemplo, nesta frase: "Ai, amor, assim não podemos continuar vivendo", o "ai" inicial só toma seu significado diante de "vivendo", pronunciado mais tarde. Para ver isso, leia a frase várias vezes e, de cada vez, suprima uma palavra, a começar pela última, depois a penúltima, e assim até que sobre só sobre o "ai". Veja quantos significados esse "ai" poderia ter logo que foi pronunciado.

Em suma, é preciso que o falante fale pelo menos dois significantes para que o segundo dê sentido ao primeiro. Um significante sozinho não tem significado algum, é apenas um significante ligado a outros por usos recentes. Por aqui nos separamos da problemática da linguística clássica que fica fissurada em descobrir a conexão entre significante e significado. Este segundo significante, capaz de dar significado ao primeiro, é denominado significante mestre. Ele determina o ponto de basta. É o ponto do discurso a partir do qual os significantes anteriores grudam-se a significados. A expressão ponto de basta é usada em colchoaria: segundo Aurélio, basta é "cada um dos pontos grossos com que se atravessa o colchão, coxim ou almofada para prender o enchimento". Em francês, é *point de capiton*.

Identificação simbólica e pertença

A acolhida do discurso do falante pelo ouvinte e pelo grupo social de onde parte essa acolhida, a integração/rejeição, aproximação/afastamento do sujeito em relação a este grupo, tudo isso é a pertença. Pertença é, pois, o sujeito diante do grupo de falantes identificados por um significante mestre, como "GPA", "escola", "academia". A identidade do sujeito enquanto pertencente a um grupo de falantes, a ideologia, isso é a identificação simbólica denotada I(A).

Os registros simbólico, real e imaginário: a demanda

Os registros são os polos a partir dos quais o falante se apresenta. Sempre que fala, os três registros estão em jogo.

Não é por acaso que o falante fala. Há sempre algo a obter, um objeto a apreender, algo que sempre escapa, por causa do desencontro fundamental da linguagem, algo que está no ouvinte e que este pode lhe dar, se escolher adequadamente o que lhe vai dizer. Isso que o sujeito imagina que o outro tem e que o sujeito poderá obter denomina-se demanda. Ao falar, o falante busca atender à demanda do outro. Toda fala já é uma resposta. O objeto inapreensível que está escondido no outro se apresenta ao sujeito como uma miragem. Esta se desfaz cada vez que ele fala e se reconstrói logo adiante, com aspectos diferentes. Ele precisa falar de novo. Tem gente que fala desesperadamente, sem parar. A imagem que o sujeito tem daquilo que quer e a imagem que ele quer que os outros tenham dele, isso é o registro imaginário.

O falante nunca consegue dizer tudo, há sempre algo que escapa e fica na sombra. Aquilo que ele diz, o verbo e os gestos pelos quais se anuncia, constituem o registro simbólico. Aquilo que fica escondido, aludido, não dito, esse é o registro real. O grande barato do falante não está no que diz, mas no que esconde ao dizer. É através do que fica escondido, ou seja, é através do registro real que se estabelece a pertença.

Leitura sintomal de relatórios

A leitura sintomal consiste em interpretar o texto a partir de polos positivo e negativo, determinados em função da subjetividade do leitor que assume a posição de falante com todos os riscos que ela implica. A leitura sintomal se funda sobre, mas difere da psicanálise. Esta se exerce a partir do discurso oral do sujeito enquanto a leitura sintomal se exerce a partir de um texto, que é o resíduo de enunciações. A psicanálise se limita a pontuar significantes, cabendo ao próprio sujeito elaborar a significação do que está dizendo. Na leitura sintomal, uma significação é dada pronta e acabada pelo leitor; é o que a psicanálise denominaria "interpretação selvagem". Cabe ao sujeito aceitá-la ou rejeitá-la, discuti-la, permanecer ou sair do grupo. Numa palavra, na leitura sintomal trabalha-se sobre a pertença, na psicanálise, sobre a transferência.

Uma das maneiras de acolher o discurso do sujeito no espaço de discurso é proceder a leitura sintomal de seus relatórios. Ponte et al. (1998) apontam a necessidade de distinguir narrativas de relatórios:

> O relatório "tende a ser bastante pormenorizado", descrevendo tudo o que de importante aconteceu, com algum substrato crítico. Uma narrativa, para manter a sua fluência natural, não pode ter a preocupação de "contar tudo", nem sequer de contar "muita coisa". Pelo contrário, tem que se centrar no desenvolvimento das sucessivas complicações e resoluções da ação. (p.36)

Aparentemente eles não consideram a possibilidade de analisar relatórios, como fazemos aqui. Relataremos o processo de leitura sintomal ocorrido em um dos subgrupos do GPA que se reuniu durante o primeiro semestre de 1998. O relatório completo está em Arantes et al. (1998). Participaram desse subgrupo duas alunas[3] e um aluno[4] do Curso de Física da UNESP, além de dois alunos de pós-graduação em Educação Matemática.[5]

Nas reuniões iniciais o grupo se inteirou das expectativas de seus membros em relação ao trabalho a ser desenvolvido e decidiu que faria intervenções em salas de aula de segundo grau da rede pública através de experimentos sobre cinemática. A partir da ideia de intervir na escola, foram discutidos conceitos físicos e os procedimentos da intervenção. As primeiras reuniões podem ser descritas como um encontro de certezas que terminaram abaladas. Ao final da terceira reunião atingiu-se o limite a que se poderia chegar com as experiências de vida de que o grupo dispunha. As colocações dos membros começaram a se repetir. Ficou decidido partir logo para a sala de aula, cada um levando consigo aquilo que achava que deveria fazer ali. Os resultados seriam trazidos para discussão na semana seguinte.

Intervenções foram feitas em duas escolas estaduais de Rio Claro. Desde o início combinou-se que os alunos-professores deveriam fazer

3 Alessandra Riposati Arantes e Fernanda Letícia M. de Souza.

4 Luiz Gonzaga Roversi Genovez.

5 Miguel Tadayuki Koga e Antônio Sérgio Cobianchi.

relatórios pessoais de suas impressões. A cada semana esses relatórios eram discutidos no subgrupo e resumidos na assembleia geral. Terminadas as intervenções, decidiu-se redigir um artigo a ser submetido ao Congresso de Iniciação Científica da UNESP. Essa atividade começou pela sistematização das anotações dos alunos-professores até que três relatórios completos das intervenções ficaram prontos. Esses relatórios foram, então analisados do ponto de vista da *leitura sintomal* e essas análises foram submetidas ao subgrupo. O coordenador assumiu, pois, a posição do falante.

O método de leitura sintomal

Inicialmente o leitor terá bem clara sua posição de representante de um grupo a partir do qual o discurso em forma de texto (no caso os relatórios) será acolhido. Esse grupo terá uma história que será parte da história de vida do leitor. Seu desejo estará em distinguir no texto, o uso dos significantes com significados favoráveis (no caso, favoráveis ao GPA) ou contrários (no caso, favoráveis ao ensino tradicional vigente) e produzir uma fala, oral e textual, a partir daí. Não se trata propriamente de uma novidade. É bem isso que faz todo autor que pretende interpretar dados cientificamente. Ninguém consegue se livrar de seu desejo para empreender leituras neutras ou ingênuas. Como diz Althusser, não há leituras ingênuas, só há leituras que ignoram quando e onde perderam a ingenuidade. Levar em conta o desejo do pesquisador é a única garantia possível de cientificidade. O pesquisador desce do pedestal acadêmico e mergulha nos dados que interpreta.

A *leitura sintomal* empreende, então, uma primeira leitura do texto a partir do *real*, ou seja, da subjetividade do desejo do leitor. Isso significa destacar, sublinhando com cores diferentes, tudo aquilo que agrada ou que desagrada ao leitor. Releem-se as frases sublinhadas buscando as que mais agradam e as que mais desagradam. Estabelecem-se assim dois polos, um positivo P e um negativo N. Marcam-se (negrito) os significantes mestres de cada passagem sublinhada durante essa leitura a partir do real. Sublinham-se (negrito) as ocorrências dos significantes mestres no texto. Empreende-se uma segunda leitura do texto, prestando atenção às passagens em que ocorrem os significantes mestres marcados (negrito), destacando as que mais claramente favorecem a P ou a N. Faz-se a interpretação do porquê desse favorecimento e de qual o ouvinte a quem a passagem se dirige.

A leitura real levou aos seguintes destaques e significantes mestres: *aplicar, aula, conseguir, deficiente, discutir, encaminhar, entender, erro, exigir, explicar, expor, falar, grupo, intervir, mostrar, mudar, participar, perceber, preparar, propor, saber, tempo, trabalhar*. Não reproduziremos o quadro todo, apenas as primeiras e a última linha.

Significante	Linha	Texto	Valor
Aplicar	108	O experimento **aplicado** demonstrou ser questionante para os alunos acerca do método de ensino.	N
Aplicar	1009	... decidiram **aplicar** na sala de aula, o que estavam aprendendo no momento.	N
....	....	....	....
Trabalhar	1168	Considerei nosso trabalho um sucesso, pois mesmo com toda a inexperiência e medo, conseguimos que os alunos **trabalhassem** durante todo o tempo, em todas as intervenções.	P

A releitura desses destaques levou à seguinte polaridade:

Polo positivo: *Considerei nosso trabalho um sucesso, pois mesmo com toda a inexperiência e medo, conseguimos que os alunos trabalhassem durante todo o tempo, em todas as intervenções.*

Polo negativo: ... *motivar e mudar a concepção sobre a física,* e *também mudar o comportamento do aluno mostrando-lhe uma realidade diferente.*

A interpretação da ocorrência dos significantes mestres, ou seja, as significações a eles atribuídas pelo leitor, levaram ao seguinte.

O significante **aplicar** ocorre cinco vezes nos relatos. Aplicam-se *experimentos*, aplica-se o que se está *aprendendo*, aplicam-se *aulas práticas, atividades* e *exercícios*. O termo "aplicar" filia-se à tradição do ensino tradicional vigente em que o professor prepara e aplica algo que leva pronto para a aula. Segundo o Aurélio "aplicar" significa "justapor; sobrepor; apor: aplicar um emplastro". É interessante essa ideia do emplastro: aplicar sobre o aluno um emplastro formado por aparelhos de física experimental. Será que foi isso que os alunos-professores sentiram que estavam fazendo com eles na aula de física experimental em que tomaram essa decisão?

É interessante notar que a quarta acepção que o Aurélio dá para "aplicar" é "ministrar", expressão usada na linha 19 dos relatórios. O significante "aplicar" fica atravessado quando entendido do ponto de vista do GPA. "Aplicar" e "ministrar" são significantes clássicos do ensino tradicional vigente. As passagens acima têm de ser tomadas no sentido N.

O significante **intervir** ocorre 38 vezes, trinta das quais como sinônimo de *aula*. Há uma ocorrência significando a metodologia da pesquisa que está sendo desenvolvida. Há três ocorrências significando o conjunto de aulas que ficaram sob responsabilidade dos alunos-professores. Esse significado é usualmente atribuído à palavra *minicurso*, que também não está no dicionário. Há uma ocorrência significando a metodologia de ensino adotada, significado usualmente atribuído à *pedagogia*. Há duas ocorrências significando alteração ou mudança das rotinas de sala de aula e uma ocorrência significando o conjunto dos episódios de uma aula. Como explicar essa polissemia? É oportuno comparar as ocorrências dos significantes *aplicar* e *intervir*, como por exemplo:

> *...**intervenções** em sala de aula... Este trabalho consiste na **aplicação** de aulas práticas.*

Intervir em uma sala de aula é uma expressão incompreensível do ponto de vista do ensino tradicional vigente, para o qual o professor dá ou ministra aulas. Intervir significa, segundo o Aurélio, "tomar parte voluntariamente, não por obrigação contratual, meter-se de permeio, vir ou colocar-se entre, por iniciativa própria; ingerir-se". "Intervir" foi o que o GPA colocou aos alunos-professores como necessidade política, a partir da discussão do *Manifesto sobre o quotidiano da escolaridade brasileira* (Baldino & Carrera de Souza, 1998) que ocorreu em uma das plenárias iniciais.

A expressão "aplicar" colocada duas linhas abaixo de "intervir" mostra dramaticamente as vicissitudes da aluna-professora, vendo-se diante de demandas de ouvintes distintos, a escola que lhe pede que "aplique" e o GPA que lhe pede que "intervenha". Ela costura os dois significantes em um discurso que lhe servirá de ponte para passar de um a outro enquanto valor, enquanto compromisso, enquanto pertença. Conjectura-se que acontecerá o mesmo com as concepções espontâneas, por exemplo, em física, em sua passagem para as concepções científicas através da mudança conceitual. Haverá um discurso em que compareçam os significantes antigos e os novos, como aqui ocorre com *intervir* e *aplicar*? Se isso é verdade será que também ocorre com os significantes das concepções científicas? Durante o período de ajuste das concepções provisórias, também haverá um período de uso polissêmico como ocorreu aqui?

O significante **aula** aparece 55 vezes. Dessas, em 15 ocorrências pode-se substituir o significante "aula" por "encontro", como em "*(folhas) entregues aos alunos, corrigidas, na aula seguinte*", "*Ele (o professor) deverá ir para cada aula preparado para todos os tipos de perguntas*". Em 6 ocorrências, "aula" é sinônimo de "intervalo de tempo": "*...que os alunos trabalhem durante todo período de aula...*". Em 12 ocorrências, "aula" tem o sentido de "ritual" como em "*...os alunos têm apenas uma aula de física de 50 minutos por semana*". Em 3 ocorrências, "aula" significa "sala": "*... cansados e com sono na aula*". Nas 19 ocorrências restantes, "aula" tem significado de "atividade" (2), "conjuntura" (2), "explanação" (3), "intervenção", (3), "lição" (8) "mosaico" (1). Vejamos algumas dessas ocorrências.

*"As **aulas** foram ministradas no horário de 19 às 21 horas".*

Enquanto "aula" está empregado, aqui, no sentido de "lição", o termo "ministrar" está empregado no sentido de "dar": as "lições" foram "dadas". No Aurélio encontramos as acepções figuradas do verbete "lição": "Ensinamento, conselho ou exemplo que serve de orientação à conduta, ao procedimento: Quem é você para me dar lições? Experiência que serve de exemplo ou de aviso, especialmente em caso de falta ou erro: Que isto lhe sirva de lição. Repreensão". Ora, na concepção GPA, faz-se uma **intervenção** na escola e as aulas são uma atividade conjunta de professor e aluno em diálogo para produção de significados. Nesse sentido, o aluno também "ministra" a aula, e o professor recebe uma lição. É isso que expressa a frase: "*Considerei essa aula uma vitória*".

*A professora ... participar ativamente das **aulas**.*

A ocorrência é relevante porque no ensino tradicional vigente não se espera que a professora se envolva. Ela poderia assumir o papel de fiscal da instituição, avaliando se a turma está sendo "dominada" etc. Ter conseguido a colaboração de várias pessoas em sala na posição de professor é certamente uma quebra de rotina saudável, em que uns podem comentar o trabalho dos outros. Do ponto de vista do ensino tradicional vigente isso é muito estranho.

*Essa pesquisa teve início em uma **aula** de instrumentação para o ensino de Física. ...desmitificar a física, para o aluno do 2 grau, partindo de **aulas** práticas ... alunos que não prestavam atenção em sua aula.*

Nesses fragmentos "aula" pode ser lida como explanação. Foi durante uma aula supostamente do ensino tradicional vigente que os alunos-professores tiveram a ideia que estariam professores dentro de um ano. Esse foi um claro ponto de basta, a partir do qual toda a escolaridade anterior tomou sentido. Teriam se maravilhado com o experimento que estavam realizando e teria despertado neles o desejo de correr com esse sentimento para as salas de aula para desmitificar a física, para que outros alunos pudessem chegar à mesma compreensão a que tinham chegado. Nesse momento os alunos-professores estão diante do mundo, de suas vidas futuras, diante de uma demanda em sentido amplo. Porém, as tentativas de acudir o mundo não são um estímulo confiável ao início da profissão e, na maior das vezes, levam à frustração.

A ***aula*** *deverá ser composta por grupos.*

É interessante o verbo "compor" para descrever a aula. Segundo o Aurélio "compor" significa, em primeira acepção "formar ou construir de diferentes partes, ou de várias coisas: Com móveis velhos comprados aqui e ali, conseguiu compor uma bela sala". Parece que a aluna-professora se esforça, aqui, para "compor" um discurso diante das duas demandas: A aula ainda tem "final", ainda existe a "aula seguinte" e tem um "período", como no ensino tradicional vigente, entretanto, é *composta* por grupos, o que o ensino tradicional vigente não pode entender. No contexto, os fragmentos denotam uma encaminhamento da aula muito próximo ao da Assimilação Solidária que os alunos-professores experimentaram.

...grande risco de sua ***aula*** *se tornar um caos.*

Do ponto de vista do ensino tradicional vigente uma aula caótica é negativa; do ponto de vista do GPA, nem tanto, porque os grupos em sua dialética atravessam estados de caos. O "grande risco" mostra a aluna-professora diante da demanda escola. A *intervenção, compondo* a aula com grupos, é um *risco*. Tanto que, há um subtítulo: "*Dificuldades que o professor encontrará com esse tipo de aula*".

O professor deverá encher todos os tubos com óleo antes de começar a ***aula****. Ele deverá ir para cada* ***aula*** *preparado para todos os tipos de perguntas.*

No texto, a preparação se refere à possibilidade de encontrar perguntas e respostas inesperadas dos alunos. Entretanto, como seria possível a alguém preparar-se para o inesperado? Há aqui alusão a um "preparo" do professor a ser feito *antes* da aula, um pouco semelhante ao que reza a doutrina do ensino tradicional vigente sobre as licenciaturas: primeiro os conteúdos, depois os métodos. O professor prepararia a aula em vez de preparar-se para a aula. Procuraria prever de antemão tudo que pudesse ocorrer e quando algo escapasse a essa previsão, só teria a alternativa de reprimir a demanda ou afligir-se com o emergente.

Não deixar alunos que faltam trabalharem com alunos que assistem a todas as ***aulas***.

Assistir, segundo o Aurélio, significa "estar presente, comparecer, ver, testemunhar; notar". É um significante clássico do ensino tradicional vigente com o qual a aluna-professora se refere ao aluno diante da escola. O uso desse verbo fica atravessado no discurso do GPA, que usaria, de preferência, algo como "participar".

O significante **discutir** ocorre em 14 passagens dos relatos. No Aurélio, discutir significa "debater, examinar, investigar, questionando, pôr em debate, em discussão; contestar, defender ou impugnar, questionar", e discussão significa, além da ação de discutir, debate, controvérsia, polêmica, altercação, contenda, disputa. Talvez por causa dessa última acepção, *discutir* é claramente um valor negativo para o ensino tradicional vigente. Não se discute com a professora! ensinavam os pais, antigamente. Não se discute o saber instituído, não se discute com o sujeito suposto saber. No início da lei há um certo fora da lei que não se pode, porque não se deve, discutir, diz Zizek.

Entretanto, os significados que se podem inferir do uso deste termo nas 14 ocorrências dos relatos é outro: discutir é usado ali no sentido de:

1 Introduzir um tópico de conteúdo: *deu margem para a* ***discussão*** *da estrutura molecular... O experimento possibilitaria* ***discutir*** *temas...*

2 Negociar um significado consensual: *Depois de muita* ***discussão****, chegaram a que... ...****discutiram*** *o sobre o que é velocidade.*

3 Resultado da negociação: *...que colocassem todas essas* ***discussões*** *em suas folhas.*

4 Negociar uma ação ou empreendimento: *A forma de trabalho foi* ***discutida*** *no GPA... ...****discutimos*** *no GPA o que faríamos.*

5 Correção de um enunciado diferente do veiculado, que é rejeitado pelo aluno-professor: *Pense melhor (porque não pensou bem),* ***discutam*** *entre si (para chegarem a um resultado consensual, diferente deste que você me apresentou).*

Desses significados, pode-se atribuir valor positivo aos três primeiros, que são sintomas da tentativa de introduzir tópicos sem impô-los como obrigatórios pela instituição, a partir do que os alunos sabem. O que se pede que coloquem nas folhas não é a "resposta certa" ou o resultado do experimento, mas pede-se que coloquem a própria *discussão*, o que, certamente não seria possível. O que o aluno-professor, indiretamente, lhes pede para colocar ali são suas próprias opiniões, formadas *após* a discussão. Ao quinto significado, deve-se atribuir o valor **N**, uma vez que é apenas uma maneira mais sutil de a aluna-professora dizer que o aluno não atingiu o que ela esperava.

É interessante contrapor a ocorrência do quarto significado às demais ocorrências. Os alunos-professores usam o mesmo significante *discutir* para se fazerem representar diante destes dois outros significantes, o GPA e os *alunos*. Além disso, através do *discutam entre si* e *discuta com o grupo*, estimulam cada aluno a se fazer representar, também, através desse significante.

Conclusões

Essa análise, embora incompleta, é suficiente para mostrar a aplicação do método de leitura sintomal no quadro lacaniano. O leitor poderá prossegui-la, com interpretações das ocorrências dos demais significantes destacados no início, ou recomeçá-la a partir de outras polaridades iniciais. Poderá, mesmo, se esse for seu interesse, quantificar esse método, contando as ocorrências de passagens positivas e negativas nos relatos de cada aluno-professor.

O texto do parágrafo anterior foi lido pelos alunos-professores na penúltima reunião do subgrupo. Isso produziu uma ressignificação de seus discursos reflexionantes e colocou o coordenador na posição de falante. O seguinte episódio foi típico do que ocorre nessas circunstâncias. Quando os alunos-professores leram a análise obtida pela leitura sintomal, um deles ficou preocupado com os valores negativos que o coordenador estava atribuindo às primeiras passagens que ele estava lendo. Argumentou que isso não era bem assim, que sob esta negação poder-se-ia descobrir um valor positivo. O coordenador colocou-se assim:

> – Certamente, você pode empreender uma leitura sintomal que chegue a conclusões opostas. Você pode argumentar que isso a que eu atribuí valor negativo, é, na verdade, positivo. Logo adiante, quando aparecerem os valores positivos, você poderá argumentar, com igual ênfase, que também podem ser considerados como negativos. Porém, se você só argumentar contra o que aí está como negativo, vai ficar estranho.

Os outros riram. O aluno-professor ficou pensativo. A leitura sintomal pôde ser sustentada.

Pediu-se que os alunos-professores escrevessem um comentário final de caráter pessoal sobre como viam as mudanças de seus pontos de vista durante o trabalho no GPA. Alessandra foi quem mais teve dificuldade. Ela escreveu um primeiro comentário absolutamente neutro, sem qualquer conotação pessoal. Entretanto, durante as reuniões, ela tinha sido autora de frases como: "– Saí daqui pensando que estou em crise de identidade. Que tipo de professora vou ser?" Sobre a discussão feita do uso do significante "discutir" em seu relato: "– Agora é que eu estou percebendo o que eu falei. Falei tanto isso que nem notei". No final da intervenção: "– Ficaram tristes porque terminou. Fiquei triste, vou ser professora". "Estou cheia de dúvidas a respeito de que professora vou ser. Hoje, se eu pegar uma aula para dar, não sei, juro".

Alessandra: A princípio eu e Fernanda pensávamos em desenvolver um projeto de extensão, mas não tivemos apoio no nosso Departamento, então fomos conhecer o GPA. Era diferente de tudo que eu conhecia, fiquei deslumbrada. Decidimos que iríamos desenvolver nosso projeto ali. Eu não pensava que essa decisão iria abalar todas as certezas que foram concretizadas durante meu período de escolaridade, no qual fui submetida ao método tradicional de ensino. Hoje não sou a mesma pessoa comparada com a que entrou no começo do semestre no GPA. Até então eu sabia que estava errada mas não tinha uma solução para este ensino. Agora tenho, e isso foi confirmado com as intervenções que fizemos. Antes eu achava muito fácil dar aulas para alguém, era só colocar o conteúdo. Aqui, depois que tive contato com Lacan, dar aulas ficou tão complicado. Mas é por aí. Pena que ninguém faz isso, ninguém procura seguir uma linha.

Fernanda: Quando resolvemos procurar o GPA para tentar pôr em prática o projeto que tínhamos, senti-me um pouco insegura, até amedrontada, talvez por ser uma nova experiência; normalmente o novo causa medo. Não sabia o que viria pela frente, nem mesmo como nossa proposta seria recebida, pois estávamos fora de nosso "hábitat" natural. Uma das coisas que mais me impressionou no GPA foi a harmonia com que o grupo trabalha, mesmo sendo tão heterogêneo, pois nele estão professores de primeiro, segundo e terceiro graus, alunos de graduação e pós-graduação de vários cursos, enfim pessoas bem diferentes mas todas com um propósito em comum, a melhora do ensino.

Luiz Gonzaga: A partir destas considerações e ao final de seis meses de trabalho junto ao GPA, o Luiz Gonzaga está com o mesmo entusiasmo pela vida, pela Educação e pela física e, ainda, com a mesma revolta e rebeldia, só que agora, com uma bússola como orientação, com uma metodologia, tanto acadêmica como para a vida. Essa bússola não é do discurso em si (do sistema vigente), mas o trabalho de grupo. Este ambiente novo me proporcionou retomar as leituras, a fim de buscar e me envolver com o sentimento de mudança que se apoderou de meus atos.

Palavra final

Apesar de tudo, o leitor ainda poderá perguntar: – *Isso dá certo*? Ou seja, será que assim se consegue o necessário compromisso com a mudança do aluno-professor? De nosso ponto de vista, entretanto, essa pergunta não tem mais sentido, porque não há mais um ponto de vista onde o julgamento possa se sustentar. Para nós, não se trata de "ensinar compromissos", isso é decididamente impossível, Freud já o dizia. O que fazemos é exercer *um compromisso* e convidar pessoas para que se juntem a nós.

Referências bibliográficas

ARANTES, A. R., Souza, F. L. M., GENOVEZ, L. G. R., COBIANCHI, A. S., KOGA, M. T., BALDINO, R. R. Pesquisa-ação para formação de professores: física experimental no ensino médio. *Relatório Interno*, n.50, 1998. Rio Claro: UNESP, 1998.

ATKINSON, D., MOORE, A. How particular lacanian notions might be helpful for evaluating profiles of teacher competences and supervising students on their teaching practice. *Chreods 8*, p.3-11, Nov. 1994, Manchester Metropolitan University, 1998a.

______. Charisma, Competence and Teacher Education. *Discourse: studies in the cultural politics of education*, v.19, n.2, p.171-82, 1998b.

AZEVEDO, L. L. Licenciatura em matemática: uma proposta de mudança apoiada na metodologia de ensino de matemática via resolução de problemas. In: CASSOL, A., KNIJNIK, G., WOLFF, R. (Ed.) VI Encontro Brasileiro de Educação Matemática, 6, 1998, São Leopoldo. *Anais*... São Leopoldo: UNISINOS, 1998. v.2, p.589.

BALDINO, R. R., CARRERA de SOUZA, A. C. (Ed.) *Manifesto sobre o cotidiano da escolaridade brasileira*. http://www.caferomano.org/, 1998.

BARBIER, R. *A Pesquisa-ação: na instituição educativa*. Rio de janeiro: Zahar, 1985.

BECKER. J. R., PENCE, B. J. Mathematics teacher development: connections to change in teachers' beliefs and practices. *Proceedings of PME- 20*, v.1, p.103-17, 1996.

BORKO, H., EISENHART, M., BROWN, C. A., UNDERHILL, R. G., JONES, D., AGARD, P. C. Learning to teach hard mathematics: do novice teachers and their instructors give up too easily? *Journal for Research in Mathematics Education*, v.23, n.3, p.194-222, 1992.

BREEN, C. Plenary Panel: Diversity and Change in Mathematics Teacher Education. *Proceedings of PME-22 Conference*, v.1, p.85, 1998.

BROWN, T. Memories are made of this +. *Chreods*, v.13, Sep.-Oct. 1998.

CABRAL, T. C. B. Contribuições da Psicanálise à Educação Matemática. São Paulo, 1997. Tese (Doutorado) – Faculdade de Educação, Universidade de São Paulo.

CARR, W., KEMMIS, S. *Becoming Critical*. London: The Falmer Press, 1986.

CARRERA de SOUZA, A. C., PEREZ, G., BICUDO, I., BICUDO, M. A. V., PENTEADO da SILVA, M., BALDINO, R. R., CABRAL, T. C. B. Diretrizes para a Licenciatura em Matemática. *BOLEMA*, ano 6, n.7, p.90-9, 1991.

CARRERA de SOUZA, A. C., TEIXEIRA, M. V., BALDINO, R. R., CABRAL, T. C. B. Novas Diretrizes para a Licenciatura. *Temas e Debates*, Ano 8, n.7, SBEM, p.41-65, 1995.

COBB, P., YACKEL, E. Classroom sociomathematical norms and intellectual autonomy. *Proceedings of PME-19 Conference*, v.3, p.264-71, 1995.

COHEN, L., MANION, L. *Research Methods in Education*. London: Routledge, 1994.

CRAWFORD, K. Distributed cognition, technology and change. *PME-21*, v.1, p.81-9, 1997.

ENSOR, P. Teachers' beliefs and the problem of the social. *Proceedings of PME-22 Conference*, v.2, p.280-87, 1998.

JAWORSKI, B. Pilot in-service mathematics teacher project. *PME-22*, v.1, p.88-96, 1998.

KHISTY, L. L. Talking math: proposal for school change. *PME-22*, v.1, p.97-104, 1998.

KONRAD, K., KRAINZ-DÜR, M., PIBER, C., POSH, P., RAUCH, F. The Cape Project – constructing activities for peer education. *Proceedings of PME-22*, v.1, p.105-12, 1998.

PENCE, B. J. Investigating the impact of change in the calculus curriculum at San Jose State University. *Proceedings of PME-19 Conference*, v.1, p.216, 1995.

PONTE, J. P. M. da, OLIVEIRA, H., CUNHA, M. H., SEGURADO, M. I. *Histórias de investigações Matemáticas*. Lisboa: Instituto de Inovação Educacional, 1998.

SHANE, R. Examining the second grade mathematics classroom from a social--constructivist perspective. *Proceedings of PME-22 Conference*, v.4, p.350, 1998.

SIMON, M. A., TZUR, R. Generating theoretical accounts of mathematics teachers' practices. *Proceedings of PME- 21 Conference*, v.4, p.160-5, 1997.

SOUZA, A. C. C. et al. Diretrizes para a Licenciatura em Matemática. *BOLEMA*, ano 6, n.7, p.90-9, 1991.

THIOLLENT, M. *A Pesquisa-Ação: na instituição educativa*. Rio de Janeiro: Zahar, 1987.

TOMAZOS, D. Investigating change in a primary mathematics classroom: valuing the student's perspective. *PME-21*, v.4, p.222-9, 1997.

SCHMIDT, M. E., DUNCAN, A. Cultural Conflict: a Pre-Service Japanese student in American Schools. In: GATES, P. (Ed.) FIRST INTERNATIONAL MATHEMATICS EDUCATION AND SOCIETY CONFERENCE, 1998, Nottingham. *Proceedings...* Nottingham: Nottingham University, 1998. p.309.

VAN ZOEST, L. R., DARBY, T. C. Connections between perspective teachers' beliefs about mathematics and mathematics teaching and their interactions in classroom using a reform curriculum. *Proceedings of PME-22 Conference*, v.4, p.354, 1998.

VINNER, S. From intuition to inhibition – mathematics, education and other endangered species. *Proceedings of PME-21Conference*, v.1, p.63-78, 1997.

ZIZEK, S. *Tarrying with the infinite*. Durham: Duke University Press, 1993.

14 ANÁLISE DAS EXPERIÊNCIAS VIVIDAS DETERMINANDO O DESENVOLVIMENTO PROFISSIONAL DO PROFESSOR DE MATEMÁTICA[1]

Altair F. F. Polettini[2]

Mudança e desenvolvimento acontecem na vida de todo adulto. O professor, enquanto profissional, expressa diferentes habilidades, conhecimento, crenças, visões, modos de agir, atitudes, preocupações e interesses durante a carreira. Desenvolvimento, que geralmente é visto como o fenômeno de mudança ao longo dos anos, será visto aqui como aprendizagem durante toda a vida, quando olhamos a pessoa como um todo. Este artigo propõe focalizar o desenvolvimento profissional do professor de Matemática nas percepções do professor do seu próprio desenvolvimento e discute consequências das visões apresentadas para a formação pré-serviço e continuada do professor de Matemática. Mais do que apresentar respostas, ressalta ênfases a serem dadas em pesquisas futuras, especialmente do Grupo de Pesquisa em Formação de Professores da UNESP – Rio Claro.[3]

1 Este artigo é baseado na Palestra "História de Vida e o Desenvolvimento Profissional do Professor de Matemática", proferida no VI ENEM-Encontro Nacional de Educação Matemática, realizado em São Leopoldo, RS, em julho/1998, *Anais*, v.1, p.41-4.

2 Departamento de Matemática e Pós-Graduação em Educação Matemática – UNESP – Campus de Rio Claro – SP. A autora agradece ao Prof. João Pedro da Ponte, da Universidade de Lisboa, Portugal, e aos membros do Grupo de Pesquisa em Formação de Professores da UNESP – Rio Claro, pelos comentários e sugestões a uma primeira versão deste artigo.

3 Grupo de Pesquisa em Formação de Professores, coordenado pela Profa. Altair F. F. Polettini, do qual participam o Prof. Geraldo Perez, a Profa. Laurizete F. Passos, mestrandos e doutorandos da Pós-Graduação em Educação Matemática da UNESP – Rio Claro.

Pesquisas realizadas nas décadas de 1960 e 1970 sugeriram modelos de desenvolvimento do professor em estágios ou por idade, não de maneira totalmente discreta, mas enfatizando mais um ou outro aspecto. Essas pesquisas revelaram um olhar para o desenvolvimento do professor sob diferentes perspectivas, por exemplo, da moral, do ego, conceitual, cognitiva, profissional, de preocupações e ética (Burden, 1990; Leithwood, 1990). Por exemplo, Fuller & Bown (citado em Burden, 1990) divulgaram um modelo sobre preocupações do professor, constituído de quatro estágios: 1. fase antes de lecionar, na formação pré-serviço, desprovida de preocupações; 2. início da carreira, preocupações consigo mesmo, de sobrevivência no trabalho, com predominância de questões como controle da classe, no sentido de manter a disciplina, e domínio do conteúdo a ser ensinado; 3. preocupações com o desempenho do ensino, com limitações e frustrações do ensino e com suas exigências; e 4. preocupações com a aprendizagem dos alunos, com suas necessidades sociais e emocionais e com a habilidade de se relacionar com os mesmos.

Este modelo sugere que futuros professores não estariam preocupados com a discussão sobre maneiras para ensinar um certo conteúdo e que, provavelmente, nós teríamos que esperar que eles atingissem um grau adequado de maturidade para discutir questões metodológicas, o que só ocorreria durante a formação continuada. Porém, muitas pesquisas que se sucederam mostraram que preocupações consigo mesmo, com questões de sobrevivência, tarefas, aprendizagem dos alunos, materiais e desenvolvimento curricular ocorriam simultaneamente, em diferentes momentos da carreira, e eram preocupações também de futuros professores, na formação pré-serviço (Burden, 1990).

Devemos salientar que muitas dessas pesquisas das décadas de 1960 e 1970 foram realizadas num contexto de concepções a respeito do papel do professor, de ensino e de aprendizagem que eram diferentes das advogadas pelos tempos atuais e, em particular, pelas tendências das reformas curriculares em Educação Matemática. A imagem do professor mudou de uma figura passiva para a de uma figura ativa, construindo perspectivas e escolhendo ações. O ensino deixou de ser visto apenas como transmissão de conhecimento, trabalho conduzido essencialmente de forma isolada. A nova visão é a de atividade não rotineira, conduzida de forma colaborativa.

Leithwood (1990), ao fazer uma síntese dos trabalhos que fizeram uso de modelos considerando a história de vida de professores, discute o seguinte ciclo de desenvolvimento da carreira: 1. lançar a carreira; 2. estabilidade, desenvolvendo maturidade; 3. novos desafios e preocupações;

4. alcançando um nível profissional; e 5. preparando-se para a aposentadoria. Este modelo gera a ideia de que professores em início de carreira são limitados, ou não são capazes de assumir seu papel, menos ainda os futuros professores na formação pré-serviço, e que professores em final de carreira estariam mais propensos a atingir um determinado "plateau", ou até regrediriam em função da aposentadoria.

Estudos de Polettini (1995, 1996) e de Ponte (1996) mostraram que os modelos apresentados acima não se aplicam de maneira tão simples aos casos estudados. Mudanças na carreira aconteceram por razões internas ou externas, que não dependeram somente do tempo de carreira em si e nem aconteceram de maneira linear em direção a estágios de melhor nível. A teoria tem a função de prever o que irá ocorrer, mas, muitas vezes, um modelo rígido, linear e estático leva a uma classificação do professor em um estágio ou outro apenas.

Questionando a visão anterior, uma abordagem mais flexível sugere o estudo dos fatores que afetam a passagem de um estágio para outro ou o aparecimento de uma fase nova, diferente daquelas propostas inicialmente por tais modelos, levando em conta a biografia, experiência, contexto, personalidade, e crenças como aspectos importantes a serem colocados em discussão (Richardson & Placier, no prelo). Uma outra tendência, mais recente ainda, discutida por Richardson & Placier (no prelo), é a consideração de que todo professor muda, existindo mudanças de diferentes ordens, podendo ser relacionadas à organização da sala de aula e do currículo somente, mais superficial, ou a diferentes modos de pensar, ensinar e aprender, mais profunda.

Polettini (1995) analisou as percepções de professores que consideraram ter mudado a maneira de lecionar Matemática durante a carreira. A consideração das percepções do próprio professor sobre as mudanças significativas que ocorreram com ele e o que possa ter influenciado as mudanças traz diferentes questões a serem consideradas pela pesquisa, pois não se trata de analisar mudanças do ponto de vista do observador somente e não há ainda grande produção na literatura a esse respeito. As características pessoais e interesses do professor ou as condições de trabalho são aspectos a serem considerados no estudo do desenvolvimento profissional do professor. É importante que o desenvolvimento profissional não seja visto de forma tão linear e independentemente do desenvolvimento pessoal. Devemos nos preocupar com que tipo de desafios ou experiências influenciam mudanças no pensamento e na prática do professor. Acreditamos que podemos avançar dentro de um determinado modelo em alguns aspectos e não em outros, e que, talvez, o desenvolvimento se dê de forma mais cíclica e não linear. De qualquer forma, estes são temas ainda abertos e complexos.

Quando consideramos nossa história de vida, a análise de fatos indicando pontos críticos e incidentes em nossa trajetória podem indicar razões para mudanças em nossa vida profissional, havendo, então, uma intersecção entre a vida pessoal e a vida profissional. Os pontos críticos e incidentes em comunhão com nossos interesses influenciam muitas de nossas decisões para mudar ou resistir à mudança em nossa carreira. Dessa maneira, é importante a análise do próprio professor dos desafios e das experiências vividas que poderiam ter influenciado as mudanças, enfatizando a sua percepção do que ocorreu e ocorre com ele.

Experiência, reflexão e percepção

A experiência em si em nossa vida é importante, mas a análise dessa experiência é muito mais importante, e como a *reflexão* sobre as experiências passadas e presentes se realiza desempenha um papel fundamental para o desenvolvimento profissional do professor. Na profissão o professor é rodeado por desafios o tempo todo. Tais desafios podem vir da educação prévia do professor, dos alunos, colegas, diretores, publicações e do governo. Mesmo pessoas da família podem desafiá-lo dependendo do grau de envolvimento delas na vida profissional do professor. Embora os desafios possam ser os mesmos, as pessoas são diferentes. Então, uma ênfase no indivíduo deve ser colocada.

Pensando na cognição do professor no contexto de todos os desafios e influências que o rodeiam (Bauersfeld, 1988; Cobb, 1990), o professor pode aprender, mudar e se desenvolver enquanto interage com o seu ambiente. O estudo do professor e do ensino da Matemática não pode ser feito adequadamente se nós ignoramos o contexto de *interações* sociais e culturais nas quais a formação do professor e o ensino ocorrem. Mas, embora desafios externos possam influenciar mudança, desenvolvimento não ocorre, somente, em resposta a desafios externos, mas, também, em resposta a *perturbações* internas. Faz-se necessário analisar mais profundamente o "interplay" entre o componente social e o componente individual no estudo do desenvolvimento profissional do professor.

À medida que refletimos sobre nossa realidade, se fazemos uma análise crítica, podemos mudar e nos desenvolver, e a decisão de mudar ou resistir à mudança é permeada por nosso conhecimento, crenças, características pessoais e interesses. Como Carr & Kemmis (1986) observam, uma análise crítica somente é possível quando ambas teoria e prática podem ser tratadas de maneira única como problemática, como aberta à reconstrução dialética através de reflexão e revisão. A reflexão sobre os tipos de experiência em nossa vida e carreira, via análise crítica, é um importante fator determinante de mudança e desenvolvimento, não sendo a duração das experiências suficiente por si só.

Dewey (citado em Zeichner, 1993) definiu três atitudes necessárias para a pessoa agir de maneira reflexiva: 1. espírito aberto; 2. responsabilidade e 3. sinceridade. Reflexão, para ele, não constituía um conjunto de passos e procedimentos específicos para os professores usarem. Ao contrário, era uma maneira de olhar para e de conviver com os problemas em nossa vida profissional, uma maneira de ser professor. Tal visão tem a ver com as características pessoais de cada um.

Von Glasersfeld (1994) dá a sua descrição de reflexão como sendo "a misteriosa capacidade que nos permite estar fora do fluxo da experiência direta, representar uma grande parte dela e olhar para ela como se fosse experiência direta enquanto mantendo-se ciente de que não é" (von Glasersfeld, 1994, p.116). Portanto, refletir sobre experiências passadas não é o mesmo que passar por uma experiência. E seja lá o que forem, memória e consciência estão envolvidas numa forma de volta ou reconstrução de experiências passadas. Se nós voltamos ou reconstruímos alguma coisa que vivemos em outro tempo, "esta reavaliação e coleta de fatos não seria possível se a experiência original não tivesse deixado alguma marca para guiar a reconstrução" (von Glasersfeld, 1994, p.122). Assim, *percepções* podem ser vistas como indicações (introspecções) que os professores têm atualmente, via reflexão sobre suas experiências presentes e passadas.

Podemos dizer que todo professor reflete, mas a profundidade da reflexão determina uma disposição ou não para a pesquisa, constante ou não em sua vida profissional. Como já indicou Zeichner (1993), há ainda a necessidade de analisarmos com mais cuidado a qualidade da reflexão do professor. Argumentamos que é importante considerar os *graus de reflexão* de cada um, reflexão podendo ser sobre o seu pensamento e sua prática ou sobre a prática de outros e que, embora seja difícil especificar quais são, acreditamos que a disposição para a reflexão mais profunda tem a ver com a disposição para a pesquisa e é permeada pelos nossos interesses no decorrer de nossa vida. Nossos interesses, por sua vez, podem ser pessoais, profissionais ou sociais, englobando interesse em educação e na sociedade. Interesses pessoais envolvem nossa família e nossa maneira de sentir e enfrentar nossos problemas. Interesses profissionais envolvem a importância da profissão em nossa vida e as expectativas que temos. Interesses sociais envolvem preocupações com a aprendizagem de nossos alunos e com a comunidade escolar e suas influências na vida deles. Então, nossa história de vida tem algo a ver com a caracterização e interação desses vários aspectos de nossos interesses e pode ajudar-nos a compreender melhor as mudanças que ocorrem em nossas vidas pessoal e profissional. A maneira como fazemos a análise de nossas experiências tem relação com as nossas percepções e com a tomada de consciência do que ocorre conosco.

Schon (1983) argumentou por uma epistemologia da prática, chamando a atenção para a importância da reflexão na ação e da reflexão sobre a ação. Em contraste, chamamos a atenção para uma visão de reconstrução dialética da teoria e da prática, ressaltando a importância da reflexão *sobre o pensamento*, em comunhão com a reflexão sobre a sua prática ou a prática de outros. Reflexão sobre o pensamento e a prática é essencial para a tomada de consciência do que acontece conosco, quais são nossas visões, conhecimento, crenças, práticas e a relação entre pensamento e prática. Sobre esta relação, pesquisas indicam que há consistências em alguns casos e inconsistências em outros (Thompson, 1992). O importante é a tomada de consciência do professor com relação ao seu pensamento e à sua prática e à relação entre eles, através de uma análise das justificativas que ele daria para suas ações, identificando as formas de apoio e obstáculo para o seu trabalho.

Acreditamos que a tomada de consciência do que ocorre com a pessoa está ligada ao conceito de "professor pesquisador". Há diferentes visões sob os chavões "professor reflexivo" e "professor pesquisador." Analisar o grau de disposição para uma reflexão mais profunda ou para a pesquisa de uma pessoa é, por natureza, uma atividade complexa. De qualquer forma, pensamos no professor pesquisador como alguém que está sempre buscando interpretar o que ocorre na sua sala de aula e no seu ambiente profissional, no sentido de interpretar a relação entre o currículo existente, suas ações e a aprendizagem dos alunos, estando à procura de novas maneiras de lecionar um assunto, o que não se limita à implementação de uma inovação ou metodologia (Polettini, 1998), mas um processo em que o professor presta mais atenção às estratégias de solução adotadas pelos alunos e às razões dadas por eles para a utilização de tais estratégias. Os métodos de coleta de dados utilizados na pesquisa convencional podem ser úteis para os professores em geral, mas não devem ser o foco principal do trabalho deles, isto é, devem se constituir numa ferramenta a mais e não algo que deva ser olhado de forma tão impositora. Argumentamos que o mais importante é o registro intelectual de suas reflexões ao longo do tempo. Nesta visão, o que caracteriza o professor pesquisador é a disposição para a investigação sempre presente em sua vida, a qual implica reflexão constante em sua prática e em seu pensamento.

História de vida e o desenvolvimento profissional

Idade e fase na carreira podem ter relação com o processo de mudança e desenvolvimento profissional do professor, mas não de maneira exclusiva. Não podemos nos esquecer de olhar as experiências pelas quais passa e passou o professor, nos níveis de saúde, família e sociedade, que determinam a sua história de vida. Para entender melhor o desenvolvimento profissional do professor é importante entender a interação dos aspectos fisiológicos, psicológicos e sociais do desenvolvimento humano.

Como pesquisadores ou observadores, analisamos a história de vida das pessoas, mas o mais importante é enfatizar neste processo a análise da própria pessoa sobre suas experiências. A facilidade ou dificuldade da pessoa em descrever algumas experiências passadas ou o pensamento é algo difícil de descrever, mas constitui-se um aspecto a ser considerado pelo pesquisador ou observador.

Métodos de pesquisa levando em conta a história de vida promovem reflexão sobre experiências passadas. Kelly (1955), Bruner (1983) e von Glasersfeld (1994) discutem o significado de experiências passadas como *reconstrução* e não como lembrança. A análise da história de vida pode ser vista como elemento de formação, como nos trabalhos de Christine Josso (1997), da Universidade de Genebra, ou como elemento importante na pesquisa envolvendo a escola (Goodson, 1980-1981), em particular, no estudo dos processos de mudança e desenvolvimento do professor (Polettini, 1995, 1996). Através da história de vida do professor podemos detectar formas de apoio e obstáculos para o seu desenvolvimento profissional que se manifestam de diferentes maneiras. Também, podemos olhar para pontos críticos ou incidentes, bem como para os focos de interesse durante a trajetória, interesses pessoais, sociais e profissionais.

Considerando que nossa história de vida tem algo a ver com a caracterização e interação desses vários aspectos de nossos interesses, o foco de interesse é importante e pode determinar o grau de reflexão. Por exemplo, o estudo de Polettini (1995) mostrou que Lúcia e Joana, embora ambas tivessem quase a mesma idade, mais ou menos o mesmo tempo de serviço e ambas fossem casadas e tivessem filhos, o foco de interesse de Lúcia era na profissão e o de Joana era na família. Ambas mudaram a maneira de lecionar Matemática, mas em ritmos diferentes.

Lúcia, embora não imaginasse outras maneiras de trabalhar um determinado conteúdo no início de sua carreira, preocupava-se já com as dificuldades dos seus alunos para aprender Matemática. Ela considerou que a oportunidade de participação de um grupo de discussão do currículo de Matemática a ser implantado ajudou-a bastante a refletir sobre novas metodologias, saindo do isolamento em que se encontrava. Lúcia passou a dedicar parte de seu tempo fora da sala de aula ao estudo de alguns subsídios e a mudar a sua prática com relação ao ensino de alguns tópicos. Joana achou que preocupações com a aprendizagem dos alunos começaram a partir da experiência de estudar Matemática com os próprios filhos em nível de 5ª série, que a partir deste fato ela começou a olhar para os seus alunos de forma diferente, mas, apesar do clima de discussão do novo currículo de Matemática, as intervenções em sala de aula e empenho para estudar novas metodologias não ocorreram prontamente, pelas suas preocupações exageradas com os afazeres domésticos.

O professor de matemática

Resultados de pesquisas da década de 1970 (Eisemberg, 1977) inicialmente deixaram frustrados pesquisadores que pretendiam mostrar a existência de uma relação direta entre o conhecimento do conteúdo matemático e a aprendizagem dos alunos. Tais pesquisas foram questionadas mais tarde por dois motivos. Primeiro, pelos critérios utilizados para estabelecer o conhecimento do conteúdo do professor, tais como, número de cursos realizados com sucesso, ou seja, com aprovação, na Universidade ou testes. Segundo, pelos métodos de pesquisa quantitativos utilizados. As pesquisas serviram de alerta para a importância de se discutir o que se entende por conhecimento do professor.

Independentemente, Shulman (1986), clamando pela necessidade de se considerar o conhecimento específico de cada área nos exames para o professor, marcou, de forma significativa, o início de uma discussão para essa questão, ressaltando três categorias que, juntas, retratariam a sua visão do que comporia o conhecimento do conteúdo: o conhecimento do conteúdo, o conhecimento de como lecionar o conteúdo e o conhecimento do currículo. Ampliando a discussão, depois, Shulman (1987) propôs sete categorias para o conhecimento do professor: 1. conhecimento do conteúdo; 2. conhecimento de como lecionar o conteúdo; 3. conhecimento do currículo; 4. conhecimento pedagógico em geral; 5. conhecimento dos estudantes e suas características; 6. conhecimento do contexto educacional; e 7. conhecimento das metas, objetivos e valores educacionais. A partir daí, o conhecimento do conteúdo passou a ser analisado de forma mais ampla nos estudos que se sucederam em Educação Matemática.

A pesquisa em ensino teve diferentes enfoques em diferentes fases, passando do estudo das características do professor aos seus procedimentos em sala de aula e, depois, para o que o professor pensa e como toma decisões. Mudanças nas visões do que significa "saber" em geral e do que significa "saber Matemática", em particular, fizeram com que as visões de ensino e aprendizagem da Matemática sofressem alterações, havendo mudança de ênfase na repetição de uma Matemática pronta, baseada no conhecimento de regras, para a ênfase na compreensão da Matemática, na análise do conhecimento de conceitos e no que significa "fazer Matemática". A visão de construção do conhecimento passou a dominar as discussões relativas ao ensino e à aprendizagem da Matemática.

Pesquisas indicam que o modo como o professor interpreta e implementa o currículo em sala de aula depende de seu conhecimento e crenças com relação à Matemática e ao ensino e aprendizagem da Matemática (Clark & Peterson, 1986). A ideia de que as concepções, conscientes ou inconscientes, a respeito da Matemática e do seu ensino desempenham um papel significativo na prática do professor tem sido considerada (Thompson, 1992). A utilização do modelo de Perry (1970), modificado por Copes, para classificar o professor quanto às suas crenças com relação à Matemática e ao ensino da Matemática, em algumas pesquisas tem indicado que o professor de Matemática tem uma visão predominantemente dualista da Matemática, caracterizada pelo certo e errado. Suspeita-se que essa visão estreita da Matemática implique dificuldades do professor em organizar ações em sala de aula de maneira a propiciar a discussão de um outro tipo de abordagem da Matemática. Mais recentemente, o modelo de Belinky (1986), que não é tão linear, tem representado uma ferramenta adicional de análise (Cooney, 1994).

A literatura de pesquisa tem reportado a dificuldade em promover mudanças significativas nas crenças do professor num curto espaço de tempo, quer na formação do futuro professor (Schram, Wilcox, Lanier & Lappan, 1988) ou na formação em serviço (Lappan et al., 1988). O conhecimento e crenças do professor sobre a Matemática e o ensino e a aprendizagem da Matemática parecem ser fortemente influenciados por suas experiências prévias como estudante de Matemática (Ball, 1988, Polettini, 1995). Também, fatores contextuais parecem influenciar a prática do professor (Cooney, 1985; Wilcox, Schram, Lappan & Lanier, 1991).

Ao discutir abordagens dominando mudanças, Olson (1985) aponta que temos, em geral, os conceitos de "mudança do sistema" e "mudança ecológica". Em mudança do sistema, o foco é o que o professor faz em resposta a uma inovação. Em mudança ecológica, argumenta-se que fatores do ambiente que representam obstáculo à mudança devessem ser alterados para que o professor pudesse demonstrar o seu potencial. Propondo uma outra maneira para interpretar mudança, o que chama de "mudança reflexiva," prioriza o pensamento do professor e o "desenvolvimento de uma consciência crítica" (p. 301), isto é, mudanças que ocorram à medida que ele se torna mais consciente de como resolve problemas e a que custo, quando expõe sua prática ao escrutínio crítico. Mudança passa a significar mais do que a mudança da instituição, enfatizando, então, o desenvolvimento individual do professor. Há ainda a necessidade de discutir melhor a natureza das mudanças do ponto de vista do professor e não do pesquisador, enfatizando as visões do próprio professor das mudanças significativas que ocorreram com ele, como ele vê a si mesmo, e como contrapor as suas visões com a visão do observador ou pesquisador. O conceito de mudança reflexiva, citada, pode nos ajudar nessa discussão.

O trabalho colaborativo entre o pesquisador e os professores pode propiciar oportunidade para essa mudança reflexiva. Neli e Sara mudaram a maneira de lecionar Matemática de forma mais abrangente do que Lúcia e Joana quando participaram de grupos de estudo, com reuniões semanais, ou na própria escola ou fora dela (Polettini, 1995). Embora elas já refletissem anteriormente sobre seu pensamento e sua prática, elas passaram a refletir de forma mais intensa através das interações nos grupos. Mudanças na prática se deram de forma gradual em diversos anos e os grupos de estudo ajudaram Neli e Sara de forma decisiva e significaram apoio próximo no início do processo de mudança. Acreditamos que iniciativas de colaboração entre a Universidade e os professores, em nível de comunidade escolar, são importantes como oportunidade de incentivo à reflexão (Passos, Polettini, Souza & Baldino, 1998).

No entanto, considerando o "interplay" entre o componente social e o componente individual no estudo do desenvolvimento profissional do professor, surgem algumas questões quando valorizamos o incentivo à reflexão sobre experiências passadas e presentes sobre o papel desse incentivo. Korthagen, citado em Richardson & Placier (no prelo) sugere que pessoas que não têm orientação reflexiva não ganham muito de cursos de formação do professor que enfatizam reflexão, ou seja, as características pessoais e os interesses das pessoas envolvidas devem ter algum papel.

No início do semestre da disciplina de Didática na Pós-Graduação em Educação Matemática em 1997, foi sugerido que os alunos pensassem em três palavras que seriam usadas para descrever *ensino* e *aprendizagem*.

As palavras mais utilizadas para *ensino* foram transmissão, explicação, intervenção e metodologia. As palavras menos utilizadas foram educação, formação e orientação. Para *aprendizagem*, as mais utilizadas foram transformação, motivação e assimilação e as menos utilizadas foram compreensão e questionamento. Notamos que uma visão do processo de ensino-aprendizagem mais em termos de interação entre professor--aluno, centrado no aluno e não no professor ainda não era predominante neste grupo de alunos. A mesma atividade, realizada com um grupo de licenciandos da UNESP – Rio Claro, numa disciplina da Licenciatura no 3º ano, em 1997, mostrou as mesmas tendências. Através dessa discussão, percebemos que, embora as tendências das visões de ensino e aprendizagem, em geral, tenham mudado, mudanças nas visões das pessoas, em particular, são mais complexas. No caso específico da Matemática, como bem aponta D'Ambrósio (1993), o professor de Matemática necessita questionar e ampliar a sua visão sobre a Matemática e sobre o ensino e a aprendizagem da Matemática.

Consequências para a Formação de Professores

Embora pensemos em ações específicas para um curso de formação pré-serviço ou continuada do professor de Matemática, a sua formação aqui é entendida como algo que ocorre durante toda a vida. O desenvolvimento profissional não pode e não deve ser visto de forma desvinculada do desenvolvimento pessoal. Sendo assim, o desenvolvimento profissional do professor não tem início somente quando da entrada na profissão docente. Esta noção está diretamente ligada à noção de formação do professor que leva em conta as experiências anteriores à formação pré-serviço, as experiências durante a formação pré-serviço e as experiências depois da formação pré-serviço.

Schon (1995) indica que uma característica essencial do professor, que faz parte do seu processo de desenvolvimento, é ouvir o aluno. No contexto de todos os desafios que o rodeiam e da análise das formas de apoio e de obstáculo no seu trabalho, o professor deve aprender a ouvir mais o aluno para entender melhor os processos utilizados por ele na resolução de problemas, para entender melhor as dificuldades dele com relação aos métodos utilizados em sala de aula e com relação à aprendizagem daquele conteúdo. Apesar de todas as angústias geradas pelas dificuldades no seu trabalho, a mensagem essencial para o professor é a de que ele deveria estar atento ao processo contínuo de aprender a ouvir o aluno. Tal difícil tarefa deve ser incentivada nos cursos de formação como condição essencial para mudança e desenvolvimento do professor.

Muitas discussões com relação a programas de formação de Matemática, especialmente os de pré-serviço, têm sido em nível curricular, com predomínio das questões: "O que o professor deve saber de Matemática"? ou "O que o professor de Matemática deve saber"? Como não é possível que o professor domine todos os conteúdos que possamos imaginar como essenciais, há que se pensar em outros componentes importantes de um programa de formação que veja a pessoa do professor como um todo e que, no caso da formação pré-serviço, esta não seja vista como um fim em si mesmo. A análise de um conjunto de experiências durante o programa de formação pré-serviço é mais importante do que o cumprimento de uma lista de conteúdos. As questões principais que devem nortear nosso trabalho devem ser então: *Que experiências são importantes para o futuro professor de Matemática*? e *Como incentivar a análise dessas experiências*?

Nessa perspectiva, surgem questionamentos que podem subsidiar as atividades para propiciar as experiências: "O que significa saber Matemática"? e "O que significa aprender Matemática"? A compreensão e o "fazer Matemática" através da participação mais ativa dos alunos no processo de ensino-aprendizagem devem ser enfatizados. Deveríamos incentivar sempre o professor a ser pesquisador em sua sala de aula.

Pertinente a essa discussão, é a contraposição entre as visões de ensino e de educação. Bicudo (no prelo) indica que, embora definições sobre ambos não sejam desejáveis do ponto de vista político, podemos pensar em argumentos do ponto de vista ontológico e epistemológico. Ao discutir diferentes ênfases dadas às expressões "Ensino de Matemática" e "Educação Matemática", aponta, por exemplo, que enquanto o Ensino de Matemática preza por uma visão mais estreita, buscando entender a Matemática como ciência, priorizando a lógica da Matemática e colocando-se a serviço dela, a Educação Matemática estende a discussão à História da Matemática, à consideração da realidade do aluno, levando em conta a aprendizagem não formal, fora da escola e colocando a Matemática a serviço do cidadão.

Sugerimos, então, nos programas de formação do professor de Matemática: 1. propiciar oportunidades para incentivo à reflexão sobre as experiências (matemáticas e não matemáticas) passadas e presentes; 2. buscar a discussão do conhecimento do conteúdo, do conhecimento de como lecionar o conteúdo e do conhecimento do currículo de forma integrada sempre que possível; 3. incentivar trabalhos baseados não no isolamento, mas na colaboração entre os alunos e entre os docentes; 4. propiciar oportunidades de experiências com escolas de 1º e 2º graus e alunos o mais cedo possível; 5. incentivar a discussão de uma visão de Educação Matemática, e não de Ensino de Matemática, que deva permear todo o trabalho.

As pesquisas em formação de professores devem evidenciar preocupações na direção dessas sugestões apresentadas e dos pontos levantados anteriormente. Devemos incentivar a reflexão sobre as experiências passadas e presentes, tanto na formação pré-serviço como na formação continuada, levando à percepção do que ocorre com o professor. É como um processo de tomada de consciência, um monitoramento do próprio desenvolvimento.

Referências bibliográficas

BALL, D. L. Unlearning to teach mathematics. *For the Learning of Mathematics*, v.8, n.1, p.40-8, 1988.

BAUERSFELD, H. Interaction, construction, and knowledge: Alternative perspectives for mathematics education. In: GROUWS, D. A., COONEY, T., JONES, D. (Ed.) *Effective Mathematics Teaching*. Reston, VA: NCTM, 1988. p.27-46.

BELINKY, M. F., CLINCHY, B. N., Goldberger, N. R., TARULE, J. N. *Women's ways of knowing*: The development of self, voice, and mind. New York: Basic Books, 1986.

BICUDO, M. A. V. Ensino de Matemática e Educação Matemática: Algumas considerações sobre seus significados. *Bolema* (Rio Claro). (No prelo).

BURDEN, P. Teacher development. In: HOUSTON, W. R. (Ed.) *Handbook of Research on Teacher Education*. New York: Macmillan, 1990. p.311-28.

BRUNER, J. S. *In search of mind*. New York: Harper Colophon, 1983.

CARR, W., KEMMIS, S. *Becoming critical*. London: The Falmer Press, 1986.

COBB, P. Multiple perspectives. STEFFE, L. P., WOOD, T. (Ed.) *Transforming early childhood mathematics education*. Hillsdale, NJ: Lawrence Erlbaum, 1990. p.200-15.

COONEY, T. J. Research and Teacher Education: In search of common ground. *Journal for Research in Mathematics Education*, v.25, p.608-36, 1994.

______. A beginning teacher's view of problem solving. *Journal for Research in Mathematics Education*, v.16, p.324-36, 1985.

D'AMBRÓSIO, B. S. Formação de professores de Matemática para o século XXI: O grande desafio. *Pro-posições (Campinas)*, v.4, n.1(10), p.35-41.

EISEMBERG, T. A. Begle revisited: Teacher knowledge and student achievement in algebra. *Journal for Research in Mathematics Education*, v.8, p.216-22, 1977.

GOODSON, I. Life histories in the study of schooling. *Interchange*, v.11, n.4, p.62-76, 1980-1981.

JOSSO, C. História de vida e autoformação. In: *Livro de Resumos*, REUNIÃO ANUAL DA ASSOCIAÇÃO NACIONAL DE PÓS-GRADUAÇÃO E PESQUISA EM EDUCAÇÃO, 1997, p.38, Caxambu. *Resumos*... Caxambu-MG, 1997.

KELLY, G. A. *The psychology of personal constructs*. New York: Norton, 1955. v.1.

LAPPAN, G., FITZGERALD, W., PHILLIPS, E., WINTER, M. J., LANIER, P., MADSEN-NASON, A. EVEN, R., LEE, B., SMITH, J., WEINBERG, D. *The middle grades mathematics project. The challenge: Good mathematics-taught well.* (Final report to the National Science Foundation for Grant). East Lansing, MI: Michigan State University, 1988.

LEITHWOOD, K. A. The principal's role in teacher development. In: JOYCE, B. (Ed.) *Changing School Culture Trough Staff Development*. Association for Supervision and Curriculum Development, 1990. p.71-90.

OLSON, J. K. Changing our ideas about change. *Canadian Journal of Education*, v.10, p.294-308, 1985.

PASSOS, L. F., POLETTINI, A. F. F., SOUZA, A. C. C., BALDINO, R. R. Influenciando mudanças e (re)construindo saberes: A reflexão colaborativa professor/pesquisador. In: IX ENDIPE, 1998, p.60-2, Águas de Lindoia. *Resumos*... Águas de Lindoia – SP, 1998. (Trabalho completo de 20 páginas em disquete).

PERRY, W. *Forms of intellectual and ethical development in the college years*: A scheme. New York: Holt, Rinehart & Wilson, 1970.

POLETTINI, A. F. F. Mudança e desenvolvimento do professor: O caso de Sara. *Revista Brasileira de Educação (ANPEd)*, n.9, set.-dez., 1998. (No prelo).

______. História de vida relacionada ao ensino da Matemática no estudo dos processos de mudança e desenvolvimento de professores. *Zetetike* (Campinas: Universidade Estadual de Campinas), 1996, v.4, n.5, p.29-48.

______. *Teachers' Perceptions of Change*: an Examination of Mathematics Teaching Life Histories. Athens, GA: Universidade da Georgia, 1995.

PONTE, J. P. Perspectivas de desenvolvimento profissional de professores de Matemática. PONTE, J., MONTEIRO, C., MAIA, M., SERRAZINA, L., LOUREIRO, C. (Org.) *Desenvolvimento profissional dos professores de Matemática*: Que Formação? Lisboa: Sociedade Portuguesa de Ciências da Educação, 1996. p.193-21.

RICHARDSON, V., PLACIER, P. Teacher Change. In: RICHARDSON, V. (Ed.) *Handbook of Research on Teaching*. 4.ed. Washington, DC: American Educational Research Association. (In press).

SCHRAM, P., WILCOX, S. LANIER, P., LAPPAN, G. *Changing mathematical conceptions of preservice teachers*: A content and pedagogical intervention (Research report). East Lansing, MI: Michigan State University, 1988.

SCHON, D. A. Formando professores reflexivos. In: NOVOA, A. (Org.) *Os professores e sua formação*, Lisboa: Dom Quixote, 1995.

______. *The reflective practitioner*. New York: Basic Books, 1983.

SHULMAN, L. S. Knowledge and teaching: Foundations of the new reform. *Harward Educational Review*, v.57, p.1-22, 1987.

______. Those who understand: knowledge growth in teaching. *Educational Researcher*, v.15, n.2, p.4-14, 1986.

THOMPSON, A. G. Teachers' beliefs and conceptions: A synthesis of the research. In: GROUWS, D. A. (Ed.) *Handbook of Research on Mathematics Teaching and Learning*. New York: Macmillan, 1992. p.127-46.

VON GLASERSFELD, E. *Radical Constructivism*: A Way of Knowing and Learning. Draft Copy, 1994.

WILCOX, S. K., SCHRAM, P., LAPPAN, G., LANIER, P. The role of a learning community in changing preservice teachers' knowledge and beliefs about mathematics education. *For the Learning of Mathematics*, v.11, n.3, p.31-9, 1991.

ZEICHNER, K. *A formação reflexiva de professores*: ideias e práticas. Lisboa: Educa, 1993.

15 FORMAÇÃO DE PROFESSORES DE MATEMÁTICA SOB A PERSPECTIVA DO DESENVOLVIMENTO PROFISSIONAL

Geraldo Perez[1]

Introdução

Há vários anos trabalhando no Departamento de Matemática/Campus de Rio Claro, junto à Licenciatura em Matemática e na Pós-Graduação em Educação Matemática, IGCE, UNESP,[2] Campus de Rio Claro, SP, temos nos envolvido com pesquisas e orientações em nível de Iniciação Científica, Mestrado e Doutorado, assim como desenvolvido projetos e cursos a Professores de Matemática do Ensino Fundamental e Médio, nas linhas sobre Ensino-Aprendizagem de Geometria no Ensino Fundamental e Médio e, com maior ênfase, sobre Formação Inicial e Continuada de Professores de Matemática.

Questionamos a atual formação desse professor, como profissional que deverá contribuir na formação de cidadãos críticos e atuantes para conviver na atual sociedade e mercado de trabalho (art. 2. da LDB 9.394/96), como pesquisador e, como profissional que trabalha de forma coletiva em seu ambiente de trabalho.

Este é o veio principal de investigação de nossas pesquisas em Rio Claro.

1 Professor do Departamento de Matemática e da Pós-Graduação em Educação Matemática – UNESP – Rio Claro – SP.

2 UNESP – Universidade Estadual Paulista "Julio de Mesquita Filho", localizada em 15 cidades do Estado de São Paulo.

O professor de matemática

Vários são os autores que consideram a figura do professor como central para que as transformações que se fazem necessárias na escola e na sociedade ocorram. Há um consenso com relação à relevância desse profissional no processo educativo e de seu papel como agente transformador da realidade, ou seja, o compromisso do professor deve ser o de dar uma direção que aponte para a superação das desigualdades sociais (Souza, 1995, p.45). Nesse sentido, o professor precisa refletir sobre a concepção de escola como instituição que transmite o conhecimento e como local que ajuda o aluno a desenvolver seu potencial, que o ensina a pensar, que o ajuda a descobrir caminhos para transformar a sociedade em que vive (Perez, 1995, p.29). Sobre o novo papel do professor de Matemática, D'Ambrósio comenta:

> Não há dúvida quanto à importância do professor no processo educativo. Fala-se e propõe-se tanto educação a distância quanto outras utilizações de tecnologia na educação, mas nada substituirá o professor. Todos esses serão meios auxiliares para o professor. Mas o professor, incapaz de se utilizar desses meios, não terá espaço na educação. O professor que insistir no seu papel de fonte e transmissor de conhecimento está fadado a ser dispensado pelos alunos, pela escola e pela sociedade em geral. O novo papel do professor será o de gerenciar, de facilitar o processo de aprendizagem e, naturalmente, de interagir com o aluno na produção e crítica de novos conhecimentos. (1996, p.79-80)

Essas colocações suscitam os seguintes questionamentos:

- Quais as características essenciais de um professor de Matemática?
- Qual a importância da formação para a aquisição dessas características?
- Como deve ser estruturada a formação inicial e continuada do professor para que possa contribuir no desenvolvimento de uma cultura profissional, onde estará presente a reflexão crítica, a investigação, o trabalho coletivo e a autonomia?

A formação do professor de matemática

A nova LDB n. 9.394/96 traz artigos que tratam especificamente da formação dos profissionais da educação e alguns nos parecem significativos por conceberem a formação inicial e permanente como um processo contínuo e por destacarem a importância da prática docente. Vejamos:

O artigo $2^{\underline{o}}$ mostra a necessidade de se conhecer o aluno e o cotidiano em que ele vive, a fim de prepará-lo para o exercício de cidadania, olhando a educação como um ato político, segundo nossa interpretação.

No artigo 61 aparecem os fundamentos dessa formação para atender aos objetivos dos diferentes níveis e modalidades de ensino e as características de cada fase do educando. São eles:

I a associação entre teoria e prática, inclusive a capacitação em serviço;

II aproveitamento da formação e experiências anteriores, em instituições de ensino e outras atividades do cotidiano.

Destaca o artigo 62 que a formação inicial para atuar na educação básica far-se-á em nível superior, em curso de licenciatura, de graduação plena, em universidades e institutos superiores de educação, admitindo, como formação mínima para lecionar na educação infantil e nas quatro séries iniciais no ensino fundamental, a oferecida em nível médio, na modalidade Normal. Em seu artigo 63 explicita que os institutos superiores de educação manterão programas de educação continuada para os profissionais da educação dos diversos níveis. No artigo 65 observamos que a formação docente, exceto para a educação superior, incluirá prática de ensino de, no mínimo, trezentas horas.

Finalmente, o artigo 67 relata que os sistemas de ensino promoverão a valorização dos profissionais da educação, assegurando-lhes, inclusive nos termos dos estatutos e dos planos de carreira do magistério público:

I ingresso exclusivamente por concurso público e provas e títulos;

II aperfeiçoamento profissional continuado, inclusive com licenciamento periódico remunerado para esse fim;

III piso salarial profissional;

IV progressão funcional baseada na titulação ou habilitação, e na avaliação do desempenho;

V período reservado a estudos, planejamento e avaliação, incluído na carga de trabalho;

VI condições adequadas de trabalho.

Atualmente muitos são os educadores de matemática que veem a importância de as agências formadoras de professores de Matemática estarem abertas às inovações, para que deem conta de formar profissionais que terão a missão de educar, em direção da conquista da cidadania, as crianças e os adolescentes das escolas públicas, homens do século XXI.

Haja vista a grande quantidade de livros, artigos, congressos e seminários que tratam especificamente desse tema, e da importância que este profissional tenha formação apropriada,

> que lhe possibilite compreender e responder crítica e competentemente aos desafios do mundo contemporâneo, desafios colocados pelo desenvolvimento científico e tecnológico, e também aqueles que se processam no domínio dos valores e das implicações políticas e éticas trazidas por esse desenvolvimento. O professor precisa, ainda, ter uma visão educacional e conjuntural, que lhe possibilite, junto com os seus pares, enfrentar um mercado de trabalho totalmente desvalorizado e, assim, superar a degradação por que passa a Educação no país, principalmente no que se refere ao ensino fundamental e médio. (Fiorentini et al., 1997, p.14-15)

Beatriz D'Ambrósio (1993, p.35-40) acredita que o professor de Matemática deve apresentar quatro características: visão do que vem a ser a matemática; visão do que constitui a atividade matemática; visão do que constitui a aprendizagem matemática; visão do que constitui um ambiente propício à atividade matemática. Ainda segundo D'Ambrósio, há uma grande necessidade de modificarmos nossos programas de formação de professores e discutir os tipos de experiências necessárias, para que eles possam reconceituar sua visão do que vem a ser a Matemática e do que caracteriza a legítima atividade matemática. São eles:

- experiências matemáticas através das quais o futuro professor de Matemática deve aprender os conteúdos específicos por meio de metodologias alternativas, visando à investigação, à resolução de problemas, às aplicações, assim como uma análise histórica, sociológica e política do desenvolvimento da disciplina;
- experiências com alunos, destacando-se a necessidade de os programas de formação de professores as incorporarem desde o início. D'Ambrósio entende que os futuros professores constroem seu conhecimento sobre ensino da Matemática através desse contato com os alunos.

A Licenciatura de Matemática também é questão debatida em congressos e, a esse respeito, Garnica (1996, p.14) aponta que os trabalhos presentes nos *Anais* dos Encontros Paulista de Educação Matemática (EPEMs) são extremamente significativos. O conjunto desses documentos fornece uma visão bastante nítida do que vem sendo dito da licenciatura em Matemática; seu eixo central pode ser sistematizado nas seguintes disposições sobre o que pensar para uma visão panorâmica da questão:

a) profissionalização da atividade docente e da do licenciando – estagiário;

b) articulação entre escola e universidade;

c) rompimento da dualidade específico/pedagógico que tem caracterizado os cursos de licenciatura;

d) necessidade de existência de Conselhos de Cursos (um dos responsáveis por estabelecer um comprometimento das instituições com as questões pedagógicas) e Projetos Pedagógicos para a graduação (norteadores da formação);

e) fortalecimento das pesquisas em Educação e Educação Matemática;

f) implementação de projetos de pesquisa para licenciandos e professores em atuação;

g) reavaliação de aspectos como evasão, retenção e expectativas;

h) compromisso das Instituições de Ensino Superior com relação ao ensino;

i) necessidade de que a fase de análise de propostas seja ultrapassada pela viabilização de ações.

Nesse sentido, estudos desenvolvidos por Bertoni (1995) e Perez (1995, 1997) têm mostrado inovações em várias Licenciaturas em Matemática em todo o país. Em particular, foi possível identificar *três grandes eixos (referência curricular)*: 1. dos conteúdos específicos, 2. das disciplinas para a formação do professor, 3. da educação matemática; e *sete tendências*: 1. prática de ensino, 2. representação da matemática, 3. experiência e percepção, 4. disciplinas de formação do educador, 5. metodologia e instrumentação, 6. informática, 7. educação matemática e formação do professor pesquisador.

Vários países do mundo inteiro estão em busca de soluções para melhor resolver os problemas pelos quais estão passando. Nesta busca, vê-se a criatividade despontar como a principal "arma" que as sociedades estão encontrando para reverter a situação. Constata-se que é mais valorizado um trabalhador que tem ideias originais, inovadoras e que pode auxiliar a resolver situações-problema em diversas áreas, em oposição a quem nunca demonstrou criatividade em sua atividade. São "mentes criativas" que ajudarão a manter a situação estável e, se possível, melhorá-la ainda mais.

Assumindo que a criatividade é um potencial, uma capacidade inata em todo ser humano, resta então, ao ensino, promovê-la. Será que nossos professores estão preparados para assumir tal responsabilidade? Qual deve ser sua formação para que ele esteja apto para conseguir tal façanha? Quando procuramos formar uma sala de aula que seja um lugar onde os alunos tenham plena liberdade de se expressar, criar, desenvolver seu raciocínio e sua originalidade, de descobrir por eles mesmos caminhos diferentes de chegar às respostas, devemos lembrar de uma pessoa que é fundamental para que isto tudo não seja uma utopia: *o Professor*, que, para atuar nesta sala de aula, deve ter consciência de que é ele o principal construtor desse ambiente e o aluno, um ser único com características próprias, que devem ser estimuladas. Somente assim, a escola será sinônimo de crescimento, não só intelectual mas completo, no sentido apresentado no artigo 2º da LDB 9.394/96.

Precisamos, então, valorizar a criatividade de nossos estudantes, no Ensino Fundamental, Médio e Superior, trabalhando, inclusive, com atividades ambíguas, complexas, com desafios, fazendo com que os estudantes se tornem sensíveis aos estímulos do ambiente, sejam capazes de adaptar-se a mudanças e consigam resolver problemas não convencionais. E o professor para conseguir trabalhar desta maneira deve ter características próprias, ser ele mesmo criativo e ter uma formação que lhe dê meios para trabalhar desta maneira e assumir estes alunos. E que tipo de formação é capaz disto?

Vemos, segundo Souza e outros, que:

> O professor deve ser formado para ter o compromisso de intervir na realidade e para ter autonomia intelectual para a escolha de metodologias, procedimentos didáticos e paradigmas científicos. (1995, p.41)

Uma sala de aula como a que propomos exige que o professor tenha uma fundamentação teórica que lhe dê condições de compreender as razões para a utilização das diversas metodologias, em especial aquelas que envolvem os alunos em atividades abertas, e capacidade de usar efetivamente uma variedade de estratégias de acordo com os objetivos e tendo em conta a idade, a capacidade e as necessidades dos alunos.[3] Somente com esta base teórica, o compromisso de assumir esta autonomia, e muita coragem de enfrentar o "novo", é que o professor conseguirá inovar e escolher a metodologia e os procedimentos que melhor convier.

A formação inicial é considerada muito importante para a incorporação de uma cultura profissional, ou seja, para a aquisição de características essenciais do professor de Matemática, por ser um período em que as virtudes, os vícios e as rotinas, se assumem como processos usuais da profissão, pois,

> o conjunto de atitudes, valores e funções que os licenciandos conferem à profissão será submetida a uma série de mudanças e transformações em

3 Texto mimeografado: *Competências a desenvolver pelos novos professores ao longo da formação inicial*. Lisboa, 1995.

> consonância com o processo socializador que tem lugar nessa formação inicial; se gerarão determinados hábitos que incidirão no exercício da profissão. (Imbernón, 1994, p.50)

A formação inicial e permanente do professor de Matemática, segundo alguns autores, deve ser reestruturada na perspectiva do desenvolvimento profissional para que se instaure uma nova cultura profissional, e é sobre esse ponto que iremos nos deter a seguir.

A formação do professor de matemática na perspectiva do desenvolvimento profissional

Consideramos o professor de Matemática o principal mediador entre os conhecimentos matemáticos historicamente produzidos e os alunos, e um dos grandes responsáveis por possíveis transformações tanto na escola, como na sociedade. Entendemos, por isso, que a formação clássica desse profissional, inicial e continuada, necessita ser transformada e concebida na perspectiva do desenvolvimento profissional. Sobre isso, Garcia contribui, dizendo:

> ...mais do que os termos aperfeiçoamento, reciclagem, formação em serviço, formação permanente, convém prestar uma atenção especial ao conceito de desenvolvimento profissional dos professores, por ser aquele que melhor se adapta à concepção atual do professor como profissional do ensino. A noção de desenvolvimento tem uma conotação de evolução e continuidade que nos parece superar a tradicional justaposição ente a formação inicial e aperfeiçoamento dos professores. (1995, p.55)

A importância de encarar a formação na perspectiva do desenvolvimento profissional resulta da constatação de que uma sociedade em constante mudança impõe à escola responsabilidades cada vez maiores. Introduzir esse conceito representa uma nova perspectiva de olhar os professores de Matemática, pois, ao valorizar-se o seu desenvolvimento profissional, eles passam a ser considerados como profissionais autônomos e responsáveis, com múltiplas facetas e potencialidades próprias (Ponte, 1996, p.195).

O conceito de desenvolvimento profissional é extremamente amplo, havendo uma literatura bastante diversificada que se enquadra nessa perspectiva. Discutem-se, por exemplo, os ciclos de carreira, as dimensões do desenvolvimento profissional e os diversos fatores que influem nesse processo.

Para Candau (1996, p.149) os ciclos da carreira do professor apresentam para a formação continuada, o desafio de romper com modelos padronizados e a criação de sistemas diferenciados que lhe permitam explorar e trabalhar os diferentes momentos de seu desenvolvimento profissional, de acordo com suas necessidades específicas.

Huberman(1993) identifica sete etapas básicas no ciclo do magistério, que devem ser concebidas dialeticamente:

1 Entrada na carreira: caracterizada por dois aspectos vividos paralelamente: sobrevivência, associada ao choque com a realidade, e descoberta, em que se percebe o entusiasmo de estar inserido em situações reais de ensino e aprendizagem;

2 Estabilização: fase em que há um comprometimento definitivo com o ensino, desenvolvimento do estilo próprio de ensinar;

3 Diversificação: experimentação e inovação são realizadas, já que anteriormente eram dificultadas pelas incertezas e insegurança; apresentação de maior empenho em trabalho de equipe, busca de novos desafios;

4 Pôr em questão: etapa em que se dá o confronto com as múltiplas facetas da profissão. A rotina do dia a dia de sala de aula emerge e acentuam-se os desencantos ante os fracassos. Realiza-se um balanço da carreira e surgem mais intensamente questões relativas ao progresso profissional;

5 Serenidade e distanciamento afetivo: fase caracterizada por aumento da confiança, decréscimo do nível de ambição e investimento e distanciamento afetivo em relação aos alunos;

6 Conservadorismo e lamentações: marcada por queixas em geral em relação aos alunos, atitudes negativas para com o ensino, com a política educacional, para com os colegas, resistências às inovações, culto ao passado;

7 Desinvestimento (pessoal e institucional): etapa caracterizada por recuo e interiorização no final da carreira profissional, libertação do investimento no trabalho.

O conceito de desenvolvimento profissional de Imbernón (1994), nos parece pertinente, porque inclui:

> a formação do professor, tanto inicial como permanente, como um processo dinâmico e evolutivo da profissão e função docente ... uma atitude de constante aprendizagem por parte dos professores, sobretudo as aprendizagens relacionadas às escolas ... engloba os processos que melhoram o conhecimento profissional, as habilidades e as atitudes dos profissionais da comunidade escolar; portanto, afeta as equipes de gestão, o pessoal não docente e os professores. (1994, p.45-6)

Para o mesmo autor, se o desenvolvimento profissional é uma evolução contínua e um processo dinâmico, considera difícil estabelecer etapas estanques em seu desenvolvimento. Entretanto, de acordo com o contexto em que se aplica a profissionalidade ou pelas características da formação, destaca a etapa inicial de formação básica e socialização profissional como fundamental.

A formação inicial deve proporcionar aos licenciados um conhecimento que gere uma atitude que valorize a necessidade de uma atualização permanente em função das mudanças que se produzem, e fazê-los criadores de estratégias e métodos de intervenção, cooperação, análise, reflexão e a construir um estilo rigoroso e investigativo.

Ainda, segundo Imbernón, é necessário

> que a formação inicial do professor de Matemática seja flexível e que desenvolva uma atitude crítica no licenciando de maneira cooperadora e colegiada e uma constante receptividade para o novo, já que a formação inicial tem de preparar para uma profissão que demanda continuar estudando durante toda a vida profissional ... não se trata, pois, de aprender um ofício em que predominam estereótipos e técnicas predeterminadas sendo que se trata de aprender os fundamentos de uma cultura profissional, que significa saber porque se faz, o que se faz e, quando e porque será necessário fazê-lo de um modo distinto. (1994, p.53-4)

Consideraremos três eixos de investigação da perspectiva do desenvolvimento profissional que nos parecem fundamentais na formação do professor de Matemática para que se instaure uma nova cultura profissional desse professor: *Ensino reflexivo, Trabalho colaborativo* e *Momentos marcantes*.

Ensino reflexivo

A experiência pessoal e a prática do magistério são importantes para a aprendizagem profissional do professor de Matemática. O saber docente oriundo do contato direto com os alunos nas aulas de Matemática deve ser considerado e confrontado com a teoria. Certamente a união de pesquisas geradas pelas Universidades e pelos professores do Ensino Fundamental e Médio trariam muitas contribuições para a educação, porque

> os professores também têm teorias que podem contribuir para uma base codificada de conhecimento de ensino. (Zeichner, 1993, p.16)

É fundamental que o professor de Matemática

acredite no seu potencial, acredite que sua prática é muito importante e que possui momentos riquíssimos, os quais merecem uma discussão/reflexão coletiva. O fato de o professor não crer em sua capacidade faz com que ele se isole cada vez mais, acreditando que sua prática tem pouco a oferecer, deixando de colaborar para que mudanças efetivas se realizem. O que deve estar sempre presente é que a soma de pequenas experiências pode transformar e gerar práticas educativas mais significativas. (Oliveira, 1997, p.108)

É imprescindível resgatar o valor do saber docente, de uma maneira muito particular, os saberes da experiência que emergem da realidade escolar e que funcionam como referência para o professor de Matemática, constituindo boa parte de sua cultura profissional. Nessa perspectiva, a lógica da racionalidade técnica dos cursos de formação deve ser superada para que passe a incorporar e valorizar os saberes que os professores possuem, de modo que sejam confrontados com a teoria, pois a lógica da racionalidade técnica impõe,

> pela própria natureza da produção do conhecimento, uma relação de subordinação dos níveis mais aplicados e próximos da prática aos níveis mais abstratos de produção do conhecimento ... acontecendo a separação pessoal e institucional entre a investigação e a prática. Os investigadores proporcionam o conhecimento básico de que derivam as técnicas de diagnósticos, e resolução de problemas na prática, a partir da qual se colocam aos teóricos e aos investigadores os problemas relevantes de cada situação. (Gomes, 1995, p.97)

Este modelo da racionalidade técnica não dá o devido valor à prática pedagógica do professor; situando-a no final do currículo de formação inicial e desconsiderando-a nos programas de formação continuada, valorizando as técnicas produzidas externamente, sem a participação do professor. Sobre isso, Nóvoa contribui, dizendo:

> a profissionalização na área das ciências da educação tem contribuído para desvalorizar os saberes da experiência e as práticas dos professores. A pedagogia científica tende a legitimar a razão instrumental: os esforços de racionalização do ensino não se concretizam a partir de uma valorização dos saberes que os professores são portadores, mas, sim, através de um esforço para impor novos saberes ditos "científicos". A lógica da racionalidade técnica opõe-se sempre ao desenvolvimento de uma prática reflexiva. (1995, p.27)

O ensino reflexivo, que tem em Donald Schon um dos grandes precursores, considera como premissa fundamental que as crenças, os valores, as suposições que os professores internalizam sobre ensino, matéria, conteúdo curricular, alunos, aprendizagem estão na base de sua prática em sala de aula. A reflexão oferece-lhes a oportunidade de conscientizarem-se das crenças, valores e suposições subjacentes à sua prática. Possibilita, também, autoavaliarem sua atuação no alcance de metas estabelecidas e lhes permite articular suas próprias compreensões e a reconhecê-las em seu desenvolvimento pessoal (Mizukami,1996).

O processo de reflexão sobre a prática, proposto por Schon (1995, p.83), explicita duas maneiras de como o conhecimento em ação é desenvolvido e adquirido: *a reflexão na ação* e *a reflexão sobre a ação.*

Reflexão na ação é a que ocorre simultaneamente à prática, na interação com as experiências, permitindo ao professor dialogar com a situação, elaborar um diagnóstico rápido, improvisar e tomar decisões diante da ambiguidade, do inesperado e das condições efetivas do momento.

Reflexão sobre a ação refere-se ao pensamento deliberado e sistemático, ocorrendo após a ação, quando o professor faz uma pausa para refletir sobre o que acredita ter acontecido em situações vividas em sua prática.

A reflexão *na* e *sobre a ação* são fundamentais, porque:

> quando o professor reflete converte-se num investigador de sala de aula: afastado da racionalidade instrumental, o professor não depende das técnicas, regras e receitas derivadas de uma teoria externa, nem das prescrições impostas do exterior pela administração ou pelo esquema preestabelecido no manual escolar. Ao conhecer a estrutura da disciplina em que trabalha e ao refletir sobre o ecossistema peculiar da sala de aula, o professor não se limita a deliberar sobre os meios, separando-os da definição do problema e das metas desejáveis, antes, constrói uma teoria adequada à singular situação do seu cenário e elabora uma estratégia de ação adequada. (Gomez, 1995, p.106)

Zeichner vai um pouco além do conceito de ensino reflexivo de Schon. Com o termo ensino reflexivo o autor não pretende dizer

> que os professores devem refletir apenas sobre o modo como aplicam nas suas aulas as teorias geradas em outros sítios. Aquilo de que falo é de os professores criticarem e desenvolverem as suas teorias práticas à medida que refletem sozinhos e em conjunto na ação e sobre ela, acerca do seu ensino e das condições sociais que modelam as suas experiências de ensino. (Zeichner, 1993, p.18)

A reflexão na e sobre a prática é pré-requisito para que o professor conquiste sua autonomia e se torne um membro atuante na escola, pois,

> os professores que não refletem sobre o seu ensino aceitam naturalmente esta realidade quotidiana das suas escolas, e concentram os seus esforços

> na procura de meios eficazes e eficientes para atingirem seus objetivos e para encontrarem soluções para os problemas que os outros definiram no seu lugar. Os professores não reflexivos aceitam automaticamente o ponto de vista normalmente dominante numa dada situação. (Zeichner, 1993, p.22)

Concordando parcialmente com o entendimento de Zeichner sobre ensino reflexivo, Imbernón entende que o professor enquanto profissional do ensino, deve implicar-se em uma reflexão crítica e radical do processo educativo, analisando o significado de sua ação social e docente. Ação e reflexão têm um caráter de crítica e de autocrítica, com um claro compromisso social. O professor tem de passar da intuição a uma prática teórica crítica. Dessa forma,

> O professor reflexivo crítico transpassa as paredes da aula e da escola. Esta perspectiva nos conduz a um novo marco conceitual em relação a como entender o desenvolvimento profissional e, portanto, a uma maneira distinta de relacionar teoria e prática. O profissional da educação tem de participar na criação do conhecimento pedagógico, na política curricular e na tomada de decisões a respeito dos processos educativos e formativos. A formação do professor não se apoia tanto na aquisição de conhecimentos teóricos das disciplinas acadêmicas e de competência e rotinas didáticas, como no desenvolvimento de capacidades de análises, indagação/reflexão crítica e processamento da informação para a concepção de Projetos, superando o caráter individualista para a reflexão com os pares. Isto conduz à formação e ao desenvolvimento de um pensamento prático que se aprende na reflexão e a autoavaliação, na prática de forma colegiada que se legitima ao colocar em cena uma práxis contextualizada, considerando a escola como o importante espaço profissional do professor. (Imbernón, 1994, p.96)

Entendemos ser fundamental que o professor incorpore a reflexão sobre a sua prática para que seja capaz de tomar as decisões fundamentais relativamente às questões que quer considerar, os projetos que quer empreender, e ao modo como os quer efetivar, deixando de ser um simples executor e passando a ser considerado um profissional investigador e conceptor. A reflexão *na* e *sobre a ação*, portanto, é considerada um momento indispensável para o desenvolvimento profissional do professor e para o desenvolvimento de uma nova cultura profissional.

Trabalho colaborativo

Na cultura do profissional do magistério está muito presente o individualismo. Todavia, o trabalho solitário tem sido concebido como um entrave não só ao desenvolvimento profissional do professor mas também à constituição de um corpo de conhecimentos próprios à profissão. Portanto, destacamos a importância da troca entre os pares, por entendermos que o conhecimento é uma produção social.

Nóvoa, sobre a importância do compartilhar entre os pares, afirma:

> A troca de experiências e a partilha de saberes consolidam espaços de formação mútua, nos quais cada professor é chamado a desempenhar, simultaneamente, o papel de formador e de formando. O diálogo entre os professores é fundamental para consolidar os saberes emergentes da prática profissional. Mas a criação de redes coletivas de trabalho constitui, também, um fator decisivo de socialização profissional e de afirmação de valores próprios da profissão docente. O desenvolvimento de uma nova cultura profissional dos professores passa pela produção de saberes e de que deem corpo a um exercício autônomo da profissão docente. A organização das escolas parece desencorajar um conhecimento profissional partilhado dos professores. (1995, p.26)

Não é suficiente que o professor de Matemática participe esporadicamente em grupos de reflexão sobre a prática, ou elaboração e participação em projetos em colaboração com outros professores, mas que interiorize o trabalho colaborativo como forma de atuar no cotidiano. Isto será possível *se o professor assumir uma atitude de educando*, que se forma de uma maneira colaborativa, que está sempre imerso em um processo de formação (Imbernón, 1994, p.98).

A formação organizada em torno dos professores enquanto indivíduos pode ser útil para a aquisição de conhecimento e técnicas, mas favorece o isolamento e reforça uma imagem dos docentes como transmissores de um saber produzido fora da profissão. Por outro lado, práticas de formação que priorizam as dimensões coletivas contribuem para a emancipação profissional e para a consolidação de uma profissão que é autônoma na produção dos seus saberes e dos seus valores (Nóvoa, 1995, p.26-7).

A reflexão coletiva dá ao professor a oportunidade de expor suas experiências, discuti-las com os seus pares, produzir novos significados a partir de outras experiências ou do ponto de vista dos colegas (Oliveira, 1996, p.107).

O trabalho colaborativo se constitui, portanto, ao lado da prática reflexiva, como mais um elemento crucial para o desenvolvimento profissional do professor de Matemática e para a constituição de uma nova cultura profissional.

Momentos marcantes

Durante a trajetória profissional do professor podem ocorrer fatos e momentos marcantes para a contribuição de seu desenvolvimento profissional. A oportunidade de participar de projetos que contemplem a reflexão sobre a prática pedagógica, a colaboração e a discussão entre os professores, constitui-se em um exemplo dessa situação (Canavarro, 1994, p.283-95).

Um dos resultados dos estudos de Polettini (1996, p.44) aponta para a possibilidade de a Proposta Curricular de Matemática do Estado de São Paulo ter impactado o trabalho e o desenvolvimento de professores, principalmente quando houve apoio próximo ao início do processo de mudança e quando os professores participaram da discussão do currículo, cujo modelo envolvia um processo contínuo. Ponte (1996, p.207-8), que investigou os momentos marcantes no percurso profissional dos professores, e suas expectativas e projetos, quanto à profissão, colocando em contraste duas professoras de Matemática, observou que ambas consideraram como momento marcante o estágio/profissionalização. Porém, sinaliza que esse fato não foi importante para o desenvolvimento profissional, pois não tende a prolongar-se na carreira das professoras. Destaca, como importante para o desenvolvimento profissional, o surgimento dos novos programas de Matemática em 1991/1992 e a participação de um plano de formação orientado para a reflexão crítica sobre esses programas, no ano letivo 1993/1994.

A inserção de computadores nas escolas pode igualmente representar um fato marcante na trajetória do professor, podendo contribuir para seu desenvolvimento profissional. O potencial do computador de provocar transformações positivas nos diversos domínios da profissão docente pode ser explorado. O professor enfrenta os desafios impostos pela profissão e busca criar alternativas, porém a forma como o computador tem sido introduzido nas escolas não lhe tem permitido um movimento de modo a conseguir avanços que se reflitam em seu desenvolvimento e em sua prática.

Encarar o computador na perspectiva do desenvolvimento profissional significa considerar que ele passará a constituir essa profissão, mobilizando os atores normalmente presentes no seu cenário, trazendo consigo outros atores e exigirá uma revisão dos sistemas de hierarquias e prioridades tradicionalmente estabelecidas na profissão docente. Para tal, é necessário que o professor, desde a sua formação inicial, tenha oportunidade de interagir com o computador de forma diversificada e, também, de discutir criticamente questões relacionadas com as transformações influenciadas pela informática. Em nível de escola, que o professor seja motivado a organizar e desenvolver atividades com o computador e, em parceria com os demais atores, possa criar estratégias para resolução dos problemas locais (Silva, 1996, p.105-10).

A partir dos três eixos de investigação na perspectiva do desenvolvimento profissional dos professores, consideramos pertinente citar a adaptação feita por Nóvoa sobre essa perspectiva:

> Já começamos, mas ainda estamos longe do fim. Começamos por organizar ações pontuais de formação contínua, mas evoluímos no sentido de as enquadrar num contexto mais vasto de desenvolvimento profissional e organizacional. Começamos por encarar os professores isolados e a título individual, mas evoluímos no sentido de os considerar integrados em redes de cooperação e de colaboração profissional. Passamos de uma formação por catálogos para uma reflexão na prática e sobre a prática. Modificamos a nossa perspectiva de um único modelo de formação dos professores para programas diversificados e alternativos de formação contínua. Mudamos as nossas práticas de investigação sobre os professores para uma investigação com os professores e até para uma investigação pelos professores. Estamos a evoluir no sentido de uma profissão que desenvolve os seus próprios sistemas e saberes, através de percursos de renovação permanente que a definem como uma profissão reflexiva e científica. (1995, p.31)

A formação de professores tem ignorado, sistematicamente, o desenvolvimento pessoal e não tem valorizado uma articulação entre a formação e os projetos das escolas. Esse "esquecimento" inviabiliza que a formação tenha como eixo de referência o desenvolvimento profissional dos professores, na dupla perspectiva do professor individual e do coletivo docente (Nóvoa, 1995, p.24).

A formação do professor de Matemática pode ter um novo significado à luz do desenvolvimento profissional. Acreditamos que o ciclo prática/reflexão coletiva sobre a prática possa desempenhar um papel importante na configuração de uma nova cultura profissional do professor, relacionada diretamente com a sua prática, servindo para gerar um poder interno que possibilite a colegialidade, não o privilégio.

Com objetivo de alcançar um progresso que possibilite essa nova cultura profissional, que desenvolva uma visão do professor como elemento ativo, agente social e profissional crítico que colabora e se confronta com outros profissionais, Imbernón (1994, p.33) sugere que a formação do professor, para evitar repetir certos erros já cometidos no passado, deve:

1 Analisar e incidir propostas concretas sobre os conceitos e os processos de formação para o desenvolvimento profissional dos professores e para o desenvolvimento da instituição educativa.

2 Capacitar os professores para atuar como investigadores e pesquisadores na sala de aula, e possibilitar estratégias para manter uma visão crítico-construtivista da sociedade e do currículo. A formação para o desenvolvimento profissional, como processo de investigação, deve proporcionar um novo contexto intelectual para a compreensão de como o conhecimento pode ser selecionado, organizado e transmitido. Entendemos estas modalidades de investigação e formação como processos de indagação sistemática, de reflexão sobre a prática, que é analisada continuamente pelos professores e avaliada em comum com outros companheiros, e como possibilidade de investigar conjuntamente com os alunos a aquisição dos conhecimentos.

3 Formar um profissional reflexivo-crítico-investigador na sala de aula, e demais dependências da escola, participativo na organização pedagógica e membro de uma comunidade social e educativa. Isto significa favorecer elementos de ações socioculturais, políticos e econômicos para o desenvolvimento do professor reflexivo dentro de sua própria realidade educativa. Também, favorecer uma formação orientada em direção ao desenvolvimento do pensamento reflexivo que permita transformar sua prática. O pensamento reflexivo do professor implica uma tomada de consciência de seu trabalho profissional na sala de aula, na escola e no sistema educativo e social.

4 Desenvolver processos para uma concepção global da escola, relacionados com o seu meio. Que o professor seja capaz de estabelecer uma relação entre teoria e prática em um marco mais amplo que o estritamente escolar. O professor deve conhecer a comunidade onde vive e exerce sua atividade docente, e tem de estar enraizado nela, já que somente estando compenetrado com o meio social e natural que o rodeia, poderá integrar em seu projeto educativo os valores, a cultura, as línguas e as tradições desta comunidade. A formação para a mudança compreende, como fator intrínseco, o compromisso com o meio. Esta função se enlaça com a tomada de decisões para delinear tarefas e projetos curriculares, já que todos esses elementos do meio deverão estar presentes na ação educativa. Mais ainda, sua preparação cultural, sua análise crítica, sua reflexão pessoal ou em conjunto com outros professores, derivada da própria prática, deverão ir em direção a uma transformação do sistema educativo, para se adaptar às novas necessidades dos alunos e o meio.

5 Perseguir a aquisição de destrezas práticas que possibilitem por parte dos professores um comportamento adequado à cada situação. Nos referimos aqui à capacidade de saber o que fazer em situações reais e concretas, para decisões diante de situações conflituosas e que provocam incerteza. Trata-se, pois, de proporcionar aos professores, elementos que

os capacitem para tomar suas próprias decisões, tendo fundamentos para fazê-lo. Estimular nos professores a inquietação coletiva para melhorar a prática e encontrar novas vias de ação. Isto implica um abandono do individualismo que comporta a busca do mérito individual, extraindo problemas isolados do contexto. Também implica um delineamento solidário atento à diversidade, que promova a explicação dos conflitos e a busca do consenso entre as diferentes formas de articular e traçar o ensino.

6 Impulsionar a participação ativa na organização, planificação e gestão dos professores no interior das instituições de formação, que permita democraticamente partir das necessidades práticas da profissão.

7 Analisar e denunciar a desprofissionalização e seus componentes e buscar alternativas para estabelecer mecanismos educativos e sociais para evitá-la.

A formação, ao ser concebida na perspectiva do desenvolvimento profissional, permite que se instaure uma nova cultura profissional, que dê condições para que o professor de Matemática seja reflexivo, crítico, colaborador e investigador na ação. Portanto, tendendo a uma reconceitualização da formação do professor, abandona-se

> o conceito de professor tradicional, acadêmico ou enciclopedista e o de experto técnico, próprio do enfoque da racionalidade técnica, cuja função primordial é a de transmitir conhecimentos mediante a aplicação rotineira de receitas e procedimentos de intervenção propostos por outras pessoas. Propõe-se um papel mais ativo do professor nos projetos, desenvolvimento, avaliação e reformulação de estratégias e programas de intervenção educativa ... Em um sentido mais geral o professor tem de possuir habilidades que vêm apenas mencionadas nos programas formais de formação do professor: interagir e aprender com seus iguais, consultar e relacionar-se com pessoas alheias à escola, relacionar-se com diretores, pais e outros membros da comunidade educativa ... se deseja que a formação deveria dar-se também em comunicação, participação democrática, tomada de decisões e trabalho em grupo. (Imbernón, 1994, p.50)

Dessa forma, podemos concluir que é possível efetuarmos mudanças positivas na formação do professor de Matemática. Para isso, apresentamos a seguir nossos questionamentos finais.

Talvez seja necessário uma *perspectiva utópica* na formação de professores de Matemática, que supere a retórica de certos discursos vazios, considerando-se a formação do professor numa encruzilhada em que se escolhe o caminho que comporta uma mudança radical de paradigma: de um professor introduzido em um processo preestabelecido e normativo, ao professor *competente* e *compromissado*, no sentido do utilizado por Perez (1995), que controle por si mesmo seu processo profissional e os recursos de que necessita para ativar esse processo. As aulas exclusivamente expositivas seriam questionadas, ainda que "bem preparadas", quanto a atingirem os objetivos da Educação Matemática e, em particular, o artigo 2º da LDB 9.394/96. Aqui, nas salas-ambiente recentemente criadas, torna-se necessário dar liberdade ao aluno, de questionar, de duvidar do já sabido. Quanto à *competência* observa-se a necessidade de repensar os conteúdos de Matemática essenciais à formação do futuro professor, do curso desenvolver no licenciando a capacidade de criar um ambiente facilitador do ensino-aprendizagem, e um clima para troca de ideias. Necessariamente, o *compromisso* seria político, referindo-se, basicamente, à ação e à transformação a serem desenvolvidas por esse futuro profissional. Assim, passa-se a exigir:

> uma mudança de atitudes que conduza a uma nova cultura profissional totalmente distinta da que têm reivindicado tradicionalmente os professores, na qual a formação não seja um sofisticado pacote de ofertas gerais, sendo que esteja centrada nas necessidades democráticas dos professores e das escolas. (Imbernón, 1994, p.155)

Entender a formação do professor de Matemática na perspectiva do desenvolvimento profissional é admitir que as transformações que se fazem necessárias no ensino dessa disciplina só serão possíveis se for instaurado uma nova cultura profissional desse professor, que conterá a reflexão-crítica sobre e na sua prática, o trabalho colaborativo, a investigação pelos professores como prática cotidiana e a autonomia. Desta forma, esperamos ter profissionais realmente comprometidos com os problemas da escola, e da comunidade onde ela está inserida, capazes de contribuir através da Educação Matemática para que as crianças e os adolescentes, oriundos, na grande maioria, de escolas públicas, adquiram uma cidadania de valor.

Referências bibliográficas

BERTONI, N. E. Formação do professor: concepção, tendências verificadas e pontos de reflexão. *Temas e Debates. SBEM. Blumenau*, n.7, 1995.

CANAVARRO, A. P. et al. Desenvolvimento profissional de professores de Matemática: uma experiência num contexto de formação. SEMINÁRIO DE INVESTIGAÇÃO EM EDUCAÇÃO MATEMÁTICA, 5, 1994, Leria. *Comunicação...* Leria, 1994.

CANDAU, V. M. F. Formação continuada de professores: tendências atuais. In: REALI, A. M. de M. R. et al. *Formação de professores*: tendências atuais. São Carlos: Edufiscar, 1996.

D'AMBRÓSIO, B. Formação de Professores de Matemática para o século XXI: o grande desafio. *Pro-posições*, v.4, n.1(10), 1993.

D'AMBRÓSIO, U. *Educação Matemática*. 2.ed. Papirus: Campinas, 1997.

GOMEZ, A. P. O pensamento prático do professor: a formação do professor como profissional reflexivo. In: NÓVOA, A. *Os professores e sua formação*. Lisboa: Dom Quixote, 1995.

FIORENTINI, D. et al. Princípios para as licenciaturas – uma reflexão sobre a formação de professores de matemática, química e física. *Ciência & Ensino*, 1997.

GARCIA, C. M. A formação de professores: centro de atenção e pedra de toque. In: NÓVOA, A. *Os professores e sua formação*. Lisboa: Dom Quixote, 1995.

GARNICA, A. V. M. Fascínio da técnica, declínio da crítica: um estudo sobre a prova rigorosa na formação do professor de matemática. *Zetetiké* (*Campinas*), v.4, n.5, jan.-jun. 1995.

HUBERMAN, H. *The live of teachers*. London: Cassel, New York: Teacher' College Press, 1993.

IMBERNÓN, F. *La formación y desarrollo profesional del profesorado*: hacia una nueva cultura profesional. Barcelona: Graó Editorial, 1994.

LEI DE DIRETRIZES E BASES DA EDUCAÇÃO NACIONAL – LDB n. 9.394 de 1996.

MIZUKAMI, M. G. N. Docência, trajetórias pessoais e desenvolvimento profissional. In: REALI, M. M. R. et al. *Formação de professores: tendências atuais*. São Carlos: Edufiscar, 1996.

NÓVOA, A. Formação de professores e profissão docente. In: NÓVOA, A. (Coord.) *Os professores e a sua formação*. Lisboa: Dom Quixote, 1995.

OLIVEIRA, M. A. G. de. O ensino da álgebra elementar: depoimentos e reflexões daqueles que vêm fazendo sua história. Campinas, 1997. Dissertação (Mestrado) – Unicamp.

PEREZ, G. Pressupostos e reflexões teóricas e metodológicas da pesquisa participante no ensino de geometria, para as camadas populares. Campinas, 1991. Tese (Doutorado) – FE, Unicamp.

______. Competência e compromisso político na formação do professor de matemática. *Temas e Debates* (*Blumenau*), SBEM, n.7, 1995.

______. Tendências nas licenciaturas em matemática. In: ENCONTRO BAIANO DE EDUCAÇÃO MATEMÁTICA, 7, Ilhéus, Bahia, 1997.

POLETTINI, A. de F. F. História de vida relacionada ao ensino da matemática no estudo dos processos de mudanças e desenvolvimento dos professores. *Zetetiké* (*Campinas*), v.4, n.5, jan.-jun. 1996.

PONTE, J. P. Perspectivas de desenvolvimento profissional de professores de matemática. In: PONTE, J. P. et al. *Desenvolvimento profissional dos professores de matemática – Que formação?* Lisboa: Sociedade Portuguesa de Ciências da Educação, 1996.

SHON, D. Formar professores como profissionais reflexivos. In: NÓVOA, A. (Coord.) *Os professores e a sua formação*. Lisboa: Dom Quixote, 1995.

SILVA, M. G. P. da. *O computador na perspectiva do desenvolvimento profissional do professor*. Campinas, 1997. Tese (Doutorado) – Unicamp.

SOUZA et al. Novas diretrizes para a licenciatura em matemática. *Temas e Debates* (*Blumenau*), SBEM, n.7, 1995.

ZEICHNER, K. M. *A formação reflexiva de professores: ideias e práticas*. Lisboa: Educa, 1993.

PARTE V

INFORMÁTICA NA EDUCAÇÃO MATEMÁTICA

16 TECNOLOGIAS INFORMÁTICAS NA EDUCAÇÃO MATEMÁTICA E REORGANIZAÇÃO DO PENSAMENTO[1]

Marcelo C. Borba[2]

Introdução

A introdução das novas tecnologias – computadores, calculadoras gráficas e suas interfaces que se modificam a cada dia – tem levantado diversas questões. Dentre elas destaco as preocupações relativas às mudanças curriculares, às novas dinâmicas da sala de aula, ao "novo" papel do professor e ao papel do computador nesta sala de aula.

O GPIMEM,[3] grupo de pesquisa que coordeno, tem buscado articular os temas citados no parágrafo anterior ao mesmo tempo em que enfrenta as particularidades de cada um. Por exemplo, o capítulo de Miriam Penteado neste mesmo livro enfatiza questões ligadas ao professor, relacionando estas com questões teóricas emergentes da pesquisa por ela desenvolvida.

---

1 Embora Mónica Vilarreal, Universidade de Córdoba, Argentina, estudante do Programa de Pós-Graduação em Educação Matemática da UNESP, Rio Claro, e Telma Souza Gracias, membro do GPIMEM, UNESP, Rio Claro, não sejam responsáveis pelas posições aqui expressas, agradeço os comentários feitos por elas em versões preliminares deste capítulo.

2 Coordenador do GPIMEM, Grupo de Pesquisa em Informática, outras Mídias e Educação Matemática, do Departamento de Matemática – UNESP – Rio Claro – SP. e-mail: mborba@caviar.igce.unesp.br

3 O GPIMEM, Grupo de Pesquisa em Informática, outras Mídias e Educação Matemática, estuda a relevância do computador, calculadoras gráficas ou outros tipos de mídia na Educação Matemática. Uma lista com diversas publicações sobre este tema pode ser encontrada na *home-page* do grupo: http://www.igce.unesp.br/igce/pgem/gpimem.html

Neste capítulo buscarei apresentar questões epistemológicas que têm emergido da pesquisa de diversos membros do GPIMEM. Enfatizarei o papel das novas tecnologias nesta discussão e proporei que o surgimento dos computadores, vistos como uma nova mídia, nos ajudou a ver que o que conhecemos e como conhecemos está intrinsecamente ligado às mídias disponíveis, ou mais ainda, discutirei como que as ideias de Levy (1993), no tocante ao pensamento coletivo, podem se materializar na sala de aula de Matemática.

Informática e reorganização do pensamento

Em um artigo não muito divulgado no Brasil, Tikhomirov (1981) discute três teorias acerca de como os computadores afetam a cognição humana e consequentemente como estes podem afetar a educação. Embora a versão em russo do artigo date dos anos 70, ele pode ser considerado atual, se considerarmos os debates que envolvem hoje professores e pesquisadores da área de Educação Matemática. Por exemplo, ainda há os que temem que o computador desumanize a educação ou os que acham que os mesmos conteúdos que eram ensinados antes da introdução desta nova mídia devam continuar a sê-lo.

A primeira teoria apresentada pelo autor é a teoria da substituição. Nesta teoria, como o nome sugere, o computador é visto como um substituto do ser humano. O argumento básico apresentado para sustentar esta visão é o de que o computador chega aos mesmos resultados que o ser humano, na maioria dos casos com menos erros, e, portanto, *substitui* o ser humano.

Tal teoria não deve ser abraçada na medida em que trivializa o pensamento, ao ignorar os complexos processos humanos pelos quais um problema é eleito para ser resolvido e como que a busca de soluções desenvolvida por humanos é fundamentalmente diferente do desenvolvido pelo computador. É importante notar que esta refutação está baseada em uma visão de conhecimento na qual a escolha do problema é fundamental, de forma semelhante à feita em Borba (1997). Em ambos os casos, a geração de conhecimento é condicionada à escolha de um problema que tem entornos socioculturais.

Descartada esta teoria, a segunda teoria resumida por Tikhomirov (1981) deve ser discutida. A teoria da suplementação sustenta que o computador *complementa* o ser humano. Deste modo, o primeiro resolve alguns problemas que são de difícil solução para o segundo. Há, de acordo com esta visão, apenas uma justaposição entre as novas tecnologias e o ser humano. Tikhomirov (1981) argumenta que a teoria da suplementação está baseada na teoria da informação (*information theory of thinking*), que defende que o pensamento pode ser dividido em pequenas partes. Assim, processos complexos de pensamento consistem de pequenas partes que podem ser agrupadas. Se esta visão de pensamento é adotada, então faz sentido que haja uma justaposição do ser humano ao computador, com o primeiro realizando algumas "partes" do pensamento complexo e o segundo realizando outras. Do somatório de ambas participações resulta o todo que era realizado anteriormente apenas pelo ser humano.

Esta visão de pensamento, e consequentemente a teoria da suplementação, devem ser criticadas na medida em que têm uma visão apenas quantitativa e não qualitativa do pensamento. Ao terem a ilusão de reduzir o pensamento a "pequenas caixas" não consideram que o processo de busca de um problema e de busca de soluções para este problema, ou mesmo uma mudança no que possa ser de fato um problema não pode ser decomposto e sim deve ser entendido de forma global. Mais ainda, este modelo de pensamento humano ignora que há valores que perpassam tanto a eleição de um dado problema como suas possíveis soluções.

Como é discutido em outros trabalhos do GPIMEM, deve ser observado também que as duas teorias acima não consideram que as diferentes mídias – por exemplo, oralidade, escrita e informática – têm algum papel relevante no processo cognoscente. Esta questão será retomada no final deste capítulo quando será exposta minha posição sobre o tema.

A terceira teoria exposta por Tikhomirov (1981), teoria da reorganização, defende que a informática exerce papel semelhante àquele desenvolvido pela linguagem na teoria vygotskiniana. Tikhomirov sustenta que o computador regula a atividade humana e que este tem diferenças fundamentais com a linguagem. O computador pode dar *feedback* a passos intermediários da atividade humana, que seriam impossíveis de serem dados por observadores externos. Hoje, com os desenvolvimentos das novas interfaces dos computadores, podemos estender as ideias do autor russo, se levarmos em conta todos os processos que são mediados através das imagens dos monitores destes equipamentos e, mais recentemente, pelos sons e outros meios que se encontram em amplo processo de desenvolvimento e possibilitam *feedback* muito mais intensos do que aqueles então analisados por Tikhomirov.

É possível argumentar que ao invés de termos substituição ou suplementação, o computador provoca uma reorganização da atividade humana. Sendo assim, Tikhomirov se aproxima da noção de "modelagem recíproca" entre computadores e seres humanos proposta por mim. Nesta visão, discutida em outros artigos, o computador é visto como algo que molda o ser humano e que ao mesmo tempo é moldado por ele.

Tikhomirov, entretanto, explicita algo que muitas vezes ainda não parece claro para parte da comunidade de Educação Matemática: temos que nos concentrar nos problemas que podem ser resolvidos pelos sistemas ser-humano-computador, e não no que deixamos de aprender devido à presença de novas tecnologias. Esta visão, levada para a educação, tem consequências na medida em que traz uma mídia – ou as mídias de maneira geral – para o cerne das práticas didáticas e pedagógicas.

Neste sentido, o pensar de como o conhecimento é gerado em ambientes "formais" ou "informais" de aprendizagem deve-se considerar as diferentes mídias disponíveis. Deve ser notado, entretanto, que Tikhomirov não elaborou de forma precisa como a noção de pensarmos o ser-humano-computador como unidade básica para entendermos o conhecimento, nestes tempos, se materializaria em ambientes tais como salas de aula.

Na próxima seção mostrarei um exemplo que emergiu de minha pesquisa, para que a discussão feita até aqui seja retomada à luz deste exemplo.

Novas tecnologias na sala de aula

No projeto de pesquisa desenvolvido pelo GPIMEM buscamos um constante contraste entre discussões teóricas e exemplos particulares. Entendemos que o singular ilumina o geral da mesma forma que este permite que distingamos ou agrupemos diferentes exemplos. Neste sentido desenvolvemos pesquisas que envolvem entrevistas monitoradas com estudantes e pesquisas no ambiente "natural" da sala de aula.

Um dos projetos do grupo de pesquisa, sob minha responsabilidade, estuda como pedagogias, como a modelagem (Bassanezi, 1994) – em que a escolha dos problemas a serem trabalhados é prioritariamente feita pelos alunos – e a pedagogia "experimental-com-tecnologia" podem resultar em uma sinergia que redunde em aprendizagem na sala de aula. Este enfoque é aplicado em um curso de Matemática Aplicada, com carga horária de 60 horas, para alunos ingressantes no curso de graduação em Ciências Biológicas da UNESP, Rio Claro. O conteúdo abordado é pré-cálculo e Cálculo I. O professor do curso, autor deste capítulo, disponibiliza o uso de calculadoras gráficas e/ou *softwares* gráficos durante as aulas.

Aqui apresentaremos apenas um exemplo relativo à parte "experimental" do curso. Neste enfoque, os alunos são incentivados, através das atividades propostas, a fazerem tentativas, utilizando-se de calculadoras gráficas (computadores de pequeno porte) e computadores. Por exemplo, quando trabalham com funções – antes de trabalharem com derivadas e integrais – os alunos analisam famílias de funções estabelecendo relações entre as representações gráficas e algébricas destas famílias. Assim, famílias do tipo $y=ax+b$, $y=ax^2+bx+c$, $y=ax^3+bx^2+cx+d$, $y=a.\ln(bx+c)+d$ e $y=ae^{(bx+c)}+d$ são estudadas.

Após os alunos "experimentarem" e estabelecerem conjecturas – algumas delas ligadas aos projetos da parte de modelagem do curso que era desenvolvido em paralelo –, o professor coordena um debate sobre as ideias desenvolvidas pelos pequenos "grupos de investigação" formados por dois ou três estudantes. Para estabelecerem tais conjecturas ou gerarem perguntas, os grupos trabalham duas vezes por semana, por períodos que às vezes se estendem por mais de uma hora, "fazendo experiências" com as calculadoras gráficas ou com o *software* Fun (Borba & Januzzi, 1998). Tanto a calculadora quanto o Fun permitem que diferentes gráficos sejam feitos rapidamente. Normalmente em um grupo de três alunos, um maneja a calculadora ou o teclado, outro monitora a ação sobre a calculadora, e o terceiro é o redator de um relatório sobre as atividades desenvolvidas.

Em 1998, no momento da discussão sobre quais as relações entre os gráficos e os coeficientes "a", "b" e "c" de funções quadráticas do tipo $y=ax^2+bx+c$, mais uma vez os estudantes elaboraram diversas conjecturas que foram debatidas pelos colegas e pelo professor. A conjectura levantada por um dos 15 grupos, composto por Renata, Patrícia e Silvia,[4] provou ter um certo grau de originalidade. Renata afirmou:

> Quando "b" é maior que zero, a parábola vai cortar o eixo y com sua parte crescente, quando "b" for maior que zero. Quando "b" for menor que zero, ela vai cortar o y com sua parte decrescente [a aluna faz alguns gestos com a mão tentando "desenhar" no ar o que disse]. (Transcrição da fita de vídeo, dia 7 de abril de 1998)

4 Renata Giassi Udulutsch, Patrícia Aline Oliveira Ribeiro e Silvia Kazue Missawa, todas estudantes do 1º Ano do curso de graduação em Ciências Biológicas (período integral) da UNESP, Rio Claro – SP, 1998.

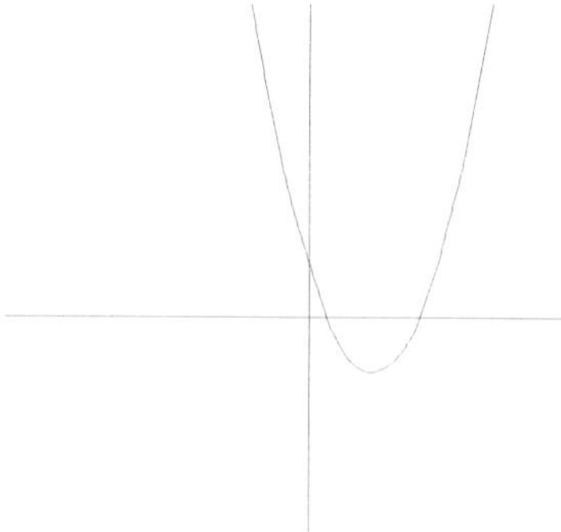

$f(x)=x^2-3x+1$

$a>0,\ b<0$

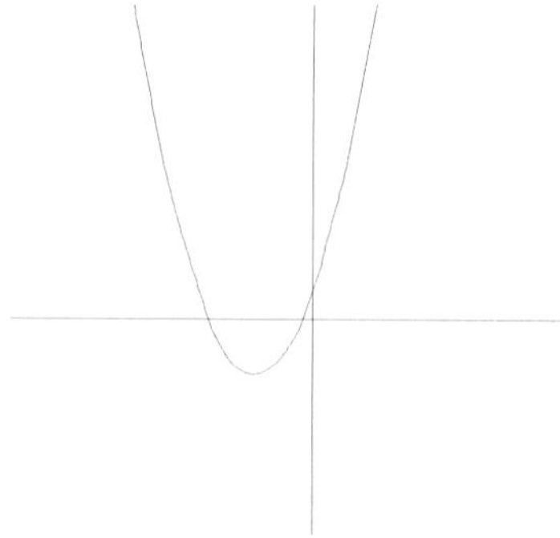

$f(x)=x^2+3x+1$

$a>0,\ b>0$

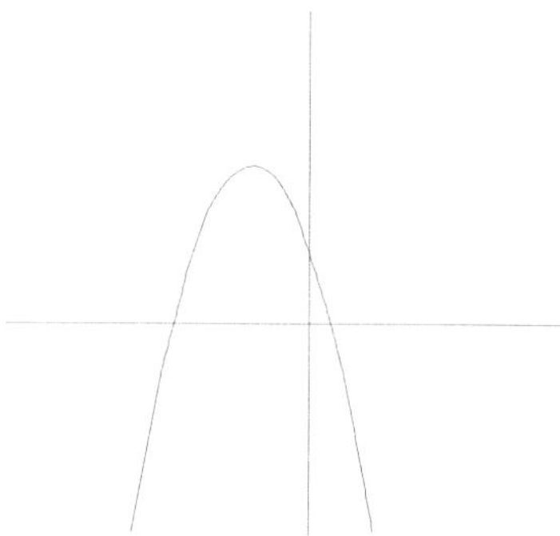

$f(x)=-x^2-3x+1$

$a<0,\ b<0$

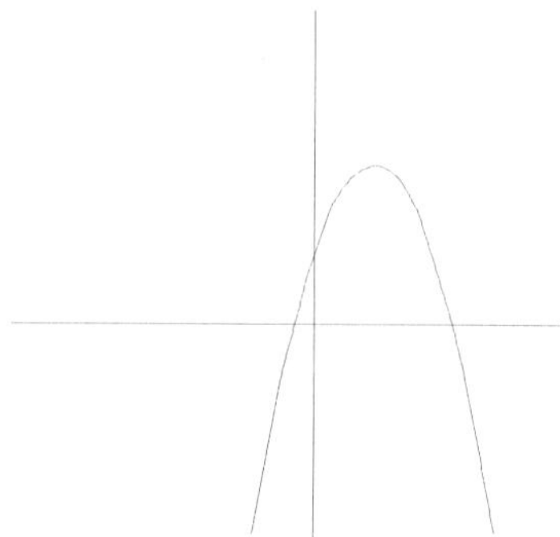

$f(x)=-x^2+3x+1$

$a<0,\ b>0$

A afirmação feita por esta aluna desencadeou uma intensa discussão na turma. Nem o professor nem os outros alunos tinham refletido sobre este assunto nos termos pensados pelo grupo. Após longa análise da proposição feita pelos alunos e alguma hesitação, foi concluído que a afirmação é verdadeira, visto que se for analisado o $x_v = -\frac{b}{2a}$ nas quatro combinações possíveis ($a>0$ e $b<0$, $a>0$ e $b>0$, $a<0$ e $b<0$, $a<0$ e $b>0$) a posição do vértice da parábola em relação ao eixo dos Ys confirma a relação (vide figuras acima).

Nestas figuras consideramos $a=\pm1$, $b=\pm3$ e $c=1$ para ilustrarmos o que acontece. Note que as figuras representam de fato as quatro combinações possíveis ($a>0$ e $b<0$, $a>0$ e $b>0$, $a<0$ e $b<0$, $a<0$ e $b>0$). Assim, quando $a>0$, $b<0$ teremos $x_v>0$ e parábola com a concavidade voltada para cima. Como o eixo de simetria da parábola estará à direita do eixo dos Ys, cortará este eixo com a parte decrescente da parábola. Raciocínios análogos podem ser feitos para os outros três casos mostrando a validade da conjectura de Renata e seu grupo.

Mais tarde, quando os alunos aprenderam noções de derivadas associadas a máximos e mínimos, uma outra solução foi apresentada a eles: a derivada de $y=ax^2+bx+c$ ($a\neq0$) é $y'=2ax+b$. No eixo dos Ys temos que $x=0$, donde $y'=b$, e portanto quando $b>0$ a função quadrática será crescente e quando $b<0$ a função quadrática será decrescente naquele ponto.

A situação resumida acima poderia ser analisada sob várias óticas, entretanto, neste capítulo, privilegiarei apenas os aspectos ligados ao tema deste capítulo: a relevância da mídia em Educação Matemática.

É importante realçar que este episódio selecionado dos dados coletados não é isolado. Neste mesmo curso, em outros anos, diversas facetas novas de temas matemáticos conhecidos têm aparecido e têm sido discutidos sob diferentes óticas em outros artigos. Assim, tenho discutido em outras publicações questões ligadas ao "a" das funções $y=ax^2+bx+c$, assim como diferentes visões que os estudantes têm da interpretação geométrica da derivada.

De volta ao episódio discutido nesta seção, podemos observar que conjecturas como as feitas por estas alunas podem ser associadas à ampla experimentação feita por elas dentro e fora da sala de aula. Estas experiências só foram possíveis devido às características das calculadoras gráficas e do *software* Fun, que têm flexibilidade suficiente para que problemas abertos sejam abordados através de um enfoque não analítico.

Não se trata, portanto, de uma relação central entre o uso desta mídia e os resultados obtidos. Parece, porém, evidente que o uso desta mídia proporciona que experimentos como os descritos possam ser feitos, embora não os determine. Pode ser dito que fatores como a postura do professor, o trabalho em grupo ou o ambiente de pesquisa que impera na UNESP influenciaram estas experiências. É bem possível que isto seja verdade, assim como inúmeros outros aspectos também podem ser listados. Entretanto, neste artigo, procura-se realçar o papel das mídias de uma maneira geral e das mídias informáticas em particular.

As tecnologias utilizadas, portanto, estão estruturando, ao mesmo tempo em que são estruturadas pelo grupo que as usam. Neste caso podemos ver que se estas tecnologias não estivessem disponíveis, a "conjectura de Renata" dificilmente seria enunciada, em particular se tratando de alunos não direcionados para a área de Matemática.

Novas metáforas para o pensamento

Como dito ao início deste artigo, pouca ênfase tem sido dada ao papel da mídia nas discussões sobre pensamento. Tais discussões têm sido centradas no ser humano somente, às vezes, concentradas em uma parte do corpo – a cabeça é a mais comum – ou, às vezes, distribuídas por este mesmo corpo. Outros autores reconhecem o papel de "outros", sejam eles humanos ou não, no pensamento humano, mas ao final a ênfase é dada no ser humano. Grande parte desses autores, entretanto, reconhecem que não há acesso direto ao que é o pensamento e consideram os limites deste debate. Entendendo os limites postos por esses autores, podemos considerar todas estas visões acerca do pensamento como metáforas no sentido discutido por Machado (1995). Este autor realça a importância da metáfora como uma alavanca que amplia o raio de visão, mas que não deve ser tomada literalmente sob risco de criarmos reducionismos absurdos. Neste sentido, podemos pensar, metaforicamente, que o pensamento é exercido por sistemas ser-humano-computador como proposto por Tikhomirov (1981) e ilustrado por mim neste capítulo.

Podemos ampliar esta metáfora e pensarmos que o ser humano tem sido ao longo da história ser-humano-oralidade, ser-humano-escrita e ser-humano-informática. Um novo passo pode ser dado – como ilustrado também pelas pesquisas do GPIMEM que mostram que os estudantes continuam a usar outras mídias mesmo se a ênfase dada for nas novas tecnologias – se a unidade básica de conhecimento for pensada como o ser-humano-lápis-e-papel-informática-... cujas reticências significam que o pensamento é algo coletivo, como proposto por Levy (1993).

De acordo com este autor, as bibliotecas e as novas interfaces dos computadores não são apenas molduras, mas sim parte ativa do pensamento. Nosso pensamento, embora não determinado, é condicionado pelas diferentes técnicas desenvolvidas ao longo da história.

Na minha atual trajetória teórica, tenho restringido as reticências apenas às diferentes mídias devido à incapacidade de ter exemplos que iluminem esta metáfora mais ampla.

Mas de qualquer forma cabem as perguntas: Para que serve a metáfora "ser-humano-oralidade-escrita-informática-..."? Por que não continuar com as outras metáforas?

Creio que metáforas como esta permitem que vejamos, por exemplo, o conhecimento matemático como algo que também é condicionado pelas mídias disponíveis em um determinado momento. Assim, a ênfase em demonstrações seria influenciada fortemente pela disponibilidade da escrita e materiais baratos e práticos que permitam sua execução, tais como lápis, papel, quadro-negro, giz etc. ... As demonstrações se tornaram caminhos supremos para se chegar às verdades matemáticas também pela disponibilidade de mídias que permitissem que sistemas ser-humano-lápis-e-papel[5] executassem tal tarefa. Sociedades com supremacia de tradição oral provavelmente não teriam condições de usar este caminho para se chegar à verdade. Neste artigo não há exemplos para iluminar os argumentos acima, mas é importante que em nível de tese estes argumentos sejam levantados, para que possamos investigar se, com a introdução e provável supremacia da informática, enquanto mídia, haverá modificações nos caminhos que nos levam às verdades matemáticas aceitas pela comunidade acadêmica.

Por outro lado, o exemplo aqui apresentado talvez sirva de inspiração para quando a tese acima, ligando verdade matemática e mídia, seja discutida a fundo, e ilumine as novas práticas possíveis na sala de aula de matemática.

O episódio apresentado registra uma recuperação do "método da tentativa" como um caminho para a formulação de conjecturas que não são comuns de emergirem em salas de aula onde o método dedutivo-analítico é dominante e as investigações são centradas no professor. Não deve ser entendido, entretanto, que a tentativa e erro seria o "novo" caminho para se chegar à verdade. Mas a coleção de episódios, que temos gravado em vídeo e outros meios de coleta de dados, parece nos indicar que a experimentação será cada vez mais utilizada. É razoável que assim o seja, visto que com lápis-e-papel o caminho usado por Renata e seu grupo se tornaria no mínimo tedioso e provavelmente não seria trilhado até o grupo chegar a uma conjectura. Pode se notar, também, que com a capacidade de geração de gráficos destas novas mídias há um deslocamento da ênfase algébrica dada ao estudo das funções para uma atenção maior à coordenação entre representações algébricas, gráficas e tabulares.

Embora o exemplo apresentado não possa lançar luz sobre os caminhos que provavelmente a Matemática estará tomando, é possível afirmar que a disponibilidade destas novas mídias na sala de aula pode alterar o pensamento matemático. Acredito, então, que a metáfora ser-humano-mídias-... possa dar suporte às mudanças de ênfase em atividades didático-pedagógicas centradas na mídia escrita, para aquelas que incorporem a informática enquanto mídia. Entendo que, desta forma, é possível estar teoricamente equipado para compreender as mudanças que poderão

---

5 É claro que lápis e papel são instrumentos atuais, e no passado instrumentos "equivalentes" foram usados.

ocorrer quando o uso destas novas tecnologias se tornar mais disseminado e, talvez, evitar que sejam repetidas práticas de épocas em que as mídias predominantes eram outras.

Considerações finais

Neste capítulo foi enfatizado o papel das mídias de uma maneira geral no processo de pensamento e, em particular, foi acentuado o papel da informática no pensamento matemático de alunos que usam estas tecnologias da informação ao lado de outros atores humanos e não humanos. Foi adotada a visão de coletivo pensante – em contraste com o ser humano pensante –, baseada em uma interpretação das ideias de Levy (1993) e de Tikhomirov (1981) e mostrado um exemplo de como que estes sistemas "ser-humano-computador..." "podem ver", de forma original, a matemática que é usualmente tratada no ensino médio e início dos cursos universitários. Este exemplo serviu para mostrar que tipo de raciocínio pode ser desenvolvido por estes sistemas e como as novas práticas matemáticas e da Educação Matemática podem vir a ocorrer. Com este exemplo, fica ilustrado também como o pensamento humano é reorganizado quando uma nova mídia, como as mídias informáticas, é incorporada ao cotidiano de estudantes.

Entendo que transpassando a noção do sistema ser-humano-mídias-... está um rompimento com a dicotomia entre técnica e ser humano, conforme proposto também por Levy (1993). Ao mesmo tempo que as técnicas se tornam cada vez mais humanizadas, na medida em que interfaces amigáveis são desenvolvidas buscando seduzir o usuário em geral, em nosso caso o estudante, vemos que as técnicas permeiam e condicionam o pensamento humano. As mídias, vistas como técnicas, permitem que "mudanças ou progresso do conhecimento" sejam vistos como mudanças paradigmáticas impregnadas de diferentes técnicas desenvolvidas ao longo da história. É neste sentido que no atual momento da Educação Matemática devemos testar essas metáforas teóricas geradas por diferentes pesquisas, para que consigamos desenvolver novas práticas pedagógicas que permitam que mais estudantes tenham acesso a estudar matemática e a resolver problemas que sejam relevantes para sistemas seres-humanos--computadores, quer sejam estes problemas propostos pelo professor, como no caso da experimentação, quer desenvolvidos pelos próprios estudantes, como no caso da modelagem.

Referências bibliográficas

BASSANEZI, R. Modelling as a teaching-learning strategy. *For the Learning of Mathematics*, v.14, n.2, p.31-5, 1994.

BORBA, M. C. Ethnomathematics and Education. In: POWELL, A. B., FRANKENSTEIN, M. *Ethnomathematics: challenging eurocentrism in Mathematics Education*. New York: State University of New York Press, 1997. p.261-72.

BORBA, M. C., JANUZZI, G. *Fun* [*software*]. Em fase de publicação, 1998.

LEVY, P. *As tecnologias da inteligência*: o futuro do pensamento na era da informática. São Paulo: Editora 34, 1993.

MACHADO, N. J. *Epistemologia* e *didática*: as concepções de conhecimento e inteligência e a prática docente. São Paulo: Cortez, 1995.

TIKHOMIROV, O. K. The Psychological consequences of computerization. In: WERTSCH, J. V. (Ed.) *The concept of activity in soviet psychology*. New York: M. E. Sharpe. Inc, 1981. p.256-78.

17 NOVOS ATORES, NOVOS CENÁRIOS: DISCUTINDO A INSERÇÃO DOS COMPUTADORES NA PROFISSÃO DOCENTE

Miriam Godoy Penteado[1]

Introdução

Nos últimos anos, com o desenvolvimento da tecnologia e dos computadores pessoais, a Informática vem ocupando um espaço cada vez maior em nossa sociedade, sobretudo no cotidiano dos cidadãos. Grandes transformações estão ocorrendo na produção industrial, nas relações de trabalho, na forma de viver do homem e nos estilos de conhecimento, em razão do desenvolvimento das máquinas informáticas. Vivemos numa sociedade em que prevalecem a informação, a velocidade, o movimento, a imagem, o tempo e o espaço com uma nova conceituação.

No Brasil, há poucos anos, os computadores eram de utilidade de órgãos governamentais, de instituições de pesquisas e de empresas privadas de grande porte. A internet, por exemplo, era conhecida e utilizada principalmente pelos cientistas. Hoje, grande parte da população já tem conhecimento dessa possibilidade de comunicação por intermédio do computador, e o número de usuários aumentou consideravelmente.

As tecnologias informáticas têm possibilitado que um número cada vez maior de pessoas tenha acesso a informações que antes eram essencialmente adquiridas na escola. Hoje existem cursos sobre diferentes assuntos disponíveis em vídeos, revistas, CDs, internet.

---

1 Professora do Departamento de Matemática – IGCE – UNESP – Rio Claro – SP. Membro do Grupo "Informática, outras mídias e Educação Matemática (GPIMEM), coordenado pelo Prof. Dr. Marcelo de Carvalho Borba – IGCE – UNESP – Rio Claro – SP.

Essas transformações têm incomodado o setor educacional. Quer pela mudança no comportamento intelectual e afetivo que elas modelam nos estudantes, através do seu uso cotidiano fora da escola (Babin & Kouloumdjian, 1989), quer pelos recursos que as máquinas informáticas, em especial os computadores, oferecem para desenvolver atividades com os estudantes dentro da escola.

As discussões, neste sentido, têm sido cada vez mais frequentes e têm acontecido no âmbito da Informática Educativa, área do conhecimento que procura tratar das questões relacionadas à inserção dos computadores na escola, e que ganhou força com o aperfeiçoamento dos computadores pessoais na década de 1980 (Frant, 1993). A partir de então, surgiram várias iniciativas, muitas delas de órgãos governamentais, a fim de promover e apoiar a implementação dos computadores na escola, tais como EDUCOM, FORMAR, PRONINFE e PROINFO.[2]

Os resultados dessas iniciativas têm-se manifestado de diferentes formas nas escolas. Para algumas, adequar-se às tendências da sociedade atual tem significado incluir no currículo uma disciplina de Informática, na qual os alunos podem aprender os recursos de alguns *softwares*, bem como o acesso à internet, entre outros. Para outras, o uso do computador está relacionado às disciplinas do currículo. Por exemplo: o uso do computador no ensino de Ciências, de Matemática, de Português, História, e assim por diante.

Embora esforços tenham sido empreendidos para equipar as escolas com computadores e facilitar as diferentes possibilidades de seu uso, sabemos que ainda são poucos os professores que os utilizam em sua prática profissional. Este tem sido um dos fatores que dificultam a consolidação do seu uso nas escolas, uma vez que o professor é tido como um elemento fundamental nesse processo (Ponte, 1992; Hoyles & Sutherland, 1992; Valente, 1993; Kenski, 1994; Machado, 1994).

Acreditamos que, em geral, o professor enfrenta os desafios impostos pela profissão e busca criar alternativas, porém a introdução do computador na escola altera os padrões nos quais ele usualmente desenvolve sua prática. São alterações no âmbito das emoções, das relações e condições de trabalho, da dinâmica da aula, da reorganização do currículo, entre outras.

Reconhecendo a importância desse tema, neste capítulo nosso objetivo é discutir o movimento que o uso dos computadores provoca na sala de aula. Baseados nos resultados de uma pesquisa realizada com um grupo de professoras, analisaremos questões como: diferentes fontes de

2 Maiores detalhes sobre essas iniciativas ver SILVA, 1997.

informação na sala de aula; autoridade e poder; relação entre os alunos e entre professor-alunos e a interação com diferentes mídias.

A pesquisa

Num primeiro momento procuramos compreender como é que os computadores estão chegando até o professor. Partimos de suas influências na vida fora da escola – as relações entre as pessoas, novas formas de compreender, os padrões de interação e comunicação – e chegamos à escola, onde constatamos alguns projetos envolvendo o seu uso. É neste momento de chegada à escola, que os computadores se inserem na profissão docente.

Para construirmos um quadro com os reflexos dessa inserção, optamos por organizar a vasta literatura sobre professores e computadores em torno de dados provenientes da observação da prática de um grupo de cinco professoras. Grande parte desta literatura consultada se refere à Educação Matemática, área na qual iniciamos a história dessa pesquisa e atuamos como profissionais. E, ainda, é na Matemática que focalizamos nossa atenção quando discutimos aspectos relacionados ao conteúdo específico de uma determinada disciplina na escola.

Dessa forma, iniciamos um período de "mergulho" na escola. Estando na escola, nossa preocupação era coletar dados que mostrassem os reflexos do uso do computador na prática dos professores. Os pontos que nortearam nossa atenção foram: 1. a relação professor-computador-aluno; 2. a história de vida profissional dos professores; 3. as opiniões dos professores sobre os computadores; 4. as opiniões dos professores sobre o ensino de Matemática; 5. a forma como os professores procuram integrar as atividades desenvolvidas com computadores ao currículo; 6. a relação dos professores com os colegas e demais funcionários da escola.

A partir da coleta dos dados, organizamos um relatório sobre cada professora, no qual são apresentados os aspectos referentes à profissão, destacando a história de vida profissional; e ao computador, descrevendo como as professoras interagiram com ele durante o período em que estivemos na escola.

Através de várias leituras destes relatórios, destacamos fenômenos[3] relacionados com os pontos norteadores da pesquisa. Esses destaques

3 Aquilo que se mostrou relacionado com o problema que estava sendo estudado. "O termo 'fenômeno' tem um sentido ambíguo, oscilando entre a ideia de 'aparecer com brilho' e a ideia de simplesmente 'parecer'. Adquire o sentido geral de 'tudo que é percebido, que aparece aos sentidos e à consciência'" (JAPIASSU & MARCONDES, 1995).

se basearam tanto no fato de ser algo que estava presente na maioria dos relatórios, quanto no fato de ser algo que acontecia com uma única professora. Sem dúvida, a leitura que fizemos dos dados e os respectivos destaques possuem o viés da literatura inicialmente estudada.

Com o destaque desses fenômenos, procuramos agrupá-los segundo as mensagens que nos passavam. Por exemplo: alguns diziam respeito a aspectos pessoais dos professores, outros eram mais relacionados à instituição escolar, e assim por diante. Esses agrupamentos constituíram as nossas categorias[4] de análise: os aspectos pessoais; as relações e condições de trabalho; a dinâmica da aula e as disciplinas do currículo.

O passo seguinte foi a interpretação desses fenômenos, tentando dar um sentido para o que havia acontecido com aquelas professoras. Num primeiro momento dessa interpretação lançamos mão somente de nosso *background*, procurando estabelecer diversos sentidos para os fenômenos. Alguns de nossos questionamentos eram: "será que é isso?", "por que aconteceu isso com essa professora e não aconteceu com as demais?". Foi um momento de ir e voltar dos dados, e passar várias horas refletindo sobre possíveis interpretações para cada situação. Num segundo momento, buscamos a literatura para nos auxiliar a estruturar nosso tema.

No contraste com a teoria, pudemos construir um quadro dos reflexos da inserção dos computadores na prática profissional dos professores. As nossas categorias orientaram a revisão da literatura, e também procuramos apresentar neste quadro questões que não surgiram em nosso estudo, mas que são referenciadas pela literatura. A elaboração do texto sofreu várias alterações, fruto das discussões e sugestões do Grupo de Pesquisa sobre Informática e Educação Matemática (GPIMEM), do qual fazemos parte.

A escola e as professoras

A Escola

A pesquisa foi realizada em uma escola de 1º grau da rede particular, com a qual já mantínhamos contato anteriormente, fruto de palestras, assessorias e convivência como mãe de alunos.

Na época da pesquisa, eram duzentos e cinquenta e quatro alunos, divididos entre doze classes no período da manhã: maternal, jardim, pré-

4 Foram categorias que surgiram *a posteriori* ao organizarmos esses fenômenos conforme nossa percepção da relação entre eles.

-escola I e II, 1ª - 8ª séries; e uma classe no período da tarde: jardim. Como material de apoio para desenvolver o conteúdo das disciplinas, as professoras adotavam uma apostila que era adquirida através de sistema de franquia. Todas as crianças, desde o maternal, frequentavam a biblioteca e participavam semanalmente do que era conhecido como roda de leitura e que se caracterizava como o momento em que os alunos contavam para os colegas o livro que leram durante a semana. As atividades curriculares também incluíam idas ao cinema, museu, zoológicos, teatro e visitas a lugares fora da cidade. Para os professores, a escola oferecia momentos de reflexão que iam desde as reuniões semanais com a coordenação, até a possibilidade de cursos dentro ou fora da escola.

Durante a fase de coleta de dados, pudemos perceber que existia uma relação de muita amizade entre os professores, estudantes e funcionários, e que pareciam gostar de permanecer na escola.

Com a preocupação de sempre inovar e atender às solicitações dos pais e alunos, os diretores resolveram, no final de 1994, implementar o uso de computadores na escola. Para isto, contrataram uma empresa que ministrava cursos de computação na cidade e montaram um laboratório com dez microcomputadores PC, 486, com monitor colorido e uma impressora colorida.

Coube à empresa fornecer os *softwares*, os planos de atividades para os alunos, o treinamento dos professores e o apoio técnico para as aulas, bem como o professor que, em período extra-aula, era o responsável pelas aulas no Laboratório para os alunos de 5ª a 8ª séries. Já o trabalho com as classes de pré-escola II até a 4ª série ficou sob a responsabilidade das próprias professoras da escola e foi desenvolvido no horário normal de aula.

Os planos de atividades para os alunos enfatizavam os conteúdos de Informática, tanto os referentes ao domínio dos *softwares*, que iam desde a exploração de jogos até editor de texto, como os de *hardware*, que eram: o nome dos componentes do computador, o que era e para que servia um disquete, o conceito de diretório e subdiretório. Embora não houvesse qualquer planejamento anterior à contratação da empresa, a escola pretendia encontrar formas de integrar o computador ao desenvolvimento dos conteúdos das diferentes disciplinas como: Matemática, Português, Ciências etc.

As professoras

Neste estudo observamos as professoras que lecionavam desde a pré-escola II até a 4ª série, uma vez que elas eram, naquela época, as únicas professoras da escola que utilizavam computadores nas atividades com os alunos.

Esta era a primeira vez em que essas professoras tomavam contato com o computador, e a preparação que tiveram se resumiu num curso de quinze dias de duração no qual exploraram alguns *softwares* e receberam noções básicas sobre disquetes, diretórios e arquivos. Logo após esse curso, cada professora começou a trabalhar com seus alunos uma vez por semana no Laboratório de Informática, com o objetivo de ensinar os conceitos de Informática e explorar os conteúdos das disciplinas do currículo.

Cada classe possuía cerca de vinte e cinco alunos, que foram divididos em dois grupos, os quais frequentavam o Laboratório uma vez por semana em horários diferentes. Enquanto a professora trabalhava durante uma hora no laboratório com um dos grupos, o outro ficava com uma professora auxiliar na sala de aula.

Durante as aulas no laboratório, as professoras contavam com a presença de um técnico da empresa, cuja função era solucionar eventuais problemas nas máquinas. Além desse apoio técnico, elas se encontravam a cada quinze dias com os responsáveis pela empresa, a fim de explorar os *softwares* e discutir os procedimentos a serem adotados durante as aulas no laboratório.

Apresentaremos a seguir a nossa análise da situação vivenciada por Paula, Lúcia, Daniela, Ana e Déborah,[5] as professoras envolvidas nesta pesquisa.[6] Conforme mencionado anteriormente, focalizaremos neste capítulo os reflexos da inserção dos computadores na dinâmica da aula, uma das quatro categorias resultantes da pesquisa. A discussão será feita em contraste com a literatura sobre o tema, procurando fazer uma revisão das pesquisas já desenvolvidas. Estaremos, desta forma, estabelecendo uma relação entre os dados provenientes de nossa pesquisa na escola com a literatura sobre professores e computadores.

A dinâmica da aula

Com a presença do computador, a aula ganha um novo cenário, refletindo-se na relação do professor com os alunos e no papel desempenhado pelos demais atores presentes.

---

5 Os nomes aqui mencionados são fictícios, pois temos o objetivo de preservar o anonimato das professoras.

6 Para maiores detalhes sobre cada professora que vivenciou esse processo, ver SILVA, 1997, cap.3.

A sala de aula que observamos era o lugar da escola reservado para as professoras desenvolverem atividades que envolvessem computadores, usualmente conhecido como laboratório de Informática ou sala dos computadores e apresentava uma nova organização do espaço físico, porque não havia alunos sentados em carteiras individuais dispostas em fileiras mas, sim, duplas de alunos sentados trabalhando nos computadores distribuídos ao redor da sala. O quadro negro cedeu lugar ao quadro branco, e o giz e o apagador tradicionalmente conhecidos foram substituídos pelo pincel e apagador específicos para esse tipo de quadro.

Essa nova organização do espaço físico e o uso de novas mídias provocaram nas professoras questionamentos do tipo: como organizar as duplas para trabalharem nos computadores? Serão sempre os mesmos ou faremos rodízios? Devem-se deixar mesas sem computadores para que os alunos as utilizem para recortes, colagens, discussão em grupos maiores etc.? Havia somente uma impressora conectada a um dos computadores; então, era preciso estabelecer uma ordem para imprimir os trabalhos, e não era possível imprimir o trabalho de todos numa mesma aula. A professora tinha que negociar com os alunos como estabelecer essa ordem. O pincel para o quadro branco também era motivo de desestabilização da aula porque constantemente falhava e nem sempre havia sobressalentes, e isso exigia alguns improvisos por parte das professoras.

Esta situação parece corroborar a afirmação de Nóvoa & Maia (1995) de que:

> a organização diferente do espaço-físico da sala de aula é uma evidência, tornada mais transparente pelo aparecimento das novas tecnologias num contexto de sala de aula ... o "desenho" deste espaço, afeta decididamente não só o comportamento dos seus alunos, como a sua própria conduta, a forma como se comunicam entre si, e o desenrolar de determinadas atividades. (p.25)

Um novo cenário afeta a forma como os alunos e professor se comportam na sala de aula e a forma como se comunicam entre si. O professor se vê diante de situações novas (os alunos também) em relação ao que usualmente está acostumado a enfrentar, exigindo estratégias diferentes. Essa nova organização do espaço físico não precisa estar necessariamente vinculada ao uso de computadores, mas um tal uso parece implicar uma mudança na distribuição dos alunos e dos demais componentes presentes na sala de aula.

Além das mudanças que as professoras enfrentaram devido à organização do espaço físico, a presença do computador também provocou situações inesperadas com problemas que elas muitas vezes não sabiam como resolver. Mas podemos perguntar: situações inesperadas não fazem parte da dinâmica de sala de aula em geral? Por que isso nos chamou a atenção?

Chamou-nos a atenção porque se tratava de uma mídia totalmente nova, e as situações que as professoras tiveram que enfrentar exigiram uma ação não convencional. Por exemplo, o que fazer quando uma atividade está estruturada e de repente chegamos ao laboratório, e o computador tem uma pane, a impressora não funciona e o *software* "não roda"? São coisas que comumente acontecem quando se trata desse tipo de mídia. O grau de previsibilidade é mais baixo que as atividades envolvendo as mídias usuais em sala de aula (por exemplo, caderno, lápis, caneta, giz etc.).

Constantemente os estudantes traziam novidades sobre as quais sabiam muito mais do que as professoras. Como integrar as novidades na discussão de uma determinada aula? Como organizar os alunos no laboratório? Era comum um aluno contar à professora que seu tio, ou avô ou pai tinham um determinado *software*, e eles queriam saber se podiam trazê-lo a fim de mostrá-lo para os colegas. E a professora precisava organizar critérios para isso, porque trazer um novo *software* não era a mesma coisa que trazer um novo brinquedo para mostrar aos colegas. Isso envolvia problemas de vírus, legalização, espaço no disco, disponibilidade de tempo etc.

Todos esses fatos influenciam a dinâmica da aula, e as professoras precisam tomar decisões perante os alunos sobre um assunto que foge àqueles que frequentemente surgem na classe. É como se o computador estabelecesse uma ponte de ligação entre o que acontece na aula com o que acontece fora da escola (acreditamos que isso está fortemente relacionado ao fato de esses alunos terem contato com computadores fora da escola).

Pode-se argumentar que o importante são as atividades que a professora propõe aos alunos e os objetivos que ela persegue; que tipo de assunto que os alunos querem trazer para a sala de aula é periférico. Mas, embora seja a professora quem determina quais são os objetivos desta ou daquela atividade proposta e quem orienta o caminho que os alunos podem seguir, o tipo de controle que ela exerce durante a aula muda em relação às atividades sem computador, devido ao fato de que, uma vez na frente de um computador, um aluno pode fazer várias opções e trilhar diferentes caminhos. Pode acessar diferentes *softwares*, usar o *help on-line*, comparar com os *softwares* e *hardware* que possuem em casa e descobrir coisas novas que a professora nem sequer sabia que seria possível fazer. Nem mesmo usuários assíduos de computador conseguem dar conta de todos os recursos de um determinado *software*.

Desta forma, a professora continua sendo a autoridade dentro da sala de aula, e é ela quem vai conduzir os alunos no sentido de explorar esse ou aquele conceito, mas a negociação entre ela e seu aluno parece ganhar força. O poder legitimado pelo domínio da informação não está só nas mãos da professora, e os alunos conquistam espaços cada vez maiores neste processo de negociação.

As palavras de Ana, abaixo, nos mostram um exemplo do que se passa:

> era raro a aula [envolvendo computadores] em que não aparecia uma situação que eu não sabia resolver. Era raro a aula em que não aparecia e, no dia a dia [em atividades sem computador] não é tanto que aparece. Geralmente eu sei responder.

Ana sempre teve uma preocupação em contar para os alunos que não sabia muito sobre computador e permitia que os que tivessem maior domínio da máquina ajudassem durante as aulas. Mas sua fisionomia, muitas vezes, demonstrava que ela se sentia constrangida com tantas perguntas a que não conseguia responder de imediato e que desestabilizavam o seu padrão de interação com os alunos.

Munday, Windham, Stamper (1991), discutindo sobre como as tecnologias podem alterar o padrão de relacionamento existente na sala de aula, afirmam:

> os professores devem reconhecer que alguns estudantes podem avançar em algumas áreas além da habilidade do professor. Mais do que ver tal crescimento como ameaça, os professores terão que reconhecer que este conhecimento avançado de um estudante pode enriquecer o ambiente de aula. Os estudantes podem compartilhar seu conhecimento com ambos, os professores e a classe. (p.31)

Concordamos que o professor precisa reconhecer que as informações estão disponíveis em diferentes fontes. Elas se renovam numa velocidade espantosa, e ele tem acesso a algumas dessas fontes, e os alunos, a outras. É preciso saber organizar esse momento em que diferentes fontes de informações se aglutinam, é preciso saber priorizar e estabelecer relações com os objetivos que se pretendem em uma determinada aula.

Em nosso caso, as professoras reconheciam o quanto as informações que os alunos traziam podiam contribuir e enriquecer as aulas. O trecho abaixo destaca a posição de Daniela e Paula sobre como elas veem a participação dos alunos neste sentido:

quando eu não sei eu sou muito sincera para falar, para responder para ela [a criança]: eu não sei isto que você está me perguntando, vou procurar me informar e vou procurar responder para você ... Então no computador é a mesma coisa, porque eu brinco com eles no computador também, eu não fico o tempo inteiro dirigindo uma aula. Eu não posso simplesmente querer ter uma autoridade em cima de uma coisa que eu não sei. Se eles sabem, isso é totalmente produtivo e acaba ajudando, e as crianças ficam muito afobadas, querem fazer isso, querem entrar aqui, querem sair... mas alguns sabem e aqueles que sabem acabam ajudando a aula porque ensinam o outro a entrar, a fazer, então é legal porque um ajuda o outro, você não pode ficar fazendo a todo momento tudo por todos, então aquele que já sabe ajuda. (Daniela)

Eu achei ótimo. Não existe isso ... porque eu vou ter que saber mais que eles [os alunos] [sobre] tudo? Tanto, que as pesquisas que eu faço (não necessariamente envolvendo computadores), tem crianças que sabem mais do que eu. Tem crianças que moram no sítio, elas nomeiam insetos que eu não sabia o nome. E na computação é a mesma coisa. Eles me ajudam ... é a troca, e eles adoram, eu acho que é um incentivo também eles saberem que podem me ensinar alguma coisa e não só eu ensiná-los. (Paula)

Como a fala de Paula indica, existem diferentes situações, envolvendo ou não os computadores, em que as informações que os alunos possuem têm forte peso no encaminhamento da aula. É claro que uma maior participação dos alunos não depende exclusivamente da tecnologia informática, e há quem afirme que, dependendo da tendência do professor, ela pode intensificar e reforçar, inclusive, práticas que coloquem os alunos num papel passivo e centradas na memorização de fatos ou regras (Kaput & Thompson, 1994).

Embora isso possa acontecer, acreditamos que, mesmo sendo essa a tendência do professor, a presença da Informática imprime um novo ritmo tanto às ações do professor quanto às dos alunos, como indica o trecho abaixo:

os computadores na sala de aula frequentemente quebram as rotinas tradicionais e permitem aos professores estabelecerem novos padrões e, algumas vezes, os próprios *softwares* trazem o "germe de novas práticas". (Olson, 1988, apud Kerr, 1991, p.118)

Ao trazer o computador para a sala de aula, o professor passa a contar não só com mais um recurso para a realização de tarefas, mas está abrindo um novo canal de comunicação com seus alunos.

Riel (1994), examinando as maneiras como as novas tecnologias têm servido de suporte para mudanças educacionais, afirma que:

> o aumento do poder e da comunicação das ferramentas atuais traz mais recursos sociais e intelectuais para dentro da sala de aula. Nós podemos começar a experimentar ambientes de aprendizagem interativa que não teriam existido há cem anos. (p.460)

Ainda, para esta autora a tecnologia favorece outras abordagens: modelagem (*project-based learning*), trabalho cooperativo (*cooperative work*) e interdisciplinaridade (*interdisciplinary theme approaches*). Tal consideração também é feita por Borba, Meneguetti & Hermini (1997).

Sobre o trabalho de projetos, cujo objetivo é engajar os estudantes em situações que desenvolvam o pensamento crítico e a habilidade de resolver problemas em conjunto com outras pessoas, Riel cita exemplos de diversas ferramentas multimídias e *softwares* de telecomunicação, juntamente com as demais mídias, como livros, jornais etc., que auxiliam os estudantes na coleta e análise dos dados do projeto. A interdisciplinaridade e o trabalho cooperativo se beneficiam dos *softwares* interativos e micromundos que criam oportunidades para discussão e resolução de problemas que envolvem assuntos de diferentes áreas do conhecimento.

Pelgrum & Plomp (1993) desenvolveram uma pesquisa que abrangia 21 sistemas educacionais, com a finalidade de descrever e analisar como os computadores estão sendo utilizados nas escolas por professores e alunos, e afirmam que:

> melhorar os resultados educacionais não é apenas uma expectativa, os professores observaram mudanças positivas como resultado do uso de computadores: 69%, 61% e 52% dos professores de Matemática, Ciências e Língua Materna, respectivamente, de uma amostra das séries iniciais do segundo grau dos EUA indicaram que eles observaram um aumento na disponibilidade de "feedback" sobre a realização e interesse dos alunos. (p.325)

Um aumento no interesse e envolvimento dos alunos é o que esses professores observaram, e arriscamos afirmar que essa pode ser uma resposta dos alunos à presença da máquina e, também, a um maior interesse e envolvimento dos professores.

Nessa relação entre professor e aluno na sala de aula onde o computador está presente, também nos pareceu importante o papel das outras mídias, as mais comumente usadas, como lápis, papel, canetas coloridas, régua, carimbo etc., porque em nosso estudo as dúvidas das professoras giravam em torno de questões como: quando os estudantes devem escrever usando lápis e papel, e quando devem usar o processador de texto? Qual é a função da escrita manuscrita? O que dizer da coordenação motora? O uso do *mouse* reflete uma coordenação adequada para aquela faixa etária? Carimbar as figuras e pintar com canetas coloridas ou usar *softwares* próprios para isso? Afinal, o quanto devemos enfatizar o uso dessa ou daquela mídia?

É preciso considerar que as professoras possuíam algumas justificativas para o uso dessas mídias, mas agora existem *softwares* que, com o manuseio do *mouse*, dão conta de realizar uma porção de tarefas antes efetuadas manualmente através de mais de uma mídia. A afirmação de Paula abaixo pode ilustrar a forma como elas pensavam sobre o assunto:

> eu sou contra [ficar só na máquina], eu acho que a criança precisa do recorte, precisa de todos os movimentos, coordenação motora fina e grossa, porque só o *mouse* onde elas vão ter a coordenação fina não substitui. Do mesmo jeito que eu sou contra a criança não pular amarelinha, não jogar pião e [só] brincar de videogame. Eu acho que o computador vai ajudar a facilitar algumas coisas mas nunca substituir esse início, esse preparo, para essa faixa [etária]... [estou] Seguríssima, em termos teóricos [está segura do que está dizendo], segundo Piaget, segundo Constance Kamii ... a gente pode pegar um monte de teóricos e batalhar em cima disto. (Paula)

Este tipo de questionamento leva o professor a refletir sobre o porquê ele fez sempre assim, e sobre o significado de suas ações. Qual é a importância disso e daquilo? Ele se questiona.

Nesse processo de buscar equilíbrio, algumas das professoras por diversas vezes solicitaram que os alunos fizessem o desenho no computador, mas também fizessem o mesmo desenho, usando lápis e papel; que produzissem um texto manuscrito e depois o copiassem, usando um editor de texto. O trecho da fala de Déborah destacado abaixo nos revela o valor que as professoras atribuíam à escrita manuscrita.

> eu acho que isso é tudo [Informática na escola] muito bom para uma cultura geral em alguns aspectos, para a cultura geral, para ... assim ... exercitar, para deixar a criança com um raciocínio amplo, sabe? Muitos aspectos. Mas, agora, francamente, na parte de escrita, e eu sou muito da escrita, eu acho que a criança só aprende escrevendo ... à mão. Ela vai no computador, ela faz seus textinhos, mas... [escrevendo à mão] demora mais, mas eu tirei a seguinte conclusão: que a criança para ela aprender [o capricho e a ortografia] realmente o essencial, o básico, [depois ela pode ir para o computador]... ela tem que escrever ... isto é tradicional, mas eu ... [mas ela acredita nisso]. (Déborah)

Esta professora diz: "eu tirei a seguinte conclusão", sugerindo que construiu uma "teoria" ao longo de sua experiência, enquanto aluna e professora por mais de 25 anos. Quando questionada sobre o que a criança aprenderia escrevendo à mão, ela afirmou que era o capricho, a ortografia, e também a citação abaixo nos faz pensar que ela acreditava que a escrita manuscrita favorecia a concentração do aluno:

> parágrafo direitinho, sabe? ... O pai do [cita um aluno] não acreditou quando viu uma prova dele [uma prova onde as questões não foram fotocopiadas, e os alunos copiaram todas à mão], ele sempre teve muitos erros e ali ele fez tudo bonito, sem erros, ele teve que prestar mais atenção. (Déborah)

O lápis e o papel são mídias que estão incorporadas no fazer do professor e da maioria das pessoas em nossa sociedade, e sem dúvida muitos dos limites desse "fazer" são determinados pelos limites da mídia. Elas têm imprimido uma forma de pensar e resolver os problemas, e a posição de nossas professoras fortalece a ideia de que a incorporação de uma nova mídia na sala de aula, no nosso caso o computador, exige um período de transição, para que se estabeleça uma integração com as mídias anteriormente utilizadas e uma nova relação com o conteúdo.

Tais observações vêm ao encontro do que discute Borba (1994, 1997) quando argumenta que "parece 'natural' pensar que o lápis e papel como mídia não influenciam a Matemática desenvolvida, seja porque é uma mídia 'tão inofensiva' quanto porque se tem visto a Matemática como uma abstração, e, portanto, não permeável à mídia" (Borba, 1994, p.3), ou quando argumenta que o uso de calculadoras gráficas reorganiza a maneira de professores e alunos pensarem (1997).

Conclusão

Este estudo nos revela que o trabalho com o computador provoca uma mudança na dinâmica da aula, a qual exige do professor novos conhecimentos e ações. Não se trata de considerar que todas as ações do professor estarão centralizadas no computador, mas, também, não se trata de considerá-lo como um instrumento cujo uso será submetido aos elementos usualmente presentes na profissão.

É preciso considerar que o computador passará a constituir essa profissão, mobilizando os atores normalmente presentes no seu cenário e trazendo consigo muitos outros atores. O movimento, a velocidade, o ritmo acelerado com que a Informática imprime novos arranjos na vida fora da escola caminham para a escola, ajustando e transformando esse cenário e exigindo uma revisão dos sistemas de hierarquias e prioridades tradicionalmente estabelecidos na profissão docente.

Para pensar sobre essa nova configuração, buscamos inspiração no trabalho de Pierre Levy (1990), que utiliza a metáfora do hipertexto para tratar do papel das tecnologias informáticas na constituição das culturas e na inteligência de grupos. Do ponto de vista técnico, um hipertexto é

> um conjunto de nós conectados pelas ligações. Os nós podem ser palavras, páginas, imagens, gráficos ou partes de gráficos, sequências sonoras, documentos complexos que podem ser, eles próprios, hipertextos. Os itens de informação não estão ligados linearmente, como numa corda com nós: cada um deles, ou a maior parte, estende as suas ligações em estrela, de um modo reticular. Navegar num hipertexto é, portanto, desenhar um percurso numa rede que pode ser tão complicada quanto possível. Porque cada nó pode, por seu turno, conter toda uma rede. (p.43)

Este autor afirma que a integração do computador às tecnologias intelectuais (a oralidade, a escrita, a imprensa) traz o surgimento de novos estilos de conhecimento e se torna um dispositivo técnico através do qual percebemos o mundo e estruturamos nossas experiências. A partir dessa consideração, Levy constrói o conceito de ecologia cognitiva em que os indivíduos, as tecnologias intelectuais e as instituições são visualizados como nós de um hipertexto e atuam como verdadeiros sujeitos e não apenas meios ou ambientes para o pensamento.

Em nosso caso, usar essa metáfora significa pensar a sala de aula como um hipertexto onde diversos atores estão conectados, tais como: o projeto pedagógico da escola, o computador, outras mídias, os alunos, as famílias, as regras sociais, o professor, as imagens, os sons etc., de forma que o movimento de cada um deles ative outras redes e coloque em jogo o contexto e o seu sentido.

Num hipertexto não existe um centro e, pela sua mobilidade, todos os nós podem constituir-se no centro. Neste caso, o professor, o projeto pedagógico, o computador, os alunos, a família, as regras institucionais etc. estarão em mais ou menos evidência de acordo com a configuração da rede. Para manter-se nesta rede, é preciso um ajuste constante nos diferentes *sites* (ou nós) criando-se *links*[7] para os novos *sites*[8] que venham conectar-se a ela.

---

7 *Link* – ponto de ligação entre partes diferentes de um hipertexto ou entre diferentes hipertextos. Em hipermídia, ponto de um texto ou imagem através do qual o usuário salta para outra fonte de informação relacionada. (*Novo Dicionário Folha/Webster's*).

8 *Site* – localidade, qualquer endereço na internet (Ibidem).

Dessa forma, ao considerarmos o professor como um *site*, ao mesmo tempo em que ele contribui para dar sentido a todos os nós da rede, também o movimento da rede contribui para o seu desenvolvimento neste hipertexto. O ritmo, a forma, as opções e as necessidades emergirão da situação e serão sempre locais, datados e transitórios. Dependendo das ativações feitas, algumas conexões poderão ser reforçadas, enquanto outras cairão em desuso para sempre.

Reconhecemos que muitos esforços precisam ser despendidos na elaboração de propostas de introdução do computador na escola. Esforços, por exemplo, para a elaboração de currículos, organização da escola, compra de máquinas e, no que concerne à relação do professor com o computador, devem ser dirigidos no sentido de encontrar respostas para questões como: o que significa preparar o professor para uma profissão constituída por elementos de diferentes natureza, entre eles o computador? Que *links* podem ser construídos no curso de formação inicial? Que ajustes devem ser constantemente proporcionados por meio da formação contínua?

É preciso que o professor, desde sua formação inicial, tanto nas Licenciaturas quanto nos cursos de Magistério, tenha a possibilidade de interagir com o computador de forma diversificada e, também, de discutir criticamente questões relacionadas com as transformações influenciadas pela Informática, sobretudo nos estilos de conhecimento e nos padrões de interação social.

Ainda consideramos que o uso do computador na escola não se consolidará com o apoio, apenas, de cursos esporádicos para professores provenientes de diferentes localidades e sujeitos a diferentes condições de trabalho. É preciso que, em nível de escola, o professor seja motivado a organizar e desenvolver atividades com o computador, e, em parceria com os pesquisadores, técnicos em Informática, pais, alunos e demais educadores, possa criar estratégias para a resolução dos problemas locais.

Nossas expectativas são de investir em ações que contemplem os aspectos aqui mencionados e direcioná-las, preferencialmente, para a construção de *links* entre o computador e a Educação Matemática, área de pesquisa à qual estamos vinculados.

Referências bibliográficas

BABIN, P., KOULOUMDJIAN, M.-F. *Os novos modos de compreender – a geração do audiovisual e do computador*. São Paulo: Edições Paulinas, 1989.

BORBA, M., MENEGHETTI, R. C. G., HERMINI, H. Modelagem, calculadora gráfica e interdisciplinaridade na sala de aula de um curso de Ciências Biológicas. *Revista de Educação Matemática*, ano 5, n.3, p.63-70. 1997.

BORBA, M. C. Graphing Calculators, Functions and Reorganization of the Classroom. In: BORBA, M. et al. (Ed.) INTERNATIONAL CONGRESS ON MATHEMATICS EDUCATION 18th, 1996, (Sevilha, Espanha, *Proceedings of working group 16*. The role of technology in Mathematics classroom. Rio Claro: Cruzeiro Editora, 1997.

______. Informática trará mudanças na educação brasileira? In: CONGRESSO ESTADUAL PAULISTA SOBRE A FORMAÇÃO DE EDUCADORES – TEMPO DA ESCOLA ... TEMPO DA SOCIEDADE, 3, 1994, Águas de São Pedro – SP. *Anais*... Águas de São Pedro, 1994.

FRANT, J. B. *Educational Computer Technology in Brazil*: The Diffusion and Implementation of an educational innovation. New York, 1993. Tese (Doutoramento) – PhD. School of Education New York University.

HOYLES, C., SUTHERLAND, R. *LOGO Mathematics in the classroom*. London: Routledge, 1992.

JAPIASSU, H., MARCONDES, D. *Dicionário básico de Filosofia*. 2.ed. Rio de Janeiro: Jorge Zahar Editor, 1995.

KAPUT, J., THOMPSON, P. W. Technology in mathematics education research: the first 25 years in the JRME. *Journal of research in Mathematics Education*, v.25, n.6, p.676-84, 1994.

KENSKI, V. M. *O professor, a escola e os recursos didáticos em uma sociedade cheia de tecnologias*. Campinas: Unicamp, 1994. (Mimeogr.).

KERR, S. T. Lever and Fulcrum: Educational Technology in Teachers' Thought and Practice. *Teachers College Record*, v.93, n.1, p.114-36. Fall, 1991.

LEVY, P. *As tecnologias da inteligência* – o futuro do pensamento na era da informática. Lisboa: Instituto Piaget, 1990.

LINCOLN, G. *Naturalisty Inquiry*. 17.ed. Newbury Park, London, New Delhi: Sage Publications, 1990.

LÜDKE, M., ANDRÉ, M. *Pesquisa em educação*: abordagens qualitativas. São Paulo: Edit. Pedagógica e Universitária Ltda, 1986.

MACHADO, N. J. *Epistemologia e Didática: A alegoria como norma e o conhecimento como rede*. São Paulo, 1994. Tese (Livre Docência) – Departamento de Metodologia de Ensino e Educação Comparada da Faculdade de Educação, Universidade de São Paulo.

MUNDAY, R., WINDHAM, R., STAMPER, J. Technology for learning: Are teachers being prepared? *Education Technology*, v.31, n.3, p.29-32, March, 1991.

NOVOA, A., MAIA, J. Professores e computadores: crenças e obstáculos. *Informática e Educação*. v.6, p.19-41, dez. 1995.

OLSON, J. *Schollworlds/Microworlds*: Computers and the culture of the classroom. New York: Pergamon, 1988. Apud KERR, S. T. Lever and Fulcrum: Educational Technology in Teachers' Thought and Practice *Teachers College Record*, v.93, n.1, p.114-36. Fall, 1991.

PELGRUM, W. J., PLOMP, T. The worldwide use of computers: a description of main trends. *Computers Educ.*, v.20, n.4, p.323-32, 1993.

PONTE, J. P. Concepções dos professores de Matemática e processos de formação. In: BROWN, M., FERNANDES, D., MATOS, J. F., PONTE, J. P. (Org.) *Educação Matemática*: Temas de Investigação. Lisboa: Instituto de Inovação Educacional, 1992.

RIEL, M. Educational change in a technology-rich environment. *Journal of research on computing in education*, v.26, n.4, p.452-74, Summer, 1994.

SILVA, M. G. P. O computador na perspectiva do desenvolvimento profissional do professor. *Campinas*, 1997. Tese (Doutorado) – Faculdade de Educação, Unicamp.

VALENTE, J. A. (Org.) *Computadores e conhecimento*: repensando a educação. Campinas: Gráfica Unicamp, 1993.

SOBRE O LIVRO

Coleção: Seminários & Debates
Formato: 14 x 21 cm
Mancha: 23 x 43 paicas
Tipografia: Flare Gothic 9/12
Papel: Offset 75 g/m² (miolo)
Cartão Supremo 250 g/m² (capa)
2ª *edição*: 2011

EQUIPE DE REALIZAÇÃO

Produção Gráfica
Edson Francisco dos Santos (Assistente)
Edição de Texto
Fábio Gonçalves (Assistente Editorial)
Maria Aparecida F. M. Bussolotti (Preparação de Original)
Luicy Caetano de Oliveira (Revisão)
Rodrigo Villela e Barbara Eleodora Benevides Arruda (Atualização Ortográfica)
Editoração Eletrônica
Lourdes Guacira da Silva Simonelli (Supervisão)
Edmílson Gonçalves e Barbara Eleodora Benevides Arruda (Diagramação)

Impressão e acabamento

psi7.com.br | book7.com.br